中国绿色发展实现机制研究

——基于资本逻辑批判视角

于少青 著

山东大学出版社
SHANDONG UNIVERSITY PRESS
·济南·

图书在版编目(CIP)数据

中国绿色发展实现机制研究：基于资本逻辑批判视角 / 于少青著. —济南：山东大学出版社，2021.6
(庆祝中国共产党百年华诞研究丛书)
ISBN 978-7-5607-7007-9

Ⅰ. ①中… Ⅱ. ①于… Ⅲ. ①绿色经济—经济发展—研究—中国 Ⅳ. ①F124.5

中国版本图书馆 CIP 数据核字(2021)第 092422 号

责任编辑　李艳玲
封面设计　杜　婕

出版发行　山东大学出版社
社　　址　山东省济南市山大南路 20 号
邮政编码　250100
发行热线　(0531)88363008
经　　销　新华书店
印　　刷　济南新科印务有限公司
规　　格　720 毫米×1000 毫米　1/16
　　　　　12.75 印张　209 千字
版　　次　2021 年 6 月第 1 版
印　　次　2021 年 6 月第 1 次印刷
定　　价　49.00 元

总序

习近平总书记曾指出，“历史是一面镜子，鉴古知今，学史明智”。这就鲜明昭示了，历史是一种重要资源和宝贵财富，学习历史，可以从中汲取智慧。显然，这里的“历史”，主要是从中国近现代历史宏观整体的一般意义上而言，中国共产党百年历史则是其中必不可少且耀眼夺目的组成部分。党的历史，简单来说，就是我们党所走过的道路，所经历的过去。了解我们党所走过的道路和它所经历的过去，于我们明理增信崇德力行有大益，因为波澜壮阔的党史中蕴含着解答中国近现代以来如何实现国家富强、民族复兴的黄金密钥。自1921年成立到今年，中国共产党已经走过了整整一百年的风雨历程，这里的百年绝不是一个简单的数字，而是真真切切蕴含了博大、丰富的实践内容。不夸张地说，中国共产党的恢宏历史犹如一座理论富矿，蕴含着丰富的思想元素；中国共产党的恢宏历史也犹如一轴书画长卷，蕴含着磅礴的奋斗经验；中国共产党的恢宏历史还犹如一部百科全书，蕴含着博大深邃的智慧。其实，不管是理论富矿、书画长卷，还是百科全书，都旨在说明我们党的历史是一种重要资源和无价财富。

这里的资源和财富，具体而言，主要表现在两个方面：其一，党的自我成长经验。回顾党的风雨百年路，20世纪20年代初，我们党从上海及浙江嘉兴的南湖起航，实现了从无到有、由小到大、由弱到强的历史性跃迁，逐步从一个仅有50余名党员的小党和弱党发展壮大为一个有9500多万党员的世界第一大执政党。党的自身成长发展史，蕴含着自我净化、自我完善、自我革新、自我提高的诸多宝贵经验。纵览当今国际社会，世界上存续百年有余的政党并不多见，在国际比较的视野下，更可足见中国共产党的成功与伟大。如今，中国共产党已经走过整整一百年的风雨历程，依旧富有青春朝气和蓬勃生命力，可谓“恰百年风华正茂”。中国共产党缘何能做到青春永葆、活力永续？解码这一重大历史命题，即需要我们走入历史中去不断探索和追问。其二，党领导人民拼搏奋斗的实践智慧和经验结晶。百年党史，可以说是党领导和团结全国各族人民为了革命、建设和改革事业不懈求索和奋斗的历史。在这百年历程中，党领导人民进行奋斗历经了几个不同的阶段。在新民主主义革命时期，党在马克思主义的指导下，领导人民逐渐探索出了一条最适合中国国情的革命之路，最终赢得了新民主主义革命的胜利，建立了新中国，为实现中华民族伟大复兴创造了根本社会条件。在社会主义革命和建设时期，我们确立了社会主义基本制度，实现了中华民族有史以来最为广泛而深刻的社会变革，为实现中华民族伟大复兴奠定了根本政治前提和制度基础。在改革开放和社会主义现代化建设新时期，中国共产党开创、坚持、捍卫、发展中国特色社会主义，为实现中华民族伟大复兴提供了充满新的活力的体制保证和快速发展的物质条件。在新时代，中国共产党团结带领中国人民，自信自强、守正创新，创造了新时代中国特色社会主义的伟大成就，为实现中华民族伟大复兴提供了更为完善的制度保证、更为坚实的物质基础、更为主动的精神力量。总结取得这些成就的历史经验，最核心的无疑是党的正确领导。回顾党的百年宏阔历史，我们党在领导全国各族人民矢志向前的伟大历史征程中，真正做到了不忘初心、牢记使命，始终坚持以人民为中心的根本立场，以坚定的理想信念把对民族复兴的伟大目标落实在行动上，从胜利不断走向胜利，并在这个过程中积攒沉淀下丰厚的经验和智慧。这些经验和智慧对于我们党、对于国家民族而言，无疑是最为宝贵的财富。

习近平总书记指出：“历史，总是在一些特殊年份给人们以汲取智慧、继续前行的力量。”既是最宝贵财富，必然不能只作为回顾总结之素材，特别是站在实现第二个百年奋斗目标的历史新起点上，唯有用这些由百年经验和智慧凝聚而成的宝贵财富烛照当下与未来，才能在新的历史征程中继续释放其强大动能。山东大学马克思主义学院积极响应并深入落实党中央关于

“学党史、悟思想、办实事、开新局”的重要精神，同时也为了着力打造党建研究的“山大高地”，进而充分释放山东大学全国重点马克思主义学院的引领示范效能，启动实施了党建学科“迎接建党百年学术研究‘五个一’工程”。截至目前，该工作已完成“加强党对制度建设领导研究”“中国特色社会主义‘四个自信’研究”等一批国家级与省部级重大课题；将陆续出版49册国外政党治国理政研究丛书及15部党建研究丛书；完成2017～2020年四卷本《政党政治研究年鉴》编撰与刊印；主办“中国共产党百年：历史、理论与实践”学术研讨会、“四史”教育与“大思政课”工作交流会、第十届中国政党研究论坛等系列高端学术会议。而工程之“一”便是呈现在大家面前的这一套“庆祝中国共产党百年华诞研究丛书”。事实上，从2003年设立山东大学政党研究所，到2018年率先设立党的建设学科，再到2019年与中国社会科学院共建世界政党研究中心，山东大学一直致力于建设一流党建学科、着力打造构筑马克思主义政党理论研究的新高地。而到目前，山东大学党的建设学科事实上也已经推出了一系列具有“山大气派”的高端成果，充分发挥了传统优势特色，为进一步打造具有国际影响力的理论研究高地、人才培养基地和智库咨政中心奠定了坚实基础。尤其是王韶兴教授在《中国社会科学》英文版中连续发表的7篇学术论文，提出的标识性学术概念和观点更是奠定了社会主义政党政治研究的理论基础，被学术界称为此项研究的“学术地标”。

由于百年党史中蕴含的经验和智慧是多视角、多领域、多维度的，所以，这套旨在“学党史、取经验、得智慧”的研究丛书所涉及的领域也就自然是多视角、多领域、多维度的。山东大学马克思主义学院汇聚骨干力量组建丛书写作团队，结合学院在党史党建研究方面的整体传统优势与团队成员的研究方向，从党的领导、党的建设与国家治理现代化、中国特色社会主义政治建设与法治教育、中国特色社会主义文化建设与文化自信、中国特色社会主义社会建设与公平正义、中国特色社会主义生态文明建设与绿色发展等领域切入党史研究主题，通过回溯历史沿革、梳理发展脉络，形成系统理论观点与政策主张，推进深化了相关领域研究。

虽然这套丛书的研究主题所属领域不同，但具有鲜明的价值指向和时代诉求。一是从不同的视角和维度阐释了中国特色社会主义伟大成就与党的领导和党的建设之间的内在联系，明确党的正确领导、党的自身建设是中国各项事业取得成功的关键与根本保证，确证党的百年历史征程与实现中华民族伟大复兴的密切联系。二是在历史梳理与理论深耕的学术研究基础上，站在新的历史起点上回应科学总结党在百年奋斗历史中的理论与实践的时代要求。习近平总书记在给山东大学《文史哲》编辑部全体编辑人员的重要回信中指出："从历史和现实、理论和实践相结合的角度深入阐释如何更好坚持中国道路、弘扬中国精神、凝聚中国力量。"这是对全国哲学社会科学工作者提出的殷切期望和谆谆嘱托，为繁荣发展哲学社会科学提供了根本遵循，也为加强马克思主义理论和党史党建研究进一步指明了方向。此套丛书的重要目的之一即是落实习近平总书记重要回信精神，在守正创新中构建党建研究的"山大样本"与中国化马克思主义理论体系，进而为构建中国特色哲学社会科学尽绵薄之力。三是助力和推动山东大学马克思主义学院的发展迈上新台阶、步入新阶段，在山东大学百廿校庆之际贡献马院力量。当前，山东大学正处于加快实现"由大到强"历史性转变的关键期、机遇期、攻坚期，马克思主义学院担负着"强院兴校"的光荣使命和政治职责。面对这样的新形势新要求，要凸显学院党史党建研究的"山大特色"，推出具有"山大气派"的研究成果，奋力朝着高端、高质、精深、精进的方向不断前进，发挥首批全国重点马克思主义学院的"排头兵"和"领头羊"作用。

今年是中国共产党成立100周年，这无疑是一个特殊的时间节点，也是党和国家历史时间之轴上的光辉刻度，这个重大历史时刻无疑为我们从百年恢宏党史中汲取智慧、寻获经验提供了最佳契机。习近平总书记在庆祝中国共产党成立100周年大会上的重要讲话中回顾了党百年来走过的光辉历程、作出的历史贡献，为全党全国各族人民向第二个百年奋斗目标迈进指明了前进方向。从这个意义上说，本套丛书的成书和出版可谓恰逢其时。

山东大学马克思主义学院院长　张士海
2021 年 7 月

前　言

近年来世界范围内愈发严重的生态环境问题，引发人们对现代社会发展模式的重新认识与思考。

在面对生态文明与绿色发展问题上，党的十八大报告首次把生态文明建设纳入中国特色社会主义事业“五位一体”总布局中，之后把“绿色化”作为实现“新五化”的目标之一，十八届五中全会提出“创新、协调、绿色、开放、共享”的发展理念，十九大报告正式确立了新时代中国特色社会主义新发展理念之一的绿色发展。如此看来，绿色发展理念已成为习近平新时代中国特色社会主义思想的独有特质之一，是当前和未来相当长一段时期内发展潮流的重要引领。绿色发展的重心是如何实现更好的发展。由于资本仍然是当代社会发展的主导性力量，资本逻辑在对发展道路与发展模式的选择上依然有着重要的影响，以资本逻辑批判的视角来构建绿色发展实现机制，就成为一个重要且无法回避的问题。

中国在创新绿色发展机遇的时代背景下，把关注点从单一的环境保护转移到如何实现绿色发展的问题上，有助于找到生态问题的根源并构建起绿色发展实现机制。而在资本逻辑批判视域下研究构建绿色发展实现机制的现实意义，在于解决新时代中国特色社会主义的主要矛盾，满足人民日益增长的美好生活需要，尤其是优美生活环境与优质生态产品的需要，同时能够抑制资本逻辑逆生态，为实现绿色发展、建设美丽中国提供思想导引与实践方向。

本书在资本逻辑批判视域下对绿色发展实现机制的构建展开研究，立足马克思主义生态与发展哲学的基本立场，以应用文献分析法对马克思、恩格斯原著中资本逻辑批判与人类生态环境问题的相关思想为切入点，同时根据当代中国绿色发展的现实情况，综合运用马克思主义中国化的最新成果。首先，系统梳理马克思对资本的基本认识与对资本逻辑批判的理论缘起、历史成因、核心内涵，认识到对资本逻辑批判是马克思主义生态与发展哲学的具体展开。马克思从哲学、政治经济学与实践三个层面对资本逻辑的社会关系、价值增殖与现实过程进行了批判，并指出由此造成的资本逻辑逆生态成为生态问题产生的根源，其历史成因与核心旨向也揭示了西方绿色资本主义发展的局限性，为当代中国实现绿色发展提供了历史机遇。其次，在完成理论准备的前提下回溯资本逻辑逆生态的产生机理，阐释绿色发展与资本逻辑逆生态的关系问题。绿色发展正面临资本寻租与利益纠葛问题以及“见分不见合，见物不见人，见无不见有”的发展困境，这为构建中国绿色发展实现机制提供了在理论与实践上的出场时机。再次，针对资本逻辑逆生态表现出的时代之变与绿色发展面临的现实困境，论述了构建绿色发展实现机制的关键在于扬弃资本逻辑，运用资本的发展性逻辑与驾驭资本的破坏性逻辑，进一步强调中国绿色发展能够实现扬弃资本逻辑的制度优势，提出构建中国绿色发展实现机制的主要内容——如何运用资本逻辑的推动机制、如何驾驭资本逻辑的保障机制和如何超越资本逻辑的引领机制。最后，分别从绿色发展社会关系革新、主体联动和实践向度三个维度，以实现从对发展的技术依赖到立足社会关系、从发展的物本主义到以人民为中心、从发展依赖资本逻辑到追求美好生活的转变为核心内容，阐释如何具体构建绿色发展实现机制。

绿色发展与建设美丽中国的真正实现，始终不是一朝一夕、敲锣打鼓就能实现的，我们无论何时都需要有一种“功成不必在我”的精神境界。正如习近平总书记所说，要有“功成不必在我”的境界，一张好的蓝图，只要是科学的、切合实际的、符合人民愿望的，就要像接力赛一样，一棒一棒接着干下去。习近平总书记在 2018 年全国“两会”期间参加山东代表团审议时再次强调了“功成不必在我”的境界不是消极与不作为，而是“既要做显功，也要做潜功，不计较个人功名，追求人民群众的好口碑、历史沉淀之后真正的评价”。所以，当代我们的一切作为必须经历时代考验与“历史沉淀”后的评价，实现绿色发展的美好蓝图同样如此。“功成不必在我”意味着既有功在当代的作为，也有着眼未来的眼光；既是一种个人的思想境界，也是中华民族在五千年发展历史过程中积累下的经验总结与思想沉淀。践行中国特色社会主义的新发展理念，实现人民对美好生活的需要，就是我们的“显功”。而在此过程中，信仰并追求着通往人类美好未来的共产主义，就是我们的“潜功”。作为世界上最大的社会主义国家，在中国共产党的领导下，中国始终坚持走马克思主义理论与实践结合的道路，在解决自己问题的同时继续完成实现共产主义的历史使命，创造一种与资本主义不同的崭新的生产、生活方式，这是马克思主义的新生。中国绿色发展理念的实现将再次证明社会主义必将胜利、资本主义必将消亡的论断不是基于道德义愤的诅咒，也不是基于美好意愿的乌托邦期待，而是要靠我们自己的努力奋斗。命运掌握在自己手里，既要把“大我”放在整个历史发展的长河中去看，又要求“小我”必须在当代的发展进程中有所作为，让发展中的每一个人都可以切身感受到绿色发展带给我们的实惠。这是中国历史文明发展演变的重要体现，闪烁着中国辩证法智慧的光芒，同时这也是中国为世界可持续发展事业贡献的中国智慧和中国经验。

于少青

2021 年 4 月

目 录

导 论

马克思的资本逻辑批判思想包含着极为丰富的内容,近代以来地球生态环境的变化、人与自然的关系始终与资本逻辑的问题产生关联并交织在一起,为生态问题和绿色发展的研究留下了极其广阔的空间,也是马克思资本逻辑批判思想在生态文明领域的验证与发展。本书试图循此视角对当代中国构建绿色发展实现机制进行阐释与研究。

一、研究缘起与研究意义

(一)研究缘起

随着地球生态环境问题的愈发严重,现代人类社会发展的方向与模式需要有一个绿色的变革与转向。国外对绿色发展的研究还未形成相对完整系统的理论体系,绿色经济、绿色 GDP 等相关理论在国外学术界也存在着研究的不确定性,没有较为成熟的经验和模式。面对中国自身的生态环境问题,对绿色发展问题的研究得到党和国家的高度重视,在学术界也逐渐成为研究热点。时任中共中央总书记胡锦涛在 2003 年 7 月 28 日的讲话中将“统筹人与自然和谐发展”作为贯彻落实科学发展观的基本要求,开启了中国建设生态文明、实现绿色发展的征程；2007年，十七大则首次把“生态文明”这一理念写进党代会政治报告，将生态文明建设作为全面建设小康社会目标的新要求；国家“十二五”规划首次将“绿色发展，建设资源节约型、环境友好型社会”单独列为重要篇章，成为“十二五”时期我们“开创科学发展新局面”的新方向；2012年的十八大报告中第一次把生态文明建设纳入中国特色社会主义事业“五位一体”的总规划；2015年，中共中央、国务院发布《关于加快推进生态文明建设的意见》，首次提出了“绿色化”的要求，并与工业化、城镇化、信息化、农业现代化一起构成了“新五化”；同年，中国共产党十八届五中全会关于“十三五”规划的建议正式提出了“创新、协调、绿色、开放、共享”的发展理念；2017年，在中国共产党十九大报告中，“绿色发展”被正式确立为新时代中国特色社会主义的新发展理念之一。习近平总书记在中国共产党十九大报告中进一步指出，十八大以来的五年里，“全党全国贯彻绿色发展理念的自觉性和主动性显著增强，忽视生态环境保护的状况明显改变”①。由此可见，绿色发展理念作为习近平新时代中国特色社会主义思想的独有特质之一，已经成为解决当今中国生态环境问题、建设美丽中国的重要指导思想和行动指南。中国当前对实现绿色发展的目标及其要求已经明确，可以预见的是，绿色发展理念将成为我国乃至世界相当长一个时期内发展潮流的重要引领。绿色发展理念与其他新发展理念能够共生共存、协调共进。绿色发展的理念蜕变于环境保护的实践，又在环境保护基础上扩展到了更高的层次，是当代与未来发展需要长期尊崇的发展理念。

生态环境不同寻常的变化，迫切需要我们对这个表面现象进行理论的考察。困难在于，我们对其的分析既要在理论上植根于马克思主义的基本原理，又要能够处理现实中的困惑、矛盾与冲突。资本逻辑是揭开现代社会秘密的一把钥匙，用资本逻辑来揭示人类现代社会发展问题的实质是马克思开创的一个研究范式，这一范式对于如何驾驭资本逻辑、解决生态问题、实现绿色发展具有不可替代的研究价值。针对当代世界生态问题与中国推动绿色发展的现实，国内学术界开始关注如何在利用资本的同时避免资本逻辑成为发展的主导逻辑，对于资本逻辑的一般内涵、资本逻辑与现代社会

---

① 习近平：《决胜全面建成小康社会 夺取新时代中国特色社会主义伟大胜利——在中国共产党第十九次全国代表大会上的报告》，人民出版社2017年版，第5页。

发展的关系等已经有广泛的讨论，给予了资本逻辑与其他发展形式充分的研究基础。而以资本逻辑批判的视角来看待绿色发展问题，既成为重新认识马克思资本逻辑批判思想特殊地位的需要，也可在当代绿色发展机遇中重新"激活"马克思的相关思想资源，以马克思主义的视野和方法来思考当代中国的发展问题。

在当代学术界对绿色发展的研究中，特别是基于马克思主义理论来研究绿色发展问题时，容易出现的一个倾向是过度注重"绿色发展"中的"绿色"层面，着重从马克思所论述的人与自然关系的层面来研究问题，往往忽略了"绿色发展"的核心仍然在于"发展"。而无论是前者环境问题产生的根源问题，还是后者如何发展的问题，其根本仍在于对资本逻辑的认识与分析上。在马克思和恩格斯看来，随着人认识能力的提高与主观能动性的发挥，生态问题本来是有可能得到避免的，但是，传统发展模式始终遵循的资本逻辑却破坏了这种可能性，把本来可以预防的生态问题放大成愈发严重的全球性生态危机。所以近现代出现的生态问题源于资本积累的过程，同样，它们的解决方案也都在于"对整个社会的革命性重建"和对资本逻辑的超越。

在经历了改革开放 40 年的高速经济增长，创造出世界经济发展奇迹，成为世界第二大经济体之后，当代中国的经济发展进入新常态，这是中国社会主义发展历程中的重要时刻。然而，高速发展带来的资源和环境问题成为中国面临的发展瓶颈，中国传统发展方式需要发生根本的转型。2015 年《中共中央　国务院关于加快推进生态文明建设的意见》要求实现绿色生活，坚持绿色发展。当代中国包括生态环境在内的很多社会现象、问题，正是当代中国社会主义力量与马克思所揭示的资本逻辑在当代历史情境下相互作用的结果。习近平总书记在纪念马克思 200 周年诞辰大会上的讲话中指出："从《共产党宣言》发表到今天，170 年过去了，人类社会发生了翻天覆地的变化，但马克思主义所阐述的一般原理整个来说仍然是完全正确的。"[①] 也就是说，当代中国社会发展过程中存在的现象与问题，并没有脱离马克思主义所阐述的一般原理，而在这些现象和问题的背后，最为深层的是社会主义市场经济条件下对待与分析资本逻辑的一面。无论是在马克思、恩格斯的理论逻辑中还是在资本主义的历史逻辑中，无论是在中国建立社会主义

① 习近平：《在纪念马克思诞辰 200 周年大会上的讲话》，人民出版社 2018 年版，第 25 页。

制度的历史前提下还是社会主义初级阶段的现实国情下，对资本力量的利用是当代中国现代化建设无法回避的必然选择。社会主义制度本是以工人阶级为主力军的以最广大人民根本利益为主旨的制度，但中国的社会主义初级阶段的国情决定了依然需要利用资本力量，而资本追求经济利益最大化、无视对生态环境的影响，进而构成二者之间的矛盾。透彻分析环境问题的产生机理，巧妙运用社会主义力量制约资本的同时又给之以合理利润空间以实现“绿色”与“发展”的平衡，也是在试图牵住绿色发展的“牛鼻子”，从而真正构建起一套绿色发展实现机制，这成为一个重要的理论与现实问题。

对比马克思和恩格斯关于人与自然的和谐、人与人的和谐“两个和谐”相统一的发展理念，结合习近平总书记关于发展21世纪马克思主义的观点及中国当前发展的现实，可以看到，绿色发展理念把马克思主义对传统资本主义社会的资本逻辑研究推进到一个新的阶段，尤其是其中蕴含的马克思对资本逻辑批判的双重内涵问题及其对如何构建绿色发展实现机制的启示，都值得我们认真深入研究。

（二）研究意义

从理论意义上看，基于马克思对资本逻辑批判的理论基础，在历史唯物主义视域中考察发展遭遇生态环境问题的理论困境，重新立足社会发展现实，明确处理好中国绿色发展过程中市场与政府、经济发展与环境保护、效率与公平等诸多关系之前提在于重新正视与理解资本逻辑，克服实证主义和浪漫主义的偏颇，更好地发挥积极作用并遏制资本逻辑逆生态的泛化趋势，进而努力探索如何构建中国的绿色发展实现机制，以此掌握资本逻辑逆生态特性并构建运用资本逻辑的推动机制，驾驭资本逻辑的保障机制，超越资本逻辑的引领机制，为探索人与自然和谐发展的现代化新道路提供理论指导和思想引领。

从现实意义上看，构建绿色发展的实现机制不仅仅是为解决生态环境问题，而是把重心放在了如何实现发展、如何解决新时代中国特色社会主义的主要矛盾上，如何满足人民日益增长的美好生活需要，尤其是优美生活环境、优质生态产品的需要。只有实现满足这种需要的目标，才能结合当前中国发展进程中资本运动的特征和内在矛盾及其对社会的影响，运用与驾驭资本以实现其对推动绿色发展的巨大的正向作用，从而创造出更多的优质生态产品，抑制资本逻辑的逆生态性，合理把握好二者的张力，最终为实现绿色发展、建设“美丽中国”提供实践路径。

二、国内外研究概述

（一）国外相关研究状况

在国外学术界，尤其是西方学术界，关于“绿色发展”的研究大多聚焦于人类社会发展与自然环境的关系，提出了一些研究思路和方法。在绿色发展问题上的研究焦点是如何实现绿色发展及其相关路径，而本书主要在资本逻辑批判视角下研究绿色发展，所以这里主要介绍马克思对资本逻辑的批判以及与马克思的资本逻辑批判分析相对应的绿色资本主义学派对绿色发展等问题的研究。

1. 对绿色发展及其相关内容的研究

国外学术界提出了很多诸如“绿色经济”“绿色增长”的词汇，大多数是聚焦于发展的工具理性，即致力于发展环境的单方面改善。例如，韦弗指出，要想真正实现全球可持续发展，必须在经济发展方面实现真正的绿色化，首先必须提高自然资源的利用效率。纳塔拉等则认为，不论是已经取得一定环境保护成效的发达国家还是正在进行环境治理探索的发展中国家，都需要凭借产业技术的革新与能源转向，才能实现真正的绿色低碳发展。[①] 2012 年，在巴西里约热内卢召开的“里约＋20”峰会上，与绿色发展相关的一系列会议议题得到了广泛讨论，与会各国认识到了绿色发展的时代浪潮，也共同承诺为全球发展转型贡献自己的力量。巴比尔把这一次全球绿色发展浪潮称为一次“低碳革命”，只有把握新一轮发展方式的转变才能实现绿色经济；对绿色发展尤其是绿色经济的研究，在西方已经成为主流之一，各专家开展不同角度、不同方向的研究。[②] 绿色发展的重要性和发展方式的转变

---

① Nataraj and Gujjab, “Green Economy: Policy Framework for Sustainable Development”, *Current Science*, No. 7, 2011.

② Edward B. Barbier, *Low Carbon Revolution*, Shanghai: Shanghai University of Finance and Economics Press, 2011.

也已在很多国家得到了认可和接受。

2. 以马克思的资本逻辑批判思想来对绿色发展问题进行的相关研究

生态马克思主义学派注重利用马克思对资本逻辑批判的观点和理论来分析生态问题和绿色发展问题。例如当代生态马克思主义代表人物约翰·贝拉米·福斯特(John Bellamy Foster)和弗雷德·马格多夫(Fred Magdoff)认为生态环境只不过是资本"开发"的一个领域。从资本的内在逻辑上看,竞争推动了企业发展,但企业在自由市场中的竞争却造成了资本的无序性与扩张性。因此,需要在发展中隔离资本内部蕴含的某种关系,使快速增长的经济得到某种程度的缓和,才能真正找到解决生态问题的方法。[①] 而之后福斯特与布莱特·克拉克(Brett Clark)进一步提出,生态问题孕育于资本扩张的历史过程中,人类要想实现绿色发展走向生态文明,必须对现有的发展体制有一个"革命性的变革",任何试图改变资本增殖本性的努力都是徒劳无效的,所以这个革命性的变革必须以摆脱 M—C—M′的资本积累逻辑以及更为严重的逻辑 M—CK—M′为前提,尤其要实现对原有资本为核心的发展体制的超越,才能真正进入他们所设想的"生态社会主义"中。[②]

另外,主张马克思主义与中国传统哲学思想相结合的菲利普·克莱顿(Philip Clayton)等则认为,当代生态文明的实现必然要有一个"共同福祉"的价值观导向,身处发展动力核心地位的资本也不例外,在这种情况下需要激发人们在生产生活中对绿色权利的需求,这一种绿色权利是属于个人却又能超越个人私利的欲求。生态环境特殊的公共属性决定了其超越性所在,从而可找到一种对资本逻辑的替代性选择,对资本进行扬弃从而重新焕发出新的文明,达到社会和地球相互关联的境界,并综合提出了"文化嵌入论""历史过程论"与"有机整体论"相结合的研究方法。[③] 同时,其他领域的学者也对相关问题提出了看法。美国经济学家罗伯特·海尔布隆纳(Robert Louis Heilbroner)在《资本主义的本质与逻辑》中虽然没有直接阐述资本

---

① J. B. Foster and F. Magdoff,"What Every Environmentalist Needs to Know about Capitalism", *Monthly Review*, No. 3,2010.

② J. B. Foster and Clark, "The Paradox of Wealth: Capitalism and Ecological Destruction", *Monthly Review*, No. 6,2009.

③ 参见[美]菲利普·克莱顿、贾斯廷·海因泽克:《有机马克思主义——生态灾难与资本主义的替代选择》,孟献丽等译,人民出版社 2015 年版,第 8 页。

主义生态问题的根源，但分析了资本重复性的扩张过程，这一过程的目的是将商品和服务纳入贸易和生活的组织过程中。而这些商品的物理属性也不会被视为追求财富的圆满成功，资本的物质存在反而被视为一种障碍。[①] 资本能够采用物质形式，实际上在一开始它也必须采用物质形式。资本对生态环境的影响有一种内在的联系，就像资本主义政权对资本逻辑的命运有一种内在的依赖一样，包括作为其自身成功的前提。领域的边界模糊和相互依存关系在当今社会表现得尤其突出，只有我们将这些物质实体视为一个扩展性整体的体现和象征时，我们才能明了它们的意义。英国地理学家大卫·哈维(David Harvey)也指出，马克思坚持认为的"我们应该通过考察资本主义的内在动态来理解危机"，导致马克思淡化了环境约束或人口约束的根本地位，这一被许多人认为是有道理的观点其实是错误的，而恰恰应该回到马克思对环境约束或人口约束的论述中去思考相应的问题。[②]

3. 绿色资本主义学派对绿色发展等问题的研究

综观西方学术界，大部分学者没有运用马克思主义基本原理来分析生态问题，而是通过其他途径来解决生态问题。其核心内容体现在三个方面：一是在方法上，把技术尤其是资本所掌控的技术视为解决包括生态问题在内的一切问题的"灵丹妙药"，认为人类活动所造成的生态问题是发展必然的"副产品"，人们可以通过新的技术的发明，像利用其他消费产品那样使这些"副产品"消失，似乎这样的资本增殖与环境保护能够实现"双赢"。二是在政策上，主张自然资源市场化。绿色资本主义者不认为资本与生态问题有什么必然联系，只是政府的经济政策出了问题。如果有合理的税收制度和保护措施，生态问题能够得到根本解决，资本逻辑的增殖至上与自然环境的生态原则是可以调和的。赫尔曼·莱斯特纳(Herman Laistner)就提出，对自由市场上的商品需要征收"生态税"，征收对象包括"所有的产品、所有的自然资源的使用以及所有的环境需求，例如大自然吸收污染的能力(其过滤功能)、美丽的风景或者对健康有益的环境"[③]。在这种价格机制的调节

---

① 参见[美]罗伯特·L.海尔布隆纳：《资本主义的本质与逻辑》，马林梅译，东方出版社2013年版，第23页。

② 参见[英]大卫·哈维：《资本的限度》，张寅译，中信出版社2017年版，第23页。

③ 转引自[印]萨拉·萨卡：《生态社会主义还是生态资本主义》，张淑兰译，山东大学出版社2012年版，第149页。

下，资本逻辑同样能够适用于生态文明。三是在全球生态问题上采取差别对待的方法，认为生态问题是一种发展的历史必然，而享受生态权益是不同国家处于不同发展阶段的事情。安德鲁·多布森(Andrew Dobson)在《公民权与环境》中认为，在生态权益面前并非人人平等，生态权"是一种典型的后世界主义意义上的公民权，其主要特征包括强调公民权的非契约性或不对等的环境责任"①。而发达国家走过的发展道路，发展中国家同样无法避免，正是发达国家对外输出资本促进了落后国家和地区的经济发展，至于造成的生态问题则是一种二者"互惠"的表现；在经济发展问题还没有得到解决的情况下无须去谈人的生态权益，把享受优美生态环境的需求局限在发达的西方资本主义国家，但对其他发展中国家在绿色发展上的要求却较少理会。

(二)国内研究的基本态势

1995 年，学者戴星翼在《走向绿色的发展》一书中首次从"经济学理解绿色发展"的角度，明确使用了"绿色发展"这一词汇，他认为通往绿色发展之路的根本途径在于"可持续性"的不断增加。2012 年，胡鞍钢在《中国：创新绿色发展》一书中创造性地拓展了绿色发展新理念，强调发展需要实现人与人、人与自然之间的真正和谐，将绿色发展道路界定为"经济、社会、生态三位一体的新型发展道路"②，开创性地系统阐述了绿色发展的相关因素，为中国实现绿色发展指明了方向。刘德海在《绿色发展》一书中认为需要把绿色发展融入经济、政治、文化和社会建设中，同时把环境资源视为发展资源，将生态优势转换为经济优势。他认为，既然有货币形式的财富，也要有生态形式的财富，要释放更多的"生态红利"。③

国内关于资本逻辑及资本逻辑批判的研究内容相对较多，研究方法也较为多样，大部分集中于研究马克思、恩格斯关于资本主义社会资本批判的思想，焦点在于对其政治经济学的分析，主要停留在批判的层面上。而直接研究绿色发展与资本逻辑关系，或从资本逻辑的角度来看待绿色发展问题

---

① 转引自郇庆治：《21 世纪以来西方生态资本主义理论》，《马克思主义与现实》2013 年第 2 期。

② 胡鞍钢：《中国：创新绿色发展》，中国人民大学出版社 2012 年版，第 33 页。

③ 参见刘德海：《绿色发展》，江苏人民出版社 2016 年版，第 7 页。

的还相对有限。本书的侧重点在于将资本逻辑批判的理论创新应用于当今绿色发展的实践，以此推动社会的全面进步和发展，因此在研究绿色发展实现的过程中穿插资本的作用及其关系问题等研究。

其一是关于马克思对资本二重性及对资本逻辑的批判的研究。马克思对近代以来人类社会发展的分析是以资本的范畴为核心，国内学术界指出了资本的文明作用及与资本逻辑相关的内在机理。周光迅、武群堂认为，资本逻辑是马克思主义生态哲学的具体展开之一，而资本逻辑包括两个方面：一方面是挑战并逐渐取代自然逻辑，打破了受制于自然条件的生产力低下的发展格局，推动世界文明极大地进步；另一方面，资本的无限追求扩张和积累过程必然产生自我否定的因素，导致人的发展危机和生态危机。资本逻辑应该是两方面的统一体。而重视物化劳动的资本逻辑使分工变成一种内在强制性分工，使工人成为单面人，脱离自然而产生"自然异化"，资本主义社会的科学技术也产生了"技术异化"的现象。[①] 王荣认为，传统发展中的资本逻辑是通过支配各种生产要素而支配人的客观物质力量，但是这种客观物质力量被无限放大，而忽视了其背后的人的目的性所在。这造成了人类社会虽取得了极大物质财富的丰富，却失去了人的目的性，对发展的衡量变成了以资本为根本，这种条件下的发展就使得人的局限性被无限放大。[②] 周德海则直接指出，马克思"资本"概念的本质是商品，商品中包含着学者们所说的"资本二重性"的具体内容。他认为马克思所阐述的"资本"概念的局限性，一方面是资本产生以前的很多社会发展因素被当作资本的内在必然，进而产生了发展的问题；另一方面也存在感情和历史因素，对资本的负面作用有部分的放大。[③]

其二是关于传统发展的资本逻辑产生的环境问题与生态危机的相关学理分析。刘希刚在《马克思恩格斯生态文明思想及其中国实践研究》一书中认为，当代社会发展存在的生态问题，是以资本为核心的生产方式造成了人与自然关系的紧张、人与物关系的颠倒，生态问题实质上就变成了资本逻辑

① 参见周光迅、武群堂：《马克思主义生态哲学综论》，浙江大学出版社 2015 年版，第 41 页。

② 参见王荣：《论资本逻辑的双重内涵》，《西南大学学报》（社会科学版）2016 年第 5 期。

③ 参见周德海：《评学术界对马克思资本二重性的研究》，《重庆工商大学学报》（社会科学版）2015 年第 4 期。

及其影响的社会价值观支配一系列经济活动的产物。[①] 张进蒙通过研究资本的本性，认为资本积累所蕴含的一系列生产、交换、消费环节中都充斥着对空间、价值的无限追逐，继而形成了日常生活中无形的统治，这种资本价值观的统治必然导致生态环境问题，而资本统治的逻辑成为人与自然关系紧张的实质根源。[②] 鲁品越提出，传统发展遵循资本逻辑在带来了生产力的极大进步的同时又造成了诸多问题，这不仅表现在人均收入上，而且表现在生态环境上，资本无限利用自然力、支配各种生产要素实现扩张，由此造成了自然力的枯竭，人与自然关系的紧张成为马克思所提出的一个“时代之问”。[③]

其三是通过马克思资本逻辑双重批判理论的再分析，导出资本的“文明作用”在推动当代社会发展与绿色发展中的重要作用。沈斐认为，资本逻辑存在三个发展环节：自我扩张、普遍异化和自我否定。“绿水青山就是金山银山”的发展理念体现了当代中国的价值观变革和发展方式转变，是对马克思主义发展观的“人与自然的和谐”“人与人的和谐”两大关系认识上的一大进步。[④] 李志青在《中国经济新平衡：重建绿色发展》一书中则更为直接地提出了在绿色发展中“保护资本”的看法，认为处理好资源环境与经济发展的关系是来自资本本身的需要，生态环境如果持续恶化会威胁到生产力，威胁到资本本身的安全，所以无须把自然资本或生态资本提高到优先于传统资本要素的地步，那样会使中国经济陷入低水平均衡而无法有人均意义上的跨越，所以重点是如何进一步提高全社会在资本上的利用效率和使用效率。因此他认为，在经济新常态下要着眼于“保护资本”，核心问题是改善原有资本的生存环境，资源配置上处理好政府与市场的关系，构建机制上处理好法治与人治的关系，从而在收益与安全两个维度上取得资本的信任，促进资本的大发展。[⑤] 张莎莎认为，资本推动生产力的功能与资本主义制度无关，当代中国发展是实现利用资本与驾驭资本有机统一的发展道路，这一道路不

---

① 参见刘希刚：《马克思恩格斯生态文明思想及其中国实践研究》，中国社会科学出版社 2014 年版，第 57 页。

② 参见张进蒙：《马克思恩格斯生态哲学思想论纲》，中国社会科学出版社 2014 年版，第 132 页。

③ 参见鲁品越：《马克思的“时代之问”与马克思主义的核心观念——纪念马克思诞辰 200 周年》，《思想理论教育》2018 年第 4 期。

④ 参见沈斐：《价值观革命：绿色发展何以超越资本逻辑》，《毛泽东邓小平理论研究》2016 年第 9 期。

⑤ 参见李志青：《中国经济新平衡：重建绿色发展》，中信出版社 2016 年版。

偏离社会主义的根本在于坚持"以人民为中心"的发展。[①]

其四是由绿色发展中资本的存在形式以及资本逻辑批判引出绿色发展的研究。需要厘清资本的来源。"资本"的思想最早见于古希腊人的商业生活记录中。在中国典籍的记载中,元曲中也出现了"资本"一词,但含义与现今相比有一定出入。[②] 当代社会中的资本虽然本质上没有变化,但存在形式远比马克思所在时代丰富得多。国内对此的研究较少,尤其是相对忽视了德国社会学家马克斯·韦伯(Max Weber)在《新教伦理与资本主义精神》一书中认为的"追求金钱以及尽可能聚集更多的钱财,就其本身而言,与资本主义完全无涉。不管在任何时代、任何国家,苟有客观机会可以牟利,则此一现象即可见诸于'各式各样的人士之间'"[③]。而在《经济与社会》中韦伯则直接提出:"在理性营利活动的最初阶段,资本就已经出现了,而且只是作为一种货币量用于核算,尽管那时没有'资本'这个名字。从这种意义上看,更广泛意义上的资本,不仅仅是资本主义社会的产物,不只是存在于传统经济学意义上的经济领域之中。其实,只要有商品或利益交换,就有资本的存在。"[④]国内学者对韦伯这一思想的挖掘着重于社会学上的分析,而对其阐述的资本思想与马克思相关思想的对比研究还不充分明确。对于从资本批判维度引出绿色发展问题,李冬梅、杨秋生认为马克思对资本逻辑的批判包含了形而上学维度的哲学前提性批判、政治经济学维度的现实性批判和实践维度的批判,绿色发展理念是对资本逻辑批判的继续,而对资本逻辑的批判便成为一条从资本偏好到生态偏好的逻辑进路。[⑤]

其五是关于应对和利用资本逻辑的具体措施和相应实现机制的分析。谷树忠、谢美娥、张新华在《绿色转型发展》一书中提出,要实现绿色发展,必须完善资本的投资体系。重点放在绿色投资上,要更加注重社会资本的引

① 参见张莎莎:《资本的生产力功能与以人民为中心的发展思想的实现》,《学术交流》2018 年第 5 期。

② 参见周德海:《论马克思资本概念的本质——兼评学术界对马克思资本本质的研究》,《管理学刊》2016 年第 1 期。

③ [德]马克斯·韦伯:《新教伦理与资本主义精神》,康乐、简惠美译,广西师范大学出版社 2010 年版,第 4 页。

④ [德]马克斯·韦伯:《经济与社会》第 1 卷,阎克文译,上海世纪出版集团 2010 年版,第 192 页。

⑤ 参见李冬梅、杨秋生:《绿色发展理念:马克思对资本逻辑批判的继续》,《山东社会科学》2018 年第 3 期。

入，并且利用绿色财政和绿色金融加以合理引导并处理好关系。其中绿色财政要求政府资本优先考虑保护自然和人工生态系统，优先考虑节约水、能源、矿产、生物资源和提高水、大气等环境质量，而绿色金融则在坚持市场基础的同时坚持绿色发展导向，对企业和社会资本在贷款利率、额度、偿还期限等方面进行倾斜。[①] 高红贵在《绿色经济发展模式论》中提出要更多挖掘资本的文明属性，把它从资本主义工业文明与黑色发展时代的基本框架中解放出来，作为生态文明与绿色发展的经济范畴。要加快形成有利于绿色发展的体制机制，创新和加强国有资本的环保投资，处理好政府、市场、社会三者关系。而绿色投资的判断标准是经济效益、环境效益和社会效益的协调统一，并要求有更高的技术含量，也就是引导资本进入相应的绿色投资领域。[②] 马修·凯恩（Matthew E. Kahn）、郑思齐指出，劳动经济学强调人力资本是城市可持续增长的源泉，如果绿色发展的政策或者投资能够创造适宜人力资本的环境，有利于绿色城市的发展战略，那么地方政府往往是愿意这样做的。这种需求的增长会推动政府资本更多投入到绿色发展之中，也会激励企业资本投入生产环保节能的产品，从而使环境库兹涅茨曲线的拐点更早出现。[③] 成思危在《未来五十年：绿色革命与绿色时代》中指出，绿色发展离不开绿色金融的支持，而绿色金融除了传统货币政策、财政政策以及搭建金融平台、碳交易市场等方面，还可以利用最新的风险投资吸引更多资本支持绿色技术的发展，这样才能实现绿色发展的根本目标。[④] 刘恩云、常明明分析全国不同地区的绿色发展指数，认为东部地区的绿色发展水平高于中西部地区，取决于不同地区政府、资本与社会力量的平衡态势。绿色发展的理念于近些年相对较为流行，对其认识可能并不充分，不能仅仅认为其是对绿色经济的重视与发展，而是整个发展目标、结构与体制的整体变化。[⑤]

---

① 参见谷树忠、谢美娥、张新华：《绿色转型发展》，浙江大学出版社 2016 年版。

② 参见高红贵：《绿色经济发展模式论》，中国环境出版社 2015 年版，第 185 页。

③ 参见［美］马修·凯恩、郑思齐：《中国绿色城市的崛起：经济增长与环境如何共赢》，中信出版社 2016 年版，第 16 页。

④ 参见成思危主编：《未来五十年：绿色革命与绿色时代》，中国言实出版社 2015 年版。

⑤ 参见刘恩云、常明明：《国内绿色发展研究前沿述评》，《贵州财经大学学报》2016 年第 3 期。

(三)国内外研究述评

由国外对绿色发展的研究以及对传统资本主义发展的资本逻辑进行的批判可以看出,绿色资本主义学派没有看到导致生态问题的资本逻辑的深层问题,或者是为维护资本主义制度而故意掩盖。国外生态马克思主义学派则从资本角度入手对生态危机和环境问题进行分析,确实沿用了马克思的资本理论,对资本主义社会"双重危机"的出现提供了一种研究思路。这些都对中国绿色发展实践中探索运用、驾驭与超越资本逻辑的新的发展形式,从而构建相应的实现机制提供了借鉴。

而当代由于生态环境问题的出现和程度的加剧,西方生态马克思主义学界的部分学者提出了资本逻辑直接导致生态危机,只有消灭资本逻辑才能真正解决生态危机的观点,这有一定的启示意义,但二者并非简单的线性决定关系,不能如此简单地盖棺论定,如果仅仅是抛开历史发展条件去思考单一的因素,同样忽视了恩格斯所谓的历史向前发展的"合力"思想。假设资本逻辑一开始就是纯粹反生态的,那么生态危机会在资本主义社会发展初期就大规模出现,资本也就失去了发展的自然条件。也就是说,资本也没有机会去实现马克思所说的对自我的"否定之否定",这本身也与发展的现实相悖,不符合马克思、恩格斯对资本实质的界定,存在很多需要商榷的问题。

1. 在发展方面,对马克思资本逻辑批判的过度解读

资本逻辑逆生态批判研究中存在的问题集中体现在对马克思批判资本逻辑的过度解读上。有相当一部分生态马克思主义学者在对生态危机的分析中,把资本逻辑作为人类生态危机的根本原因,认为若不从资本层面上去改变,所有生态环境保护的行为都是徒劳。资本逻辑仿佛只是创造了人类的工业文明,与生态文明完全相背离。生态问题并非只在资本主义社会存在,而生态危机是资本逻辑及其价值观造成的产物。解决生态危机问题的根源在于资本逻辑,即人如何通过资本这一工具和形式完成与自然的真正和谐,从而正确处理"资本与自然的关系"[①]。生态马克思主义学者对资本逻

① 刘顺、胡涵锦:《自然资本化:福斯特生态学马克思主义批判的关键命题》,《中国地质大学学报》(社会科学版)2014 年第 1 期。

辑的逆生态批判具有一定的深刻性，可仅仅是从意识层面上强行去除资本价值观的影响、从肉体层面上“消灭”资本，却不去关注怎么实现“资本的自我否定”，并且也无法说明否定的阶段性。[①] 如此一来，马克思论述的“资本的历史使命”这一重要论断也被完全忽视了。

2.忽视资本逻辑产生与发展历史的辩证视域

事实上，资本逻辑的发展历史并非只有所谓的“逆生态”。资本从登上历史舞台到走上人类神坛，再到受到批判和最后的消亡，都是一个自然的历史过程。虽然一些西方学者提供的理论和方法为马克思主义的当代研究与发展注入了新的思想元素和研究视角，但不能把其当作唯一视角甚至是绝对真理。而且如果仅仅是对资本逻辑逆生态进行道德意义上的批判，则很容易重新回到“人类中心主义”并以其告终。[②] 比如有部分专家认为，纯粹是资本逻辑逆生态导致了生态危机，一些更为激进的生态马克思主义学者强调资本主义的生态危机比经济危机更严重，这实际上颠倒了相应的关系，掩盖甚至否认了经典马克思主义关于“生产力与生产关系的矛盾是人类社会基本矛盾”这一事实。从资本文明的历史发展角度来看，资本文明所包含的意识、节奏、规则如同农业文明时代人类对于天时的把握，本身很难受人类自身力量的控制。当资本逻辑突破一切物质壁垒，使世界成为一个物质统一体之时，才更多显现出其反生态性的一面。马克思在早期著作中便已经阐述了资本逻辑带来的这种影响，强调说这种资本的“需要”可能是一种虚假需要，不符合人类发展所要求的丰富和多面性的要求，马克思也强调了这种需要的增长必须同资本主义的历史进步性联系起来。[③] 而纯粹就资本逻辑逆生态进行批判，对当下的发展现实来说并没有实质意义，对于生态危机的研究也不能脱离一定的社会生产关系，不能忽视人类社会体制机制本身对生态问题的决定作用。在这个问题上，较为理性的福斯特就认为：“资本的社会关系属于一种矛盾的社会关系，表征其特点的这些矛盾，虽然源自资

---

① 参见张乐：《资本逻辑的逆生态性及其应对理路》，《首都师范大学学报》（社会科学版）2016 年第 6 期。

② 参见王芳、于少青：《〈共产党宣言〉中资本历史使命思想及其当代启示》，《社会主义研究》2018 年第 3 期。

③ 参见[英]乔纳森·休斯：《生态与历史唯物主义》，张晓琼、侯晓滨译，江苏人民出版社 2011 年版，第 279 页。

本主义内部的运动规律，但却延伸到一些通常认为外在于这种制度的诸多现象，从而威胁到整个生物圈以及其中的一切。”[①]这说明生态危机可以通过资本逻辑引发的资本主义经济危机这一棱镜予以观察，但却不是唯一的途径。不能忽略一个重要的前提条件，就是“在资本主义私有制条件”下的，对高额利润的追逐必然导致资本对自然的非法占有，无视自然价值存在，资本逻辑的实现伴随的是自然生态的灾难。[②]

3. 偏离马克思对资本逻辑批判的本初意义

研究马克思对资本逻辑的批判，需要回到最初马克思、恩格斯对资本的论述上，才能发现马克思对资本逻辑批判的本初意义；其中对资本从哲学上的辩证批判是一个有机联系的系统性思想。资本在创造文明与追求价值增殖的过程中，始终包含着深刻的矛盾。马克思早已深刻指出：“在资本的简单概念中必然自在地包含着资本的文明化趋势等等，这种趋势并非像迄今为止的经济学著作中所说的那样，只表现为外部的结果。同样必须指出，在资本的简单概念中已经潜在地包含着以后才暴露出来的那些矛盾。”[③]马克思认为，资本逻辑的外在表现是资本不断地追求利润，在此驱动下，工业利用大量耕地和毁坏森林，无偿地占有各种自然资源，生态环境问题由此产生。资本主义的历史一直被描绘成经济扩张被各种危机打断或各种危机伴随经济扩张一起出现的历史。这些危机产生主要是因为缺乏能够将资本的单个目标协调为共同的社会需求的机制，而是简单地以“经济效率”标准来证明资本国家化的合理性。[④] 但资本外在表现只是“物”，而内在实质是无形社会关系的载体。即使是土地和资本，如劳动联结其中一样，也是社会关系的体现。马克思、恩格斯在分析资本文明给人类社会带来的影响时，认为首当其冲受生态与环境问题影响的是工人阶级和劳苦大众，资本文明使得一部分社会底层人民遭受资本文明带来生态环境恶化之苦。生态危机本身成为人与人之间关系问题的体现。而如果没有人的因素，也并无“生态”可言。

① ［美］约翰·福斯特：《生态革命：与地球和平相处》，刘仁胜等译，人民出版社 2015 年版，第 180 页。

② 参见刘海霞：《马克思恩格斯生态思想及其当代价值研究》，中国社会科学出版社 2016 年版，第 177 页。

③ 《马克思恩格斯文集》第 8 卷，人民出版社 2009 年版，第 95～96 页。

④ 参见［美］罗伯特·L. 海尔布隆纳：《马克思主义：赞成与反对》，马林梅译，东方出版社 2016 年版，第 96 页。

归根结底，对任何历史阶段和发展时间下的资本逻辑的探讨，都不能离开马克思的唯物辩证的思维，否则将失去本初意义。在人与自然的关系中，人应是主体，是能动者，人的理性和目的决定了人与自然的和谐关系，不过这是一种动态的和谐，也是在矛盾和斗争中获得的和谐，是充满辩证色彩的和谐。

国内学者基本认为资本逻辑是两方面的统一体或者说矛盾体，既有推动社会发展的物化的社会关系的力量，也有自我否定的因素；既有使人的本质力量物质化的一方面，也有使物质生产资料人格化的一方面；而无论是当前生态危机产生的“自然异化”还是“技术异化”，本质上都是过于重视物化劳动的资本逻辑导致的。所以，要想解决生态问题，必须把人从资本的普遍统治中解放出来，让资本逻辑发挥其“人格化”的一面，充分使企业家的才能与智慧在发展中得以展现，把资本的独立性和个性变为人的独立性和个性。我们需要通过认识马克思的资本理论及资本逻辑批判，进而研究资本逻辑在传统发展中存在的问题以及如何克服和解决这些问题，更多发挥资本的“文明”作用，使其在当代发展中能够发挥重要作用，这成为一个新的研究方向。而在资本价值观问题上，如何引导资本、如何“保护资本”等也是一些新的提法。近几年关于绿色发展的研究颇为热门，但在绿色发展学理阐释与实践诉求的结合点上，对系统特征、价值取向、实践路径予以贯通论述的却不多见，对绿色发展中的资本问题研究还处于初期阶段，尤其是对资本地位和作用的认识还比较混乱，很多也没有遵循马克思资本二重性理论和对资本逻辑批判的思路。例如对自然资本或者说生态资本、经济资本、社会资本与人力资本的分类、作用等考虑得还不全面，更难说如何处理好绿色发展主体之间的关系以及在绿色发展的进程中如何超越传统发展遵循的资本逻辑，促进绿色发展目标的实现，这些将成为本书重点关注和研究的问题。

三、主要概念辨析

（一）资本逻辑与资本逻辑批判

“资本逻辑”是本书选取研究视角的核心概念，在马克思、恩格斯对社会发展的研究中，始终避不开资本逻辑的客观存在。马克思、恩格斯在其著作中虽然没有明确使用“资本逻辑”的概念，但并不妨碍资本逻辑成为他们发现、分析的现实因素所在。资本逻辑既是研究近代以来资本主义社会运转的内在线索，也是当前中国特色社会主义发展必须面对的现实问题。

1. 资本逻辑

资本何以成为逻辑，成为一种社会历史条件下人们遵循或默认的规则与目标？首先要分析“逻辑”。“逻辑”一词主要涵盖思维的规律性和客观的规律性；思维的规律性实际上遵从于客观规律性，而思维规律性又可以发现客观规律性，在遵循客观规律性的基础上不断改善升级自身的思维规律性。所谓资本逻辑，从逻辑的客观规律性来说，是资本运动的内在规律和必然趋势，它以一种必然的方式贯穿于资本的发展过程之中，并通过一系列的经济因素及其相互作用而得以具体体现，这里的资本更多的是指政治经济学上的生产要素的资本。从逻辑的思维规律性来说，资本逻辑是一种在社会发展过程中潜移默化地影响了并无意识地支配了包括经济社会在内的整个社会的发展运行，乃至逐渐渗透到了每个人的价值观念、思维方式与行为准则中的力量。正如马克思、恩格斯在《共产党宣言》中强调，资本是一种“社会力量”[①]，资本更多凸显了其在哲学意义上的社会关系本质。可以明确的是，只要资本存在，资本逻辑就必然发挥作用。

2. 资本逻辑批判

从研究绿色发展的角度来看，马克思对资本逻辑的批判必然是研究解决生态环境问题、实现绿色发展的指导思想。马克思认为，生产力的表现形式在本质上就是人的生产实践，如果简单割裂人与自然的关系来谈纯粹的自然在社会科学中的地位并没有意义，既然人类历史是实践的历史，那么也是人与自然相处的历史。人在自然中生活，人的劳动本身属于改造自然界的过程，生产力本身也包含在了马克思所论述的“自然力”之中。[②] 生态问题

① 《马克思恩格斯文集》第2卷，人民出版社2009年版，第46页。

② 在马克思、恩格斯的不同论著中，“自然力”概念从不同角度、不同侧面得到不同的阐释，对其研究同样有正面和侧面的解读。马克思在论述资本时认为，劳动力、自然力、科学技术等多种因素均可以被生产力吸纳为自己所有，在资本主义生产方式占主导的社会条件下，表现为资本的生产力。对马克思自然力思想的研究，同样始终避不开资本逻辑的客观存在。

的出现让自然界逐渐变成与人发展相互阻碍和约束的力量。劳动作为人与自然关系的桥梁,因此受到异化,从而使关系受到了破坏。尤其是当人类历史发展到以资本逻辑为统治形式获取财富之时,生态与人之间原本的微妙平衡就随之被打破。作为马克思开创的一个研究范式,对资本逻辑的批判对于透视生态问题的产生、发展并提出解决之策都具有不可估量的价值。因此,我们在研究生态文明与绿色发展问题时,始终避不开对资本逻辑批判的探讨。

本书对资本逻辑批判视角的运用,主要采用了内外两条线索。一条外在线索便是资本逻辑逆生态,用来连接资本逻辑批判的理论视角与绿色发展的现实要求。所谓"资本逻辑逆生态",即是强调研究资本逻辑批判问题,核心应放在对人类发展的影响上。资本逻辑追求的无限增殖导致的人与自然、人与人甚至人与自身的关系出现了问题,这与人类走向生态文明的发展道路背道而驰。而对绿色发展的要求而言,构建绿色发展实现机制又必须面对资本逻辑逆生态的问题,本章之后将对资本逻辑逆生态的历史成因与核心旨向作详细分析。

贯穿本书的另一条内在线索则是资本的"社会关系"属性,首先需要明确"社会关系"这一概念的使用方法。先看与其关系最为密切的生产力,本书的"生产力"的概念使用了最简单、最容易为人理解的形式:它代表了通过人类劳动来转化自然并占有自然的能力,或者更简单地说,是人类运用自然力的能力。生产关系亦称"社会生产关系",即人们在物质生产过程中结成的社会关系。生产关系是生产力诸要素相结合的社会形式,即生产方式的社会形式。生产关系是一切社会关系中最基本的关系,它是人们之间的物质利益关系,决定着政治、文化等其他方面的社会关系。社会关系指的是与生产什么、如何生产和为什么生产相关的社会组织和社会后果。生产力与社会关系最初被当作同一个物质劳动过程的两个方面,就如同使用价值与价值是同一件商品的两个方面一样。社会关系有一个外在的指示物,这个指示物具有阶级关系的形式,这个形式主导、影响着整个社会,并渗透到了交换、分配和消费领域,就像它们渗透到了生产一样。马克思在论述社会关系时认为,"各个人借以进行生产的社会关系,即社会生产关系,是随着物质生产资料、生产力的变化和发展而变化和改变的。生产关系总合起来就构成所谓社会关系,构成所谓社会,并且是构成一个处于一定历史发展阶段上的社会，具有独特的特征的社会”[1]。社会关系是人们在社会实践活动过程中结成的相互关系的集合。社会关系建立在社会实践活动的基础之上，建立在人们的生产和生活包括物质活动和精神生活的实践过程中，同时，也是社会实践活动的存在形式。以各种不同方式进行生产活动的社会中的个体，都会在活动中发生相应的社会、政治关系，而社会关系是以社会生产关系、经济关系为基础，人总是在一定的社会关系中生存和发展的，人的存在和发展受到相应历史与现实社会关系的制约。因此，个人的发展不仅是自然的产物，而且是社会历史的产物。[2] 由于本书不局限于单纯经济领域的探讨，且在哲学视域下分析马克思所强调的资本本质是必要的，故而主要使用“社会关系”这一更为符合本书论述需要的概念。

3. 关于本书对资本概念的分类与使用

本书中主要涉及的资本形式是指马克思对资本逻辑批判的资本存在形式，具备资本的一般性特点，例如国有资本、民营资本与外来资本，而近些年来出现并使用过的生态资本和不存在主动寻求自身价值增殖行为的知识资本、技术资本等更为广义的不符合马克思主义哲学和政治经济学所界定的资本形式，并不属于资本逻辑批判所研究的对象与内容，故不列入本书考察范围之内。

(二)绿色发展实现机制

本书主要是在资本逻辑批判的视角下，围绕如何构建“绿色发展实现机制”这一现实主题展开研究，为此首先要界定在资本逻辑批判视角下所使用的“绿色发展”的概念范畴，以利于进一步明确研究的重心与方向，尤其是寻求与资本逻辑有内在联系的“绿色发展”。

绿色发展的理念是马克思主义中国化的成就之一，它的本质在于“发展”。马克思主义正是聚焦于事物发展动力和发展规律的学说，发展是唯物辩证法的基本范畴，是在事物运动、变化的基础上进一步揭示事物运动、变化的动因、规律和发展趋势的范畴，是前进的变化，是变革和进化。发展理念是主体对发展作出的理解和评价，是对发展的基本内涵和形式的理论概

---

① 《马克思恩格斯文集》第 1 卷，人民出版社 2009 年版，第 724 页。

② 参见徐光春主编:《马克思主义大辞典》，崇文书局 2017 年版，第 68 页。

括以及对发展合理性的追求。在历史的不同时期，由于社会发展形式和科学发展水平的制约，发展思想具有不同的内涵与形式。[①] 绿色发展的实质就是要赋予发展一种“绿色”特质。“绿色”是自然的底色，是地球良好生态环境的体现，“绿色”又兼具生命的特色，象征着自然、健康、生命和活力，代表着人与自然、社会经济与生态环境的和谐发展。绿色发展作为生态文明建设的必然要求，是“代表了当今科技和产业变革方向，是最有前途的发展领域”[②]。如此看来，对绿色发展的认识是一个动态的过程，本书对绿色发展的界定是基于马克思主义的发展哲学、世界各国的有益探索以及中国特色社会主义建设的具体实践，认为绿色发展不仅仅理解为人与自然的和谐共生，而是自然、人、社会有机统一整体的全面发展。也就是说，绿色发展不单单着眼于传统意义上的环境保护问题，而是把“绿色”的要求渗透到经济、政治、文化、社会建设的各方面与全过程，从而形成具有时代特征和中国特色的全新发展理念与发展目标。

对于绿色发展的历史地位与资本逻辑在其中所发挥的作用，需要简单回顾整个人类文明发展的历史：一方面是人与自然关系的辩证发展历史，从顺从、对立再到和谐；另一方面是文明发展道路演化历史。在人类文明曙光乍现的时期，人们对自然的认识水平极其低下，此时是发展的朦胧原始状态，甚至谈不上“发展”；随着人逐渐掌握生产工具，对自然有一定的认识之后，人类开始进入农业文明的黄色发展（亦称“褐色发展”“蓝色发展”）时期。这一时期人类对自然环境的影响逐渐增大，但发展速度仍然较为缓慢，人们的生产力水平极大地受制于自然，此时的发展遵循更多的是自然逻辑，资本逻辑处于萌芽之中。而到了工业文明时代，人类的发展依靠资本的出现取得了前所未有的成功，自然逻辑虽然没有完全退出历史舞台，但逐渐被主流发展的资本逻辑所取代。然而正是在这样的发展模式下，自然环境遭受了极大破坏，无论是资本的生存还是人自身的生存都受到了极大威胁，之后人类面临着发展道路的选择问题。所以，人们开始寻求过渡到生态文明的绿色发展道路，而绿色发展的要求，必然呼唤一

① 参见徐光春主编：《马克思主义大辞典》，崇文书局 2017 年版，第 25 页。

② 中共中央文献研究室编：《习近平关于社会主义生态文明建设论述摘编》，中央文献出版社 2017 年版，第 34 页。

个新的替代资本逻辑新发展的遵循出现。

“机制”一词一开始多用于自然科学领域，指不同研究客体的内部组成部分及其相互关系，后被广泛运用到社会科学领域，用来研究在社会发展过程中不同事物之间表现出的结构、关系及其相互影响与作用。[①] 而“实现机制”是说在社会发展的过程中，各个客体存在的前提下，为达到某种目的而处理各个要素的关系以便更好发挥相应的影响与作用。因此，对绿色发展实现机制的研究实际上转变为探讨如何实现绿色发展的目标，使绿色发展的模式能够成为时代发展主流。从资本逻辑批判的视角看待这个问题时，实现机制的核心便被放在了资本逻辑之上，即必须正视资本、资本逻辑的客观存在的前提条件，才能运用与驾驭资本逻辑。如何反制资本逻辑的不利影响即克服逆生态特性，从而使一个关进“生态笼子”的资本能够真正为绿色发展服务，成为在资本逻辑批判视域下研究绿色发展实现机制的一个核心内容。

新时代中国特色社会主义的主要矛盾有了变化，人民对美好生活的需要已经成为发展的根本目的，而在中国基本国情和最大发展中国家的国际地位没有变的情况下，当务之急是将生态危机的根源与消解放在马克思主义关于人的发展理论和中国社会发展现实境遇中去考察，探索发展的运作机制和效用逻辑，摆脱对西方国家经济发展和环境治理的路径依赖，创新绿色发展实现机制。中国正构建的绿色发展实现机制一直在探索中前行，中国选择的发展战略并没有现成的模式可选，但是也与世界的可持续发展潮流能够保持一致。在对绿色发展观念的认识上，对环境与经济的关系认识经历了由对立到“双赢”的过程。在绿色发展理念上，继承可持续发展的理念；在绿色发展实践上，经历了以污染防治为主向污染防治和生态保护并重，再到预防、修复、重建相结合的转变。习近平总书记强调，包括绿色发展在内的新发展理念“是我们在深刻总结国内外发展经验教训的基础上形成的，也是在深刻分析国内外发展大势的基础上形成的”[②]。因此，构建绿色发展实现机制的目的是要实现人民对美好生活的需求、“美丽中国”目标的期待。而立足构建绿色发展实现机制对资本表现出的社会关系的重视，是依

① 参见张序、张霞：《机制：一个亟待厘清的概念》，《理论与改革》2015 年第 2 期。

② 《习近平谈治国理政》第 2 卷，外文出版社 2017 年版，第 197 页。

靠新时代中国特色社会主义来抑制进而超越资本逻辑逆生态的关键。新时代中国特色社会主义的发展趋势，体现在绿色发展实现机制上就是在社会关系层面上对传统发展的超越。我们可以通过对资本本质的利用而使之与社会主义的根本要求、绿色发展的价值观统一起来，从而实现发展生产、满足需要、解决不平衡不充分问题的辩证统一和良性互动。

从国际视角上看，中国正在构建的绿色发展实现机制与西方绿色资本主义有着本质的不同。传统西方经济学的发展理论始终不能从根本上解决发展带来的全球性生态环境问题的根源就在于：在受到资本逻辑绑架的经济基础、技术形式与社会意识的引导下，看不到资本在社会发展运行内部的双重内涵，只看到了资本的物质形态，"而看不到物质所负载的深层的社会关系结构"①。而中国追求的绿色发展是在新时代中国特色社会主义生态文明的指导下的对传统发展方式的扬弃，它是以人自身的真实需要为目的，谋求人与自然、人与人乃至人与自身的矛盾解决，主张经济、生态和社会协同发展、互利共赢的发展模式。随着中国特色社会主义进入了新时代，绿色发展的科学理念，并不再仅仅着眼于传统意义上的环境保护、生态修复等问题，而是把重点转移到如何实现更好的发展、如何更好实现人们对美好生活尤其是优美生态环境的需要，最终促进的是人的全面发展、社会的全面进步。

四、本书研究方案

(一)主要研究方法

在研究方法上，本书坚持以马克思主义历史唯物主义和辩证唯物主义的世界观和方法论为根本原则和依据，在具体研究上坚持理论与实际相统一、规范与程序相结合，综合运用多种研究方法，力求客观、准确、完整地反映与分析问题。

---

① 鲁品越：《〈资本论〉的真谛及对其曲解——兼论〈资本论〉与西方经济学的关系》，《马克思主义研究》2015年第7期。

1. 分析与综合法

首先在已有的绿色发展和资本逻辑等相关研究成果的基础上，本书采用分析与综合的方法，从定性分析当代中国绿色发展的现实情况入手，重新解析马克思主义相关资本理论的内涵，揭示出生态问题的本质，提出在新的历史条件下绿色发展需要扬弃传统发展中资本逻辑的发展属性与逆生态特性，并为此构建中国绿色发展的实现机制，是从资本逻辑批判理论的“分析”到构建绿色发展实现机制的“综合”。

2. 文献分析法

在对资本逻辑批判的问题上，主要查阅了《马克思恩格斯文集》中有关资本、资本逻辑批判的论述，尤其是重点关注了资本与自然、资本与人的关系等方面，在绿色发展的相关文献中总结了“绿色经济”概念的内涵与外延、绿色发展指标及其测度、区域绿色发展研究等，并结合国内外研究的进展，研究并展望了我国绿色发展理论的发展趋势。

3. 逻辑与历史相统一

在分析资本逻辑自身的历史发展过程中，本书论述了人对资本逻辑的客观实在的认识发展过程，探讨了我国绿色发展如何利用、驾驭、超越资本逻辑。绿色发展以及生态治理问题一直受到众多社会科学学科的关注，本书在对现实问题的分析上综合运用了多学科知识，对绿色发展实现机制也进行了多维探讨。

(二)研究框架

本书首先梳理了研究背景与现实条件。中国是一个人均生态财富较少的国家，资源环境问题已经成为中国发展的最大挑战，构建绿色发展实现机制已经成为中国发展的战略选择。对传统发展逻辑的批判有助于我们认清资本对于发展的两面性作用，从而在当下绿色发展实践中融入“资本—发展—思维与生活”的机制分析框架，具体如图 0-1 所示。

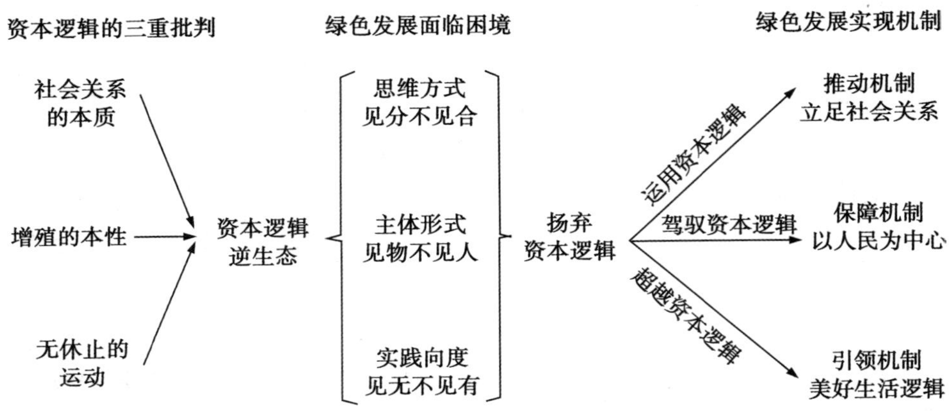

图 0-1 研究思路

任何一个事物都拥有内在规定性即内在的必然逻辑，绿色发展亦不例外。绿色发展的内在必然逻辑决定了绿色发展的生长路径，绿色发展的生长路径也体现着绿色发展的内在必然逻辑。不过，从不同的视角审视同一个事物，其内在必然逻辑也会不一样，即"逻辑会跟着视角走"。进而言之，从资本逻辑批判的视角来审视绿色发展意味着其内在必然逻辑是按照超越发展方式的"资本逻辑"展开的，相应地，其路径也是遵循资本逻辑批判的，可以表示为"视角→内在必然逻辑→生长路径困境→转型与发展"。因此，当我们从资本逻辑批判的视角对绿色发展的内在逻辑进行审视之后，构建绿色发展实现机制的路径也就能够顺理成章地呈现出来。那么，根据这个理论框架，我们就可以形成本书的基本思路。具体来说分为四个方面：首先，从资本逻辑批判的视角对资本逻辑影响绿色发展的深层次因素进行阐释，主要的理论基础是马克思对资本逻辑在哲学、政治经济学与人类社会发展实践三个层面上实现的三重批判。其次，基于资本逻辑逆生态的发展现实，对绿色发展面临的困境进行进一步论述，提出必须扬弃资本逻辑作为绿色发展实现机制的核心；而在绿色发展中扬弃资本逻辑，必须首先认识资本逻辑，进而运用、驾驭与超越资本逻辑。再次，依据发展的困境与扬弃资本逻辑的思路，提出绿色发展实现机制的基础与内容是什么以及如何构建绿色发展的实现机制。最后对整个研究进行总结，得出本书基本结论。

(三)研究创新之处

一是对绿色发展研究视角的创新。本书是从马克思对资本逻辑批判的视角看待发展问题,以马克思对资本逻辑的三重批判为基础展开,提出资本逻辑逆生态的观点,把构建绿色发展实现机制置于扬弃资本逻辑的考量之中。

本书主要对传统发展遵循资本逻辑的发展模式进行重新认识,把人们的关注点从"绿色"的环境转移到如何实现更好发展的问题上。在梳理和研究马克思对资本逻辑三位一体的批判——社会关系、价值增殖与运动过程中,找到资本逻辑导致生态环境问题的本质,并结合时代语境,对全球化资本主义背景下资本形态的嬗变及其对环境的影响进行分析,指出西方提倡绿色资本主义的观点的局限性。

二是对当代马克思主义中国化最新成果的创新。在构建绿色发展"三位一体"的实现机制中,本书从社会关系上的"绿色化"入手,过渡到坚持以人民为中心,最后,以追求"美好生活逻辑"的绿色发展来超越资本逻辑。

在构建绿色发展实现机制的过程中,从运用、驾驭到超越资本逻辑,三者是一种基于马克思的"利用资本本身来消灭资本"的设想,在时间属性上从重视短期增殖到长期发展,在空间属性上把世界的物质共同体发展到生命共同体,在价值属性上从为了个人和部分利益到为了谋求共同福祉。所以,本书认为绿色发展虽然带有传统社会发展的一般特点,但却能够超越资本逻辑,这并非人为地创造所谓的"生态资本",而是对所有资本形态的一种内在转化。本书在构建运用资本逻辑的推动机制中强调社会关系的层面,在构建驾驭资本逻辑的保障机制中注重"以人民为中心"的根本遵循,在构建超越资本逻辑的引领机制中坚持追求美好生活逻辑,既是在实践中使绿色发展能够全面超越传统发展对资本逻辑的遵循,也是在理论上把马克思主义中国化研究的一些最新成果运用到本书的研究思路与研究方法中,并使其能够得到进一步完善与发展。

第一章

马克思对资本逻辑的认识及其逆生态批判

终其一生，马克思、恩格斯都在认识与研究资本及其运行逻辑如何产生、发展及未来走向，进而使人类社会能够真正运用好这一工具，更好地改变世界。他们虽然没有以资本逻辑及其对生态环境的影响为议题的专门文本，但是在分析资本主义生产方式过程中就蕴含着对资本以及资本逻辑如何影响生态环境的思想，尤其是对人生活的环境给予了很多关注。近代以来人类社会的发展出现了极大的变化，迫切需要我们对这些变化进行理论上的考察，这一考察的重心就放在了资本逻辑逆生态问题上。而对资本逻辑逆生态的分析既要在理论上植根于马克思主义基本原理，又要足以处理现实环境中的矛盾与冲突。

一、马克思对资本逻辑的认识历程与批判方法

资本逻辑是近代以来世界历史发展的灵魂所在。古典政治经济学单纯从“物的积累”的狭隘角度来把握资本的内涵，而马克思则采用历史唯物主义的视角来把握资本，将资本视为一种拥有独特精神的、鲜活的社会有机体，并在哲学视域中分析资本逻辑对生态环境的影响。马克思在分析和批判资本主义的过程中蕴含着批判资本逻辑的思想，在批判古典政治经济学、

黑格尔的法哲学和空想社会主义的同时，对资本的认识、资本逻辑及其发展的思考实际上已经全面超越了前人的资本理论，形成在资本、资本逻辑问题上的创新性见解与科学性前瞻。为了深刻理解和把握马克思资本逻辑批判的思想，需要重新回归马克思、恩格斯的经典文本，全面深刻地理解马克思在资本逻辑批判问题上的系统思考。

（一）马克思对资本蕴含双重逻辑的认识

马克思对资本的认识具有双重向度，体现在资本本身是推动文明与破坏文明双重向度的统一体或者说矛盾体，具有肯定的逻辑与否定的逻辑，也可以称作“发展性逻辑”与“破坏性逻辑”。马克思所倡导的辩证唯物主义的思想原则和分析方法具有普遍的适用性与有效性。对于资本及整个资本主义生产方式的认识与研究也是如此。在《资本论》及其一系列手稿中，马克思对资本及整个资本主义社会的发生发展历史有辩证与全面的考察与研究。这种考察与研究首先是对资本的深刻揭露与批判，以揭示其剥削的本质、根源及必然灭亡的历史趋势。但是，在揭露与批判的同时，马克思也客观公正地肯定了它的历史进步性及其在人类社会发展进程中所起的积极作用。

资本的发展性逻辑，即资本文明的发展趋势，体现在了很多方面，尤其是在对自然、对人类社会整体发展以及对每个个体的发展上。首先，在人对自然的改造能力上，资本“创造了这样一个社会阶段，与这个社会阶段相比，一切以前的社会阶段都只表现为人类的地方性发展和对自然的崇拜。只有在资本主义制度下自然界才真正是人的对象，真正是有用物”[①]。很多以前人类无法识别的自然现象有了科学解释，自然界带来的无法克服的沟壑也可以填平，自然界开始能够真正成为人的对象，满足于人的需要，成为“有用物”。其次，在世界市场的形成和对旧生产方式的更替上，世界范围内的资本输出带来了不同国家与地区市场的拓展与商品的交换，在这一过程中逐渐减少了民族的区域界限和民族间的认知偏见，并摧毁了一切阻碍发展生产和扩大商品需要的因素，实现了社会成员对社会资源的普遍占有。资本的原始积累过程对于欠发达地区来说是不幸的和不公的，但在历史的整体发展中却客观带来整个文明的进步。最后，在人自身的发展上，资本带来的

---

① 《马克思恩格斯文集》第8卷，人民出版社2009年版，第90页。

雇佣关系打破了传统封建社会的人身依附关系，使人至少得到了形式上的自由，财产的不平等取代了出身的不平等；与之相应，人的发展从空间与地理意义上说再也不是孤立的、分散的，而变成了世界历史意义上的人的发展，社会交往关系的拓展与人的发展空间因此有了很大程度的提高。所以，马克思对资本的发展性逻辑给予了十分肯定的评价："由此可见，资本是生产的，也就是说，是发展社会生产力的重要的关系。只有当资本本身成了这种生产力本身发展的限制时，资本才不再是这样的关系。"[①]

而资本的破坏性逻辑又构成了现代社会一切矛盾的总根源。资本的逻辑成为一种在资本世界通行的最高原则，一切人都成为理性的"经济人"，对资本逻辑的运用逐渐演变为衡量社会发展进步的标志。资本之所以形成了这样一个历史发展过程，一方面在于资本在诞生时立足物化社会关系力量，对传统生产方式与生产关系进行了根本性的革命，把对自然的改造能力转化为巨大的生产力，但在这个过程中，自然资源没有得到合理运用，也是一种物化社会关系力量的过分扩大；另一方面，改造自然的物质生产资料也逐渐被赋予了人格化的特征，资本使人的本质力量逐渐异化，将包括自然在内的物质世界纳入自己的发展体系，逐渐消解了人的主体地位。人在这一过程中选择了被动接受，且被发展的物质表象所蒙蔽，不自觉地顺应了这种发展的逻辑，即"从这些社会劳动形式发展起来的劳动生产力，从而还有科学和自然力，也表现为资本的生产力"[②]。需要注意的是，资本并不等同于"资本主义"，只有在资本价值观成为主导价值观的情况下，资本占据政治的实际统治地位，其他一切从属于资本时，才是"资本主义"。因此，社会主义的发展也难以离开资本的工具性存在，但关键仍在于对待资本的态度与资本所处的地位。

马克思在《1844 年经济学哲学手稿》中批判了国民经济学的一种观点，即资本逐渐成为社会生产力发展的主要形式，进而能够与生产力发展达到绝对一致。这种观点实际上把资本的历史性存在永恒化，夸大了资本的肯定逻辑的作用，忘记了以资本为基础的生产的条件和限制因素，所以其对于资本在之后发展中遭遇的崩溃无法给出合理的解释。马克思分析资本的双

---

① 《马克思恩格斯文集》第 8 卷，人民出版社 2009 年版，第 70 页。
② 《马克思恩格斯文集》第 8 卷，人民出版社 2009 年版，第 394 页。

重逻辑的历史意义，在于看到了资本对生产力的巨大变革，其摧毁了传统的生产方式和生活方式，解放了生产力，开拓了世界市场，改变了人们的世界观和价值观念，创造了一个奇迹般的世界，成为现代化发展的主导力量。然而，资本带来如此重要的历史意义的背后，一个不容忽视的悖论在于，资本正是一个活生生的矛盾，资本逻辑的矛盾问题是马克思资本逻辑批判的核心。马克思、恩格斯在对资本主义生产方式的论述中，阐述了资本逻辑得以产生的基础：在近代工业社会发展起来的资本逻辑是一种自我运动的社会中介，它的内在矛盾深刻影响了相关生产方式和生活方式。资本逻辑既是一个扩张的范畴，也是一个动态的范畴。依循资本逻辑塑造的这个世界体现了物的强大与人的渺小，人与物的关系颠倒，进而导致人与自然、人与人、人与自身的关系都出现了发展困境。资本统治条件下的人与自然、人与人的关系，可以看作资本对自然与社会的一种生产占有关系。现代社会发展问题的根源在于资本逻辑，即人如何处理好资本逻辑以实现人与自然、人与人在发展中的和谐。

（二）马克思对资本逻辑批判的思想缘起

资本不是从来就有的，是历史发展到一定阶段的产物，资本逻辑同样如此，它不是一个永恒的范畴，而是在历史发展过程中产生的，必然要在历史发展中消亡。在马克思看来，资本逻辑是物化的社会关系之抽象主体按照理性、自利和最大化原则进行自我生产的过程，它现已渗透到社会生活的一切领域并成为“普照的光”，乃是这个时代的隐秘本质。马克思指出：“在一切社会形式中都有一种一定的生产决定其他一切生产的地位和影响，因而它的关系也决定其他一切关系的地位和影响。这是一种普照的光，它掩盖了一切其他色彩，改变着它们的特点。这是一种特殊的以太，它决定着它里面显露出来的一切存在的比重。”[①]资本逻辑是一个我们深陷其中而又难以明了的事物。马克思的重要贡献在于，他第一个科学地揭示了资本的秘密，把资本逻辑的运作清晰地呈现出来。马克思对资本逻辑的批判深植于资本主义社会的资本逻辑表征，也离不开整个人类社会生产与发展的资本逻辑表征。思想、原则、动机等因素在世界历史的发展中虽然起到了非常大的作

① 《马克思恩格斯文集》第8卷，人民出版社2009年版，第31页。

用，但在马克思看来，它们可能与特定的经济因素并没有太大差别，它们只不过是后者在意识上的体现。“只有在这种观念的形式内人才把握住经济事实，才能将历史中经济冲突的斗争进行到底。只有经济的事实在人的头脑中化为一定的概念和动机，经济事实才能推动人下定决心，诉诸行动。”①因此，资本本身并不是人类发展面临困境的重点，人在社会发展过程中形成的资本逻辑体系继而在发展上形成了默认才成为最为关键的因素。

马克思对资本逻辑的批判是一个系统的发展过程。在《1857～1858年经济学手稿》中，马克思通过资本与劳动的关系揭示了资本的本质，开始形成成熟的剩余价值理论，揭示了资本的伟大历史作用与发展遵循资本逻辑的局限，提出了相应机器、科学与生产力理论，在劳动时间的基础上进一步提出了自由时间理论，并注重研究资本逻辑的发展趋势以及之后的世界危机理论。马克思在对政治经济学的研究中，从资本作为价值的一般形式开始，讨论资本作为抽象价值的一般规定，然后研究资本关系怎样形成整个社会的内部结构，比如探讨资本与雇佣劳动、土地所有制、社会阶层的相互关系；在此基础上，研究并批判资本主义社会在国家形式上的概括、生产的国家关系以及世界市场和危机等。马克思对资本逻辑的批判能够深入资本运作的内在过程，看到了它是商品的生产过程与结果，也是追逐剩余价值的体现。资本的本质是一种关系，它注重的并不只是实体，更多在于抽象的价值，因而它在形式的表现中就忽而是商品，忽而又是货币。在商品和货币的转换中，它实现自身价值增殖的目标。而且就商品的形式来说，它也在根据产业的状况不断地改变，从服饰到电器，从鞋子到房地产，这些商品形式没有高低贵贱之分，只要它能够带来更大的利润，就是资本青睐的对象。资本逻辑不是要实现简单再生产，而是要实现扩大再生产，资本迫使人们为生产而生产；创造生产的物质条件，乃是资本逻辑这一发展遵循的“主动轮”。资本逻辑在资本主义生产方式中不仅生产商品，也生产和再生产资本主义社会关系本身，也就是生产资本家和工人，这成为马克思对资本逻辑进行批判的缘起，也是批判的核心所在。

所以，在市场经济条件下，资本是生产主体，是生产源泉，是推进经济发

① ［德］亨利希·库诺：《马克思的历史、社会和国家学说：马克思社会学的基本要点》，袁志英译，上海译文出版社2014年版，第526～527页。

展的最自觉力量，因而也是发展的最能动因素。但是资本逻辑能够解决它自身产生的发展问题吗？资本追求利润的欲望永无止境，为了追求无限的财富，资本逻辑已经不局限于经济领域，它要进一步要求政治权力、文化权力与社会权力，用资本逻辑占领这些阵地，却不以人的意志为转移。资本逻辑一旦渗透与侵占这些领域，必然会使原有的发展问题更加凸显。

（三）马克思对资本逻辑三重维度的批判

用资本运行的逻辑分析包括生态问题在内的社会问题，是马克思开创的一个研究范式，对于透视社会发展中存在问题的根源及其解决方式有着重要的价值。人类通过劳动创造了社会发展的历史，而这也是人对自然界的了解逐步加深、对自然力运用程度逐渐提高的历史，但近代社会遵循资本逻辑的发展方式使得自然逐渐成为人之外的、甚至被人破坏的对象，逐渐形成在发展上的外在的、对立于人的力量，社会发展过程中出现的生态环境问题就成为资本逻辑运行的必然表征。因此，研究马克思关于近代资本主义社会利用自然力进而影响到人与自然关系的内容时，核心必然要放在对资本逻辑的探讨上，即马克思对资本逻辑的三重批判。

马克思对资本逻辑的批判具体体现在了三个层面，是马克思对资本逻辑三位一体的批判。

首先是在哲学层面上，马克思分析认为在现实生活中，资本的存在形态总是表现为货币、厂房、机器、原料、商品等一定的物。但货币与生产资料本身存在于多个社会经济制度中，不能将它们与资本画等号。资本的本质不是物，这些物本身不能反映资本的实质。资本的实质是体现在物上的以物为中介的人与人之间的社会生产关系。① 马克思看到了资本主义的社会关系特殊性，认识到它区别于历史上其他阶段的社会关系，比如，它不同于前资本主义的社会关系。前资本主义的社会关系是把人变为制度上的奴隶，依靠等级差别制造人与人之间的依附关系；而资本主义的社会关系是把人变为劳动的机器，把纺棉花的机器变为实现价值增殖的资本。资本作为一种“匿名”的权威，将一切统领管辖在资本的同一性逻辑中，致使差异性变成同质性，丰富性变成了单一性，人变成商品。在马克思所批判的市民社会中

① 参见徐光春主编：《马克思主义大辞典》，崇文书局 2017 年版，第 121 页。

他人成为实现个人利益的手段，彻底颠覆了人与人之间情感上的“关联”，与人的社会存在的本性相背离。资本造就的时代病症既包括现实的苦楚，也包括思想的迷误，它的同一性导致的是人的存在的全面碎片化、人在社会关系中的对立性思维、价值观中意义的丧失、文化领域中科学精神和人文精神的背离。资本造成了人的目的和手段的颠倒，人和物的关系的颠倒，这就是哲学层面上对资本本质是社会关系的分析与批判。

其次是在政治经济学层面，这是马克思在《资本论》中探讨的核心内容，即是对资本追求无限增殖的批判。这个增殖就是资本无限追求剩余价值的表现，马克思在《资本论》中作了详细分析。但是除了对资本这一特质的分析过程外，有一点容易忽视的是，马克思正是在这里发现了剩余价值的秘密，并把它作为资本之所以具有“神秘性”的原因之一，与之前他所论述的资本打破自然的“神秘性”相对应。资本神秘性的表现之一是资本积累的秘密，实质是价值和使用价值的扩大再生产，因此在主观方面要求有不断增长的物质需求相适应，客观上要求有无限的自然资源供生产使用。正是因为资本是能够带来剩余价值的价值，它必然反过头来主宰全部的生产过程，让资本家和工人都成为它的奴隶。所以，资本逻辑主导的市场经济的生产目的是利润和剩余价值，无限放大资本神秘性，人成了资本自我增殖的工具，整个社会的发展就成为以资本逻辑为中心的发展。

最后是在人类发展的实践层面。在《资本论》中马克思指出：“资本作为自行增殖的价值，不仅包含着阶级关系，包含着建立在劳动作为雇佣劳动而存在的基础上的一定的社会性质。它是一种运动，是一个经过各个不同阶段的循环过程，这个过程本身又包含循环过程的三种不同的形式。因此，它只能理解为运动，而不能理解为静止物。”[①]不同于对商品拜物教和货币拜物教的批判，马克思考虑资本逻辑不再是在简单的商品流通领域，对“资本拜物教”的批判就不再是静态的分析而是动态的批判。马克思揭示了资本主义条件下的劳动异化现象和资本拜物教产生的根源。他指出，既然资本主义造成物对人的统治、产品对生产者的统治，那么工人的产品对工人就异化了。资本主义生产中的这种主客颠倒的现象，同意识形态领域内宗教的情况一样，是产生拜物教的根源。

① 《马克思恩格斯文集》第6卷，人民出版社2009年版，第121～122页。

马克思对资本逻辑三位一体的批判，是全面的批判也是动态的批判。对资本逻辑批判进一步说明资本作为发展的主体，成为资本主义社会支配一切的权力，它必须既为起点也为终点。这说明资本逻辑客观上影响着人类社会发展的进程，不能把其理解为永恒不变的存在，必然存在一种被替代的可能。

二、马克思对资本逻辑批判的价值旨向

界定清楚马克思资本逻辑批判的内容与来源，我们就要明确资本逻辑批判的目的。马克思、恩格斯对资本逻辑的批判，主要是对资本主义社会资本占统治地位的逻辑运行的批判。马克思、恩格斯在《共产党宣言》中指出，资本通过世界市场让世界至少在物质上逐渐趋向一体化，不同地区和民族的发展都逐渐融入到整个所谓的"世界历史"中去，资本要为自己创造一个"新世界"，形成世界性统一的资本逻辑现象。在《共产党宣言》中，马克思、恩格斯对资本的本质给出了明确的界定："资本是集体的产物，它只有通过社会许多成员的共同活动，而且归根到底只有通过社会全体成员的共同活动，才能运动起来。""资本不是一种个人力量，而是一种社会力量。"[①]这种强大的社会力量，从一个层面使得消费成为资本的图谋，个人只要有了闲暇时间，就被迫用来消费大众文化，异质精神发展的可能性被抽象同一性扼杀，从而在根基处消除了对资本逻辑进行批判的潜力。美国学者弗雷德里克·詹姆森(Fredric Jameson)据此把马克思主义与后现代主义综合起来，通过揭示一种"晚期资本主义的文化逻辑"对资本逻辑展开批判，认为其基本特征是浅薄的，完全失去深度，这一特征的存在与福柯宣称的"主体死亡"思想联系在一起。资本逻辑造成了人类社会历史、现在、未来的发展被资本逻辑主宰并断裂成碎片，感受只会聚于当下，所谓追求单一与千篇一律的文化实际上就是追求资本逻辑本身，造成人的孤立、混乱、无关联、无逻辑。[②] 需要思考的是，资本这种"到处开发，到处建立联系"，使世界成为一个相似整体的逻辑对不同国家和地区的影响程度一样吗？甚至在一个大的国家内，不同地区也有经济与环境发展的不平衡性，其接受资本逻辑的程度显然是不

---

① 《马克思恩格斯文集》第2卷，人民出版社2009年版，第46页。

② 参见姚大志：《现代之后——20世纪晚期西方哲学》，东方出版社2000年版，第332页。

同的。世界绝大多数地区都把经济发展主导地位让位于资本逻辑，资本逻辑形成的巨大的客观物质力量是不以人的意志为转移的，对环境的控制和影响已经不可避免。所以，马克思对资本逻辑批判的核心还是在于对人本身的发展影响之上，以此才能拓展到人与自然之间的关系。

马克思主义生态哲学思想认为人与自然是对立统一的关系。人作为肉体存在是自然界的产物和组成部分。一定时期人与自然之间的关系，实质上也是人与人之间社会关系的一种反映，并对人与人之间的社会关系有反作用。换言之，人与自然关系的和谐与否，都是通过一定的社会形式实现的，是生产力发展到一定水平决定的。在资本主义社会，资本为了追求增殖，促使人们无节制地利用自然力，致使生态平衡遭受破坏，生态系统自我治愈的功能遭到削弱，最终导致生态危机。在马克思看来，资本主义私有制是造成资本主义社会人与自然关系恶化的根本原因，资本主义社会的生态危机同时也反映了资本主义私有制下资本家和工人之间的阶级关系。而马克思主义的发展哲学强调，人类的解放是社会发展的根本目的。历史进步内含了社会发展的价值目标指向性。人的解放和自由发展是社会发展的最终目的。尽管生产力的发展对社会发展至关重要，但是，生产力的发展并不是社会发展的终极目的和进步的尺度，历史进步的尺度是人的解放和自由的实现。马克思主义发展哲学是一个历史性、开放性范畴，它必然随着实践的发展不断丰富自身内容。[①] 新时代中国特色社会主义强调绿色发展的理念，这是中国共产党人在新的历史背景下提出的与时俱进的马克思主义发展观，体现了当代中国共产党人对于马克思主义发展观的创新发展和理论自觉。所以，在资本逻辑批判的视域中审视当下发展的现实，属于马克思主义生态与发展哲学在实践领域的具体展开。

（一）人与自然的关系重塑是对资本逻辑展开批判的深层原因

马克思主义生态哲学中一个重要范畴就是人与自然的关系，代表人类无论发展到什么程度，都与自然界呈现为一体性关系。马克思认为在资本出现早期，正是资本动力解放了人们的求富欲望，确立了人的主体性，从而形成了人们增加财富的内驱力。而传统社会最大的特点就是人们盲目地匍

---

① 参见徐光春主编：《马克思主义大辞典》，崇文书局 2017 年版，第 26 页。

匐在各种自然力的支配之下，人的主体性和主体能力长期处于压抑状态。人们敬畏巨大的自然力量，把各种迷魅、变化和生老病死归结于冥冥之中的某种超自然力的作用，并把它幻化为人的形象或某种动物的形象，形成各种各样的原始宗教崇拜。这些原始宗教崇拜反映了传统社会中人们对自然界和人类社会关系的认识和感知以及由此形成的生活信念，给了人们精神上的寄托。但是，一些宗教观念在客观上也抑制了人的主体性的发挥，束缚了人们的认知范围，从而使蕴藏于人自身的主体力量即人类运用自然力的力量长期受压抑而难以起作用。[①] 而资本逻辑的出现，恰恰激发了这种力量，使人们重新看到人在与自然的关系中所能发挥的主体能动力量。随着资本逻辑的进一步渗透，资本逻辑影响的"人化的自然界"范围也越来越大。[②]

但是，资本逻辑却使人们过高估计了自身改造自然的能动作用，过度运用了自身的自然力。站在马克思所论述的市民社会的立场上，资本逻辑必然以人的"经济人"身份作为发展基础，而把自然看作生产的要素，因而在遵循资本逻辑的发展中，人与自然的关系必然受到影响。而无论是自然资源还是人的劳动力，都是资本逻辑所要运用的对象。所以生态马克思主义学者福斯特认为促使资本主义社会生态转型需要两个步骤：一是人们必须增加激进改革的斗争，进一步消解资本的破坏性逻辑；二是人们必须开展广泛联系的运动，为人类的持续发展和生存进行长期的革命性转变。这一思想的主要前提是人的劳动对自然产生影响的社会特性，是与资本逻辑密切关联的层面。自然力不可能是"单纯的"自然力，如果不被资本逻辑所"裹挟"，就无生态性可言。这就是说，一些认为马克思对资本逻辑的批判缺少"生态学视角"的观点存在必然的缺陷，其忽略了马克思的这样一种观点："人化自然"的自然界本身就是一种属人的存在，完全客观意义上的自然本身并没有对于资本逻辑批判的价值所在，自然虽然是客观事物，但更是人的实践对象，甚至成为人实践活动的产物。因此，人与自然的关系的变化实际上成为人类社会发展进步的缩影，资本逻辑引导的发展在背后支配着人与自然关系的变化，无论这种支配是有意识还是无意识的，人与自然的关系重塑就成

---

① 参见柳泽民：《资本逻辑与科学发展——破除"中等收入陷阱"符咒》，上海人民出版社 2017 年版，第 7 页。

② "人化的自然界"是马克思在《1844 年经济学哲学手稿》中提出的，指被人的本质力量与实践活动所作用的自然界，参见《马克思恩格斯文集》第 1 卷，人民出版社 2009 年版，第 191 页。

为对资本逻辑展开批判的深层原因。资本逻辑批判背后的人与自然的关系，不单单是一种“物”的运动规律的体现，而是兼具了“人的本质”与“物的规律”。

(二)实现更好的发展是资本逻辑批判的根本目的

马克思、恩格斯强调资本带来了人类社会的巨大进步，尤其是生产力的巨大发展，对资本逻辑的批判更集中表现在整个世界越来越趋向于由资本逻辑引导、统治甚至创造，这样的世界表层所体现的资本一元的稳定结构却埋藏着深层次危机。资本逻辑在全球化过程中表现出的并不仅仅是经济形式与交换方式上的统一，甚至将整个社会的方方面面都纳入资本逻辑运转之中。马克思批判了古典经济学家把资本主义生产方式产生之前的历史环境及其特征说成资本存在的结果。“资产阶级经济学家们把资本看做永恒的和自然的(而不是历史的)生产形式，然后又竭力为资本辩护，把资本生成的条件说成是资本现在实现的条件。”[①]所以，不能忽视资本社会关系的一面，其存在与发展依赖生产的主体性，后者既内在于资本，又与资本处于对抗关系中。在全球化进程中，资本不仅让世界处于其控制之下，同时也依靠创造、投资并剥削所有的社会生命，根据经济价值的等级秩序对人施加命令。资本主义时代驾驭资本的客观力量与主观意愿看似是资产阶级，但实际上包括资产阶级在内的所有社会阶层无不被资本驾驭。

把握马克思资本逻辑批判的范畴可以在物质层面上，即在为资本所控制的“生产要素”的层面上加以理解，同样地，如果仅仅考虑资本家和工人阶级关系的角度，也无法充分把握现代社会发展的资本逻辑这一范畴。相反，资本逻辑的范畴指向了一种在生产关系基础上的更为广泛的社会关系，并呈现出动态性、整体性和矛盾性。这一形式仍然由劳动及其二重性所建构，它连接了人与人之间关系的活动，又连接了人与自然之间关系的活动。一方面，资本逻辑主导的生产方式并非单纯的技术过程，它不可避免地联系着组成社会的基本社会关系，并为后者所塑造。对马克思资本逻辑批判的这一分析，为之后批判资本逻辑主导的生产形式与财富形式提供了基础，而不是停留在简单的物质占有层面上。另一方面，资本逻辑勾勒的社会发展特

---

① 《马克思恩格斯文集》第8卷，人民出版社2009年版，第109页。

质，体现的是一种抽象的发展形式，它与社会特有的劳动之本质相关。在这样的统治形式中，失控的“发展”、社会的日益碎片化乃至个人生存问题，都找到了其根本的社会基础。所以，资本逻辑造成了社会一种抽象的、非个人的统治体系。与早先的社会发展相比，人们表面上显得更独立了，似乎受到封建专制政治的“霸道”影响越来越小。但事实上，他们从更为广泛的社会关系层面服从于一种资本逻辑统治体系，这一体系看起来并非社会本身的，而是“物的”。在这种体系下，社会劳动不仅是统治和剥削的对象，其本身正是统治的本质基础。

由资本创造的资本主义社会中，资本作为一种“匿名”的权威，将一切统领管辖在资本的同一性逻辑中，致使差异性变成同质性，丰富性变成了单一性，人变成商品。而在马克思所批判的市民社会中他人也成为实现个人利益的手段，彻底颠覆了人与人之间情感上的“关联”，与人的社会存在的本性相背离，简化了人类的精神世界，用金钱拜物教取代了“天然尊长关系”。[①]正如马克思、恩格斯在《共产党宣言》中警示的那样：“它迫使一切民族——如果它们不想灭亡的话——采用资产阶级的生产方式。”[②]《共产党宣言》不仅明确指出了资本主义所发挥的巨大正向历史作用，同时也分析了资本自身发展的历史条件，在当代这些条件依然没有实质性的变化。资本加快全球化的历史进程涉及了从形式吸纳向实质吸纳的转变，将所有可能的社会元素都纳入资本生产的循环之中，资本逻辑统摄下的发展模式按照资本的面貌与要求规定着人的发展方向，这个世界逐渐趋向“平整”的发展，逐渐失去了劳动和权力的地理分化，但整个世界表层所体现的二元对立的稳定结构却埋藏着深层次危机。资本发展的历史条件使得马克思对资本问题的分析更加立体化、透明化，为之后《资本论》在哲学上的分析奠定了历史唯物主义的基础。《共产党宣言》中关于资本发展条件的探讨，同马克思在《政治经济学批判（1857～1858 年手稿）》中更进一步论述资本的历史使命是一脉相承的。这样的发展虽然看似取得了辉煌的成就，却成为一种“单向度”的发展。

显然，这种所谓“单向度”的发展并没有实现更好的发展，尤其是普通人

---

① 参见宁德业：《〈共产党宣言〉的文化思想及其当代价值》，《当代世界与社会主义》2018 年第 1 期。

② 《马克思恩格斯文集》第 2 卷，人民出版社 2009 年版，第 35 页。

的发展。经济活动中的劳动力只有作为能够维持自身生活的个体才能存在,因此,劳动力的生产要以活的个人为根本。而活的个人要维持自己,需要基本的生存条件,这个条件不仅包括有一定量的生活物质资料,还需要适宜人类生存的气候、温度、空气质量等自然环境。因此,生活资料和外部环境应当促使劳动者可以在正常生活状态下健康地维持自己的生存能力。正如马克思所言,在对劳动能力进行认识时,若撇开生产过程中维持劳动的生存资料和生活环境,就会成为考察一种臆想的东西。而如果自然环境遭受到破坏和污染超出了自然的承受力,对人的健康必然产生影响,而维护维持劳动力需要更多的成本,资本的扩大再生产同样会受到影响。如此看来,遵循资本逻辑的发展虽然取得了一个又一个成就,在当代却并没有实现人类社会更好的发展。

而关于资本逻辑没有实现更好发展的原因,无论是在《共产党宣言》中还是在《资本论》中,马克思始终认为资本不是一件具有不可思议的生产力的东西,而是人类社会中的一种社会关系,是某种时期占统治地位的权力关系。马克思认识到资本逻辑之所以能够得到统治地位,是因为它通过生产商品和创造剩余价值进而促使资本内含的社会关系持续不断再生产。如此看来,资本成为外在物化的社会关系力量,以资本逻辑的形式内在地体现在人的生产、生活互动中,以此推动着社会发展。但是这并没有实现社会更好的发展,反而出现了很多自我否定的因素,典型代表就是生态环境问题,其成为诸多否定因素中的关键。

(三)生态问题的出现凸显资本逻辑批判的现实意义

之所以着重强调生态问题的出现,而不是环境问题,主要是因为在资本逻辑视角下审视绿色发展问题时,生态问题与环境问题存在的根本不同,便在于有没有资本逻辑的影响与参与,即有没有人、有没有社会关系的渗透与影响。环境问题是单纯环境出现的问题,并不局限于人类活动的影响,也有不受人类活动影响的宇宙与地球自身运动这些因素,人类对环境的影响和破坏在资本出现之前就已有之,环境问题是人类生产生活的必然结果,但生态问题却是资本诞生以后的产物,正因为它涉及人与人的社会关系,生态危机就不单纯是环境的危机,而是人与社会关系的发展危机。

生态问题的出现进一步凸显了资本逻辑批判的现实意义。当代世界的发展使得资本逻辑的物质统一性逐渐过渡到社会关系的统一性，使得生态问题同样也成为全球化的问题。资本的全球化使全球都处在资本的扩张范围之内，资本对所有参与生产、创造与投资的社会生命依照一种价值的秩序施加命令。① 恩格斯在考察英国工业革命以来的工人子女的现状时说，参加娱乐、打球等游戏对保持健康和增强体质大有益处，在工业革命以前，孩子们生长在新鲜空气中，体格强壮而结实，科学发明推动了工业革命，工业革命带来大资本的极大兴盛，而城市的污浊空气使得孩子们患上了贻害终身的多种消化器官疾病。生活在这样恶劣的条件下，怎么可能有健康的人呢？这样的生态问题表面上看是人与环境之间的问题，本质上仍然在资本本身。在资本逻辑的威慑下，人受着资本的抽象的统治，社会流行文化完全处于一种见物不见人的状态中。资本逻辑不仅寻求对生产的绝对统治，同时也控制着社会生产关系，后者既内在于资本，同时又与资本处于对抗关系中。而资本的本质又决定了资本不断寻求自身的再生产的活力，正是依靠这种活力，在历史发展中资本才扫除了各种历史残余，它不仅试图让自己的逻辑渗透到经济之外的生活领域，也依靠聚拢社会关系的能力实现了这一点。所以马克思、恩格斯认为，资本主义生产方式趋向于支配整个社会的政治与文化。资本将自然、人、科学技术、文化全部纳入自己的体系，使其服从自己的结构，消解了人的主体地位，人的生活由此受到资本异化因素的影响，成为被资本裹挟的生活。资产失去了量的差异，也可以说失去了身体性，这是资本逻辑掌控下的人与自然关系失控的一个重要原因。

三、马克思对资本逻辑逆生态批判的基本内涵

马克思对资本逻辑的批判，在生态视角下成为人类运用自然力的社会因素的体现，也是凸显审视资本逻辑与生态环境关系的当代价值。这样，马克思对资本逻辑批判的核心就放在了资本逻辑自身的逆生态上。在遵循资本逻辑的发展中，人们对自然力的运用达到了一段历史时期能够实现的最

① 参见[美]迈克尔·哈特、[意]安东尼奥·奈格里：《大同世界》，王行坤译，中国人民大学出版社2016年版，第3页。

大程度上，此时的自然资源在某种意义上转变为“资本的一种特殊存在方式”[①]，而逐渐被纳入资本的循环与周转之中，成为一种必需的要素。人在生产与生活中开始离不开这些要素的存在，也就默认了资本逻辑逆生态的合理性。如果仅仅是从意识层面上强行去除资本逻辑价值观的影响、从肉体层面上“消灭”资本，却不去关注资本逻辑逆生态的真正内涵与发展盛行的时代特征，不去研究如何真正实现“资本的自我否定”，并且也无法说明否定的阶段性，那么对资本逻辑的道德性批判等等是难以有实际意义的。

资本逻辑逆生态批判的基本内涵包含着很多方面，具体体现在资本在空间、时间与价值维度上都出现了逆生态的问题；资本逻辑逆生态可以看作对自然力在特定历史发展阶段上的不正确的运用，而解决这个问题的根蒂仍在于找到资本逻辑逆生态的实质，即人如何通过资本这一工具和形式实现与自然的真正和谐。

(一)资本空间—无限逻辑的逆生态

资本的空间—无限逻辑体现在资本不满足于对本地、本国市场的占领，还要寻找更广泛空间的占有，即资本的空间化逻辑。征服世界和大自然是人类发展早期就有的梦想，更成为近代资本家的追求之一，征服时空与主宰大自然长期以来都是资本逻辑的表现。尽管面临诸多的质疑、反抗和斗争，尽管认识到人与自然的关系出现了越来越多不期望看到的结果，但在资本的空间化逻辑影响下，在人类能力所及之内征服时空和大自然的观念依然占据着主导地位。其结果是逐渐形成一个“时空紧缩”的世界——在这样的世界中，资本的流动速度越来越快，人或物之间的联系表面上来看越来越紧密。“在资本的简单概念中已经潜在地包含着以后才暴露出来的那些矛盾。”[②]马克思所说的矛盾之一就是无限与有限的矛盾。近现代人类社会发展遵循资本逻辑带来的资本的地理扩张，就是资本对剩余价值无限追求的体现。资本积累与人类对土地与资源的破坏永远不可能只出现在一个地方，人与自然的关系在某种程度上对资本的进一步积累构成了障碍。自然环境正是在这种情况下遭受了人类活动的破坏才发生了变化，对自然的破

① 《马克思恩格斯文集》第5卷，人民出版社2009年版，第387页。

② 《马克思恩格斯全集》第30卷，人民出版社1995年版，第395页。

坏历史很长，这已经成为所谓的“第二自然”或马克思所研究的“人化自然”——自然由于渗透人类的行为而被改造了。自现代资本产生以来，对土地与资源“创造性”破坏的速度和分布范围都已经大大提高和扩展了。

不断为人与人之间的交互作用创造新的空间关系也成为资本追求无限空间逻辑的表现之一。随着空间关系的变化，生产、交换和消费的地理分布受到调整，不但反映了资本对利用时间消灭空间的偏爱，也意味着残酷的“创造性”毁灭。网络的发展使得资本前所未有地接近其“梦想”，即资本的完全无障碍流动；虽然关于商品和劳动力的信息可以在网络空间上流动，但仅仅是信息而已，商品与劳动力本身尚且做不到这一点。正如马克思曾经尖锐地强调，资本逻辑在自己的领土内的推行同样遇到了障碍。资本永无休止的循环和周转的要求与逐渐僵化的城市环境之间的脱节越来越戏剧化。① 而交换价值致力于为特定历史时刻的空间拓展创造“高效”和“合理”的配置，如果是这样的话，那么似乎就存在着一种争取空间平衡、空间和谐的力量。与此相反，为了积累而进行的积累引发的各类技术革命，同样导致了资本逻辑为克服空间障碍的持久斗争，所有这些对任何现存空间都具有一定的破坏性。

资本逻辑在全球化的另一极空间中造就的历史场景是真实的历史场域的颠倒表现和空间再造，它将马克思所批判的资本拜物教推到了前所未有的高度。一些西方马克思主义学者继承了马克思的相应观点，这里面有文化批判和市民社会批判的法兰克福学派，对消费社会、符号政治经济学进行批判的后马克思主义者鲍德里亚等人以及批判政治经济学的詹姆逊等后现代马克思主义者，他们都在这一历史场景下对资本逻辑进行批判。尽管这些批判有些是直观地针对历史场景本身，而没有针对背后更本质的历史场域，因而陷入了资本当代拜物教的窠臼，但其对资本批判的初衷和时代感却是毋庸置疑。② 资本生产相对过剩条件下，消费取代生产和再生产成为引导力量，于是造成了消费社会的历史场景。消费反而越来越依靠一种虚拟符号的消费和生产，而符号政治经济学本质上又是文化的支配，因此，文化成

---

① 参见[英]大卫·哈维：《资本之谜：人人需要知道的资本主义真相》，陈静译，电子工业出版社2011年版，第187页。

② 参见任平：《当代中国马克思主义研究》，北京师范大学出版社2017年版，第61～62页。

为弥漫性的消费社会的符号体系,能指和所指双重地再结构化为资本全球化的社会。这样,资本力量支配着社会关系的生产,决定着社会结构的基本形态及其变迁。社会资本结构由各个相互竞争的独立资本组成,通过自由竞争、资本扩张的过程,将一切社会力量都归并到资本家与无产阶级这两大阶级的社会政治版图中,在国际上则形成国家垄断集团之间为瓜分世界市场而对立的板块结构以及宗主国与殖民地半殖民地国家之间对立的板块结构,这也成为垄断资本推行"生态帝国主义"的基础。

(二)资本时间—效用逻辑的逆生态

资本的时间—效用逻辑建立在资本无限追求时间利用的最大化上,资本逻辑预设市场主体是自利、理性、追求自身利益最大化的存在,使人作为"理性人"与"经济人"存在的意义就是利用最少时间谋取最多的经济利益,可谓在追求利益上"分秒必争"。按照亚当·斯密(Adam Smith)的看法,自利是人的本性,它与道德善恶无关。资本主义体系逐渐成为资本逻辑主导的市场经济体制,政府仅仅是"守夜人"的角色,它无须干预市场的运行。凯恩斯在面对市场失灵的局面时提出政府负有宏观经济调控的责任,这一理论试图提高政府在经济中的地位和作用,但其主旨并不是让政府直接插手经济活动,而是通过经济政策等工具间接地干预经济,这只不过是在时间维度上延缓了资本吸收利润的速度而已。而资本逻辑不断追求时间上的效用使得现代社会经济活动变成了时间上的竞争。不仅如此,这种时间—效用的资本逻辑特点的泛化已经使它逐渐渗透到政治、文化、社会的潜在运行原则中。

在马克思的思想中,存在用"时间消灭空间"的概念。它表明,资本流通使得时间成为人类事务中最基本的维度。毕竟在资本主义社会中,社会必要劳动时间形成价值的本质,剩余劳动时间是利润的来源,剩余劳动时间和社会必要劳动时间的比率决定利润率,并最终决定平均利润率。因此,在资本逻辑占主导地位的发展中,空间的意义以及创造新商品所需要的新的空间结构的推动力,只有与这种时间需求联系起来的时候才能被理解。"时间消灭空间"这一概念并不意味着空间维度变得无关紧要,而是它提出一个问题,即空间如何被利用、组织、创造并被支配,来适应资本流通更为严格的时间要求。如此形成了一个悖论:为了克服空间障碍,用时间消灭空间,空间重新被拓展，但自身却成为进一步积累的障碍。资本会以自然景观的形式表现自身，这种自然景观可能是按自己的形象创造的，是作为提高渐进的资本积累的使用价值创造出来的。正因如此，资本反而遇到了一套特定的自然约束束缚和抑制了积累过程。资本逻辑的历史发展因此同样艰难：既要保存环境中旧资本得来的交换价值，又要破坏原有资本而为积累开辟新的空间。资本重视按照自己的条件创造一个所谓的自然景观，但之后又摧毁它，通常在危机产生时，在随后的时间点将它摧毁。① 在这一过程中由于很少关注“自然的异化”，资本追求时间—效用的逻辑再次体现出了逆生态特点。

（三）资本价值—无度逻辑的逆生态

资本追求价值—无度的逻辑，一方面反映了资本逻辑追求价值的没有限度，即在时间和空间上对剩余价值近乎没有底线的追求，而且随着现代社会各种信息通信技术的发展，资本对一切可能存在价值的方向也会有灵敏的嗅觉，甚至可以说“没有资本找不到的价值”；另一方面，也反映了一些不被纳入资本逻辑利用范畴的东西是没有任何价值的，不论这种“毫无价值”的东西是在经济领域还是在非经济领域。比如工业资本用下来的废料，实际上并不是没有价值的，正如马克思在《资本论》中强调过：“所谓的废料，几乎在每一种产业中都起着重要的作用。”②也就是说，一些产业不需要的东西并不意味着其他产业不需要，只要有新的生产形式出现，就可以变换为可以利用的形态。但是在资本逻辑主宰的发展模式中，只有资本逻辑认为在当前有利用价值的东西才有价值，其他统统不存在所谓的价值。资本逻辑这一价值—无度特点带来了社会价值认同的单一性，它虽然促使之前很多没有被发现的价值出现，但也导致其他的看似“没有用”的东西被认为是对人和发展无益的，这自然也就对生态系统的自然循环与协调产生了威胁。

从资本逻辑的实现目的来看，它只是一种纯粹的运动过程。资本的运

---

① 参见［英］大卫·哈维：《资本的城市化：资本主义城市化的历史与理论研究》，董慧译，苏州大学出版社 2017 版，第 35 页。

② 《马克思恩格斯文集》第 7 卷，人民出版社 2009 年版，第 116 页。

动没有尽头，也没有长远社会性的目的。作为自我增殖的价值，这样一种“霸道”反而呈现为纯粹的过程。在资本逻辑要实现的内容上，实际上是这样一个社会核心范畴：资本逻辑的目的指向一种持续的增殖与扩张运动，它没有决定性的外在目标，这个社会的动力在于为生产而生产，在于为持续而持续的过程。马克思阐明了这样一种似乎没有边界的资本主义社会关系，它们看上去几乎没有社会性，并指明了那些看上去为了自身利益而行动的明显的去历史化的个体。在《资本论》中，马克思认为资本逻辑“霸道的运动”进入一个不符合时代发展特征的阶段，其是以个人为代价，将一般人类生产力从个人能力和经验的限度中“解放”出来的。资本逻辑霸道实现的目的不只限于价值维度，在这样的历史建构形式之下，它也无法成为解放人类的基础，从完成马克思描绘的“人类同自然的和解”到“人类自身的和解”，仍然是一段很长的历史发展过程。

资本追求价值—无度的逻辑还体现在经济社会中，人的需求无意识地直接表现为消费，而消费又是需求的再生产。在市场经济中，资本逻辑将一些非必要的、无关基本生活条件的需要通过广告等营销手段从外部强加在个体身上，这些虚假需求使得原本是人类维持生存的基本消费活动变得扭曲异化。大量消费刺激大规模生产，社会繁荣的背后导致物质产品的资源浪费与消费后期的环境污染。固定资本从生产的立场来看表现为资本的成就的顶峰，从资本流通的立场来看却只是进一步的资本积累所面临的障碍。于是，资本逻辑碰到了问题，解决矛盾的办法有两种：要么在危机的进程中得到强制处理，要么转移到某个更高的、更加全面的层面上，并为一种不同的、往往更加深重的危机形成提供“养料”，生态问题的出现便是如此。资本逻辑寻求价值—无度的特点使生态问题愈发严重，这种情况甚至对资本本身产生了一定的威胁，但资本逻辑却始终没有变化，而是继续把制造的问题扩展到更广阔的范围内，实质上这种解决问题的方式就是转移矛盾，甚至是制造更大的矛盾来掩盖原有的矛盾。虽然资本逻辑的诸多特点都使人与自然的关系紧张，但资本逻辑与生态的不相容究竟是不是生态问题产生的实质性根源，依然需要一个历史唯物主义的考察与辩证研究。

四、资本逻辑逆生态批判揭示了生态问题的实质

资本逻辑带来的无休止的资本积累无可避免地导致非资本主义部门——包括在远方的非资本主义部门——遭到资本主义的渗透和吸收。马克思虽然接受这个观点，却坚决否认了这可以解决有效需求的问题。他始终从资本主义生产方式的内核中寻找解决方案。资本逻辑统治下的社会似乎逐渐把人变为一个物体、一件商品、一个纯粹的生产"要素"，从而变得与工作产品相异化，与生产过程相异化，最终与其本质相异化，尤其是在工业城市逐渐成为人类城市化的主要形式时，人们极力征服大自然的野心就像极力要把致命的气体和空气隔离开一样强烈，对新工业秩序的反应最终导致城市设计和规划的实践，这一实践试图在消费领域补偿在生产领域所失去的。我们只有在充分理解了资本逻辑产生发展的社会意义与目的之后，才能理解为什么人类历史发展选择了资本逻辑，而不是别的逻辑，才能理解资本逻辑是如何带来之后的生态问题的。对生态问题产生的根源与实质的分析，主要存在三种思路：

第一种思路认为，人们对自然的观念出现了问题，应该重新思考二者的关系，加强人的生态素养，提倡人的生态道德。这是从道德伦理的角度思考生态问题，其实际解决方案更多依据的是"人口致因说"。丹尼斯·梅多斯(Dennis L. Meadows)在著名的《增长的极限》中就提出，人口动态行为中正反馈回路的优势骤增，导致世界人口曲线甚至比指数式增进爬升得更快，人口剧增给地球环境容量施加了沉重负荷。他把芸芸众生曲解成自然环境问题产生的根由，并将其看作人类无法改变的宿命，实际上是想赋予生态文明以保守的政治意蕴，甚至是想回到人类发展的本初状态，显然不符合历史进步的潮流。近代以来人口剧烈增加，背后的真正原因是什么，又是什么力量主宰着全球权力关系招致了人口剧增及相应的环境压力，才是值得我们思考的。

第二种思路认为，发展的市场化还不够彻底，导致市场经济中的生产与消费上出现了问题，进而引发生态危机，问题的症结仿佛又不在于人自身的意识，而是要看到商品没有节制地被生产出来和人们的无度消费。在后工业社会，随着企业生产技术的进步和服务业的大规模兴起，商品在种类与名

目上得到了极大程度的丰富，但虚荣、炫富、物欲横流的消费理念逐渐占据主流。正是这种消费不理性，浪费了太多资源并造成大量产品的过剩，从而破坏了人类赖以生存的环境，继而造成了大规模的污染。通过所谓“彻底的市场化”究竟能不能解决生产与消费出现的问题尚不可知，但至少从表面上也可以看出，无论生产还是消费，都内在地统一于资本逻辑支配下的生产方式中，最终营建出当下生态问题频发的发展困境。

第三种思路便是更为常见的“技术致因说”和“科技万能论”，前者认为科学技术导致了生态问题，后者则认为要想解决生态问题，最终还是要依靠科学技术。二者在一定意义上殊途同归，都把技术逻辑作为解决一切问题的万能法则。卡逊(Rachel Carson)于1962年在《寂静的春天》中指出，DDT等化学药剂虽然给人类农业生产带来了便利，但却对生态环境造成了很大的消极影响，成为从生态角度批判科学技术的前奏。之后也有越来越多的环保机构和组织认为，这不是消费文化的兴起，而是技术理性的祛魅。科学技术取得了飞速发展，技术无疑创造了前所未有的物质文明，但如果用之不当，也大大增加了未来社会发展的不确定性。科技的突飞猛进非但没有让人类摆脱自然的暴戾和强制的苦役，反倒成了世界性生产无序进而导致环境退化的加速器。

三种思路背后的根源都指向了资本逻辑。当代部分马克思主义学者逐渐聚焦对资本逻辑的批判，这些批判具有深刻性和洞察性，但是如果对资本逻辑的批判仅仅停留在道德、伦理层面，则较容易重新陷入人类中心主义之中，因为所有道德层面的批判都较难避免以人类为中心。而一旦我们扩大历史的视野，便能够认识到资本主义产生和发展的根本前提在于形成一个巨大的框架——人力、财富和商品都远远超过了欧洲的边界——甚至是奴隶制也成了资本主义生产的内在组成部分。在历史中，奴隶制不是直接被资本力量消灭的，就像是前资本主义的形式，奴隶制是奴隶主与奴隶自己推翻的，他们让奴隶制作为一种治理形式变得不可持续、作为生产形式变得无利可获。所以马克思、恩格斯在《共产党宣言》中认为：“废除先前存在的所有制关系，并不是共产主义所独具的特征。”“那种财产用不着我们去消灭，工业的发展已经把它消灭了，而且每天都在消灭它。”[①]这便证明，消灭“私

① 《马克思恩格斯文集》第2卷，人民出版社2009年版，第45页。

有制"同样体现在了资本完成历史使命的过程中，只不过它再次创造了一种新的形式上的"私有制"，如何对待这种"私有制"，是否还可以借助资本的力量，马克思、恩格斯在《共产党宣言》的1872年德文版"序言"中给出了答案："这些原理的实际运用，正如《宣言》中所说的，随时随地都要以当时的历史条件为转移。"[①]所以归根到底，即使是科技应用与环境破坏是因为资本的逻辑才被"同构"在了一起，追索生态问题缘由必然也离不开背后的资本逻辑。但为什么资本逻辑对生态环境的影响长期不被人们重视？是因为人们迷失于资本逻辑创造的丰富物质生活中而不愿意改变这一现状？这就需要研究资本逻辑对生态问题产生实质的技术遮蔽问题。

(一)资本逻辑对生态问题产生实质的技术遮蔽

如前所述，资本自身存在双重逻辑，资本逻辑一旦进入科学技术领域，通过科学技术影响生态环境，产生的同样是双重作用。科学技术发展反映了人类对自然界认识的深化及对自然界利用和开发能力的提高，是推动人类社会进步的"第一生产力"。在资本主义发展早期，通过物质生产实现价值增殖是其最初的主要路径，为此它在一切可能的地方和领域消解传统的自然经济状态下的社会简单生产，并代之以商品经济和雇佣劳动为基础的社会扩大再生产。它使科学技术摆脱了那种以生产经验为基础的发展模式，代之以理性分析、科学实验为基础的现代科技发展新模式，并使科学技术与社会生产直接结合起来，从而开启了人类对自然力开发利用的新时代。这是资本逻辑与科学技术相结合的正面作用。在资本的驱使下，形成了对自然和社会的有效控制技术，一方面是自然科学技术，另一方面是市场经济体系和各类管理技术，从而形成现代社会的两大基础，即以科学技术为基础的现代生产力系统和以市场交换为基础的市场经济系统。现代生产力系统是对自然界的控制，而市场经济系统则是通过利益机制对社会进行控制，二者共同形成对自然力的深度开发、利用和控制，形成发展生产的巨大推动力。

正是在资本逻辑的驱使下，科学技术以直接服务于生产为目的，进一步加快了科技与生产的结合和向生产力的现实转化，从而极大地促进了生产

---

① 《马克思恩格斯文集》第2卷，人民出版社2009年版，第5页。

的发展。另外，为了更好地占有存在于人自身的自然力以及由于分工协作而形成的社会自然力，资本逻辑促使市场经济体系不断完善，使管理科学不断发展，从而使自然力得到越来越充分的利用，形成促进生产力发展的另一种推动力。然而，由于科学技术成为资本逐利的手段，便会在缺乏制约力量时，成为破坏自然环境的强大的物质力量，加剧人同自然关系的紧张程度，由此引致自然界对人类的报复。在资本逻辑的支配下，科学技术及其成果成为决定人们社会地位与生活水平的物质力量，社会由此分层，进而发达国家与富人生活区域能够拥有优良的生态环境与生活设施，而穷人与欠发达国家成为生态问题的受害者。

描绘资本逻辑绑架科学技术从而造成对生态问题的遮蔽，有一个较为著名的“杰文斯悖论”。威廉·杰文斯（William Jevons）是英国19世纪著名经济学家，他提出，在使用煤炭等自然资源时，效率提高只会增加对那种资源的需求，而非人们想象的那样出现需求下降。这是因为，技术的进步提高了煤矿等自然资源的开采效率，效率的提高导致经济的进一步扩张，使得资源供需之间的矛盾更加紧张，这反而可能造成经济停滞。“任何生产部门的进步都会激发大多数其他部门的新活动，并间接地——如果不是直接地——增加对我们的煤层的消耗。”[①]这就是“杰文斯悖论”。杰文斯本人并不关心与英国或是世界其他地方能源储量的耗竭相关的生态和社会问题。这种对待自然与人的态度，与同时代的马克思和恩格斯形成了鲜明对照。马克思在人与自然的关系中提出了“新陈代谢断裂”的全局性概念，其中就考虑到了土地退化与能量守恒问题。恩格斯在1882年写信给马克思，他观察到：“即一个劳动的人，不仅是现在固定的太阳热的消耗者，而且在更大的程度上是过去固定的太阳热的消耗者。能的储备——煤炭、矿山、森林等等方面的浪费的情况，你比我知道得更清楚。”[②]但“杰文斯悖论”在今天依然对我们有所启示——鉴于技术在某种特定的生产和积累方式中无法独自为我们找到生态困境的出路，况且生态困境也随着积累规模的增长而加剧——我们必须追求杰文斯从未讨论过的、毫无疑问他也从未考虑过的另一种方

---

① [美]约翰·波利梅尼等：《杰文斯悖论：技术进步能解决资源难题吗》，许洁译，上海世纪出版集团2014年版，第7页。

② 《马克思恩格斯全集》第35卷，人民出版社1971年版，第129页。

法：能否改变资本逻辑带来的社会关系——利润不再是其追求的主要方向和唯一目的，进而找到一个生态与绿色的社会进步与发展的方向。

（二）资本逻辑对自然力的无偿占有

资本逻辑的逆生态体现在对自然力的无偿占有和统治。当马克思将大工业的发展描述为自然力对单纯人力的取代时，他所指的不只是对蒸汽或水力等自然力的使用，也是社会一般生产能力的发展，这正是资本逻辑批判的核心，反映的是自然力的社会性一面。一方面，工人协作和劳动分工的生产力属于社会劳动的自然力，并且在资本逻辑看来，这些也是无偿的。人与自然、人与人的互动关系是人类社会发展的前提条件，这一点也凸显马克思的资本逻辑批判中一个常为人所忽略的维度。物质财富是由具体劳动和自然所建构的，而价值仅仅取决于抽象劳动。资本消耗自然力以生产物质财富——不是作为目的，而是作为增加剩余价值的手段。如此，资本逻辑规定下的工业式发展，可能更多的是一种指数级别的刀耕火种式农业的发展，依旧是依靠消耗更大规模的自然力来推进。并且，资本逻辑的这一无偿占有性相比封建式的无偿占有性来说，更具有内在的隐蔽性和形式的合法性。另一方面，科学同样和自然力类似，一种科学原理被发现之后，它就可以被无偿使用了。在马克思那里，资本主义劳动建构了统治着人们的抽象社会结构，这一过程引发了科学在历史上的迅猛发展。而之所以能做到这一点，是因为它割裂了社会劳动，也就是说，它将特定的个人变得狭隘化、空洞化。马克思认为，以生产价值为基础的科学为财富创造了无数可能，这仅仅是因为"个人的全部时间都成为劳动时间，从而使个人降到仅仅是工人的地位，使他从属于劳动"①。这里重要的是去区分马克思的社会劳动中的两种必然性与自由形式。他认为，未来社会中的社会劳动将被解构为愉悦的、享乐的活动，并不意味着他认为这种劳动可以成为娱乐。马克思的非异化劳动的观念在于，它摆脱了直接关系和抽象社会的统治，由此可以成为自我实现的活动，因而更具娱乐性，这里的"摆脱"并不意味着摆脱所有的限制，因为任何人类社会都需要某些形式的劳动维持生存。而科学是人类智慧的结晶，它是推动人类社会前进的强大动力。资本逻辑尽管出现了让科学改造社会

① 《马克思恩格斯文集》第8卷，人民出版社2009年版，第200页。

劳动方式以造福于所有人的历史可能性，但马克思更看到了“科学对于劳动来说，表现为异己的、敌对的和统治的权力”[①]。科学只成了资本逻辑继续实现其统治的一种主要手段，科学的发展因此受到局限。因此，资本逻辑造就的科学技术知识高速发展，并非标志着人类解放的线性进步，而是一种曲折发展。这种线性进步的知识本身是被社会建构的，它导致在资本逻辑的统治之下，人们运用自然力的权力与知识虽然极大增加，但却采取了一种压迫人的异化形式，这对自然的保护和社会的进步产生了无法忽视的消极影响。

（三）资本逻辑逆生态成为人类社会生态问题的根源

马克思不是一个技术决定论者，他并没有把所谓的“技术变革”看作推动历史进步的绝对力量。对马克思理论的误解之所以会出现，一定程度上是由于对马克思的用词赋予了当代的某些含义。马克思语境中的“技术”，更多的是指实际的劳动过程在给定的情形下采取的具体形式，或者说特定的使用价值的生产所用的可以观察到的方法。马克思从体现在劳动过程中的生产力和社会生产关系中，把对经济危机的批判与对生态危机的揭示紧紧联系在一起，强调了在资本逻辑主宰下的发展造成的生态问题的根源就是资本逻辑的逆生态。而资本自身的消亡不是基于道德义愤的诅咒，不是基于美好意愿的乌托邦期待，资本的消亡不是依赖外部强加的力量，它应是资本自身存在否定性的铁律验证。近代人类社会发展出现的生态问题因资本逻辑而起，经过资本逻辑，最终必然能够在资本逻辑这里结束，资本逻辑逆生态影响的空间范围与历史刻度才至此划定。

资本只有在不断运动中才能存活，传统社会发展模式下以资本积累为特征的资本逻辑带来了产能过剩等副产品，完全依靠资本逻辑带来物质丰裕往往也带来了资本逻辑逆生态的发生，而不再是积极的物质利益，更别说人们的生态权益。马克思、恩格斯在分析资本文明给人类社会带来的影响时，认为深受生态与环境问题影响的首先是工人阶级和劳苦大众，资本文明使得一部分社会底层人民遭受生态环境恶化之苦。生态危机本身成为人与人之间关系问题的体现。而如果没有人类社会自身发展的因素，也并无“生态”可言。所以，对任何历史阶段和发展时间下资本逻辑的探讨，都不能离

---

① 《马克思恩格斯全集》第37卷，人民出版社2019年版，第204页。

开马克思的唯物辩证的思维，否则将失去本初意义。在人类社会与自然的关系中，人应是主体，是能动者，人的理性和目的决定了人与自然的和谐关系，不过这是一种动态的和谐，也是在矛盾和斗争中获得的和谐，是充满辩证色彩的和谐。恩格斯在《家庭、私有制和国家的起源》中，认为要消除资本逻辑统治带来的负面影响，还需要重新找回人类最初时代的那种"优越性"，"生产是在极狭隘的范围内进行的，但生产品完全由生产者支配。这是野蛮时代的生产的巨大优越性，这一优越性随着文明时代的到来便丧失了。夺回这一优越性，但是以今日人类所获得的对自然的有力支配以及今日已有可能的自由联合为基础，这将是下几代人的任务"①。而由于资本逻辑逆生态已经潜入并影响到当代社会生活的各个领域，对自然环境的控制范围变得最广且影响程度最深，其自身的矛盾不能摆脱所有对其实施控制的手段，这需要一个恩格斯在当时所论述的"下几代人"希望找到并实现的那种社会。

① 《马克思恩格斯文集》第4卷，人民出版社2009年版，第129页。

第二章

资本逻辑逆生态与绿色发展困境

资本逻辑逆生态是资本逻辑内在矛盾的体现，只有依靠资本的自我否定才能真正得到解决。马克思对资本逻辑逆生态的批判在一定层次上可以看作对资本及资本逻辑本质的认识过程；从商品逻辑到货币逻辑，再从货币逻辑到资本逻辑，直到对资本本身的剖析，是一个不断发展的并对资本逻辑有清晰认识的过程，对这一理论特质的认识尤为关键。认清资本逻辑逆生态的发生机理、发生实质以及在当代发展过程中的形式变化，我们可以真正一窥绿色发展所面临的困境。

一、资本逻辑逆生态的发生机理

马克思的资本逻辑批判内在地包含了人与自然、人与人之间的关系，这一关系是在人类历史发展过程中动态地变化着的。大多数西方马克思主义者往往忽略了马克思对资本逻辑批判的目的与批判形式，单纯用最初的商品逻辑和货币逻辑的方式来理解资本逻辑，忽视了马克思对资本逻辑尤其是其逆生态批判的本质，在某种程度上脱离了历史唯物主义的范畴，看不到资本逻辑逆生态的历史成因。例如，把对资本逻辑的批判仅仅局限在了货币逻辑上，其源于卢卡奇的理论思路，而“物化”概念的提出则把商品和货币关系当作资本逻辑的本质，包括资本逻辑逆生态在内的资本逻辑带来的问题仿佛是一个物化的外在矛盾，而对资本逻辑内在矛盾的认识还较为模糊。[①] 这显然已经不符合当代资本逻辑在发展中表现出的现实情况，也忽略了资本逻辑逆生态的历史成因。因此，需要详细研究并阐述资本逻辑逆生态真正的产生机理与发展过程，并进一步研究其内在具有的相对性与必然性。

(一)自然逻辑到资本逻辑：生态与发展的内在矛盾

在生产力较为落后、发展水平较为低下的发展早期，遵循自然逻辑是人类社会得以延续的根本保证。从人与自然的关系来讲，自然逻辑是以自然为中心，对自然力运用较为初级的发展逻辑。但正是这种发展逻辑，却使得人与自然处于一种相对较为和谐的发展状态，而这却是一种听命于自然的和谐，是相对“无奈的和谐”。在生产变革与发展进步中，自然因素几乎起着决定性的作用，人与自然实际上是一种狭隘的关系，这种关系对人类认识自然和对自然力的运用产生了巨大的阻碍作用，决定了人此时运用的自然力还只是马克思所说的“单纯的自然力”，而马克思认为能够产生巨大生产力作用的自然力还没有出现，因为此时的资本还没有登上历史舞台。

首先需要明确资本逻辑取代自然逻辑的突破点。自然逻辑开始逐渐让位于资本逻辑的标志是资本主义生产方式的建立，人类社会发展依靠资本与遵循资本逻辑使得运用自然力的能力得到了极大提高，并取得了突破性的结果。原有的“单纯自然力”开始不再“单纯”，人与自然的关系也就不仅仅是自然逻辑发展时代的那种“单纯”的关系，逐渐变得具有社会性。马克思在评价资本主义机器大生产时认为，“大生产——应用机器的大规模协作——第一次使自然力，即风、水、蒸汽、电大规模地从属于直接的生产过程，使自然力变成社会劳动的因素”[②]。而正是因为自然力转变为大规模的社会劳动的因素，使得资本开始依靠原始积累的财富对自然逻辑发起了挑战，原本受制于自然逻辑的劳动者逐步从属于资本而受制于资本逻辑，劳动因素也在此时成为资本运用自然力的一个部分。所以马克思认为，“人口的

---

① 参见王巍：《马克思视域下的资本逻辑批判》，人民出版社 2016 年版，第 12 页。

② 《马克思恩格斯文集》第 8 卷，人民出版社 2009 年版，第 356 页。

增加是劳动的一种不用支付报酬的自然力。从这个观点出发我们把社会力量叫做自然力。所有社会劳动的自然力,本身都是历史的产物"[①]。这体现了资本逻辑自身发展特点是依靠资本输出的方式对整个物质世界与社会领域展开的独占,也是马克思所论述的资本自身完成的一项历史使命。

其次是资本逻辑完成对自然逻辑的彻底取代。资本逻辑首先重视对"单纯的自然力"进行开发利用。人自身劳动的能力因自然逻辑仍发挥一定的作用反而被限制,被放入对自然力的开发运用中。自然科学取得全面突破之后,人的劳动也变成社会化的共同劳动,自然的力量也转变为马克思所论述的"重要的自然力"[②]。资本逻辑在取代自然逻辑的过程中不断对抗着人类发展早期的生态与自然环境的压迫,形成了运用自然力与对抗环境污染的能力,但对这种能力的认识越来越以资本的名义而不是人的名义,在资本与自然的关系上便出现了认识的扭曲的问题。许多自然资源的使用价值被货币化进而资本化,资本逻辑带来的所谓经济理性逐渐加诸世界。[③] 在资本逻辑创造的世界中,产品的使用价值与社会属性很难直接表现出来,而是要变成商品、通过交换价值才能被认可,人与人之间的关系由此逐渐变成物与物的关系。资本在全球化的空间中造就的历史场景是真实的历史场域的颠倒表现和空间再造,它将马克思所批判的资本拜物教推到了前所未有的高度。资本主义生产相对过剩条件下的消费取代生产和再生产成为引导,于是造成了消费社会的历史场景。消费依靠品牌,而品牌则是一种符号;对这种符号的消费和生产,使人们对符号顶礼膜拜,即是从自然符号崇拜到资本符号崇拜,人被奴役、被驾驭的方式似乎只是换了一层外衣,背后的实质是从自然逻辑到资本逻辑的转变。这时人类能够认识到的自然资源已经被资本纳入社会生产体系中,对自然的"拜物教"逐渐演变为马克思所说的"商品拜物教",到"货币拜物教",最终成为"资本拜物教",资本逻辑对自然逻辑就形成在价值层面上的彻底取代。

最后,资本逻辑在取代自然逻辑后显现出逆生态的问题。自然逻辑产生的背景是人们的生产力水平较低与改造自然力的程度较弱,所以自然逻

---

① 《马克思恩格斯文集》第 8 卷,人民出版社 2009 年版,第 85 页。

② 元晋秋:《生产力的三大自然力来源及其人学内涵》,《广西社会科学》2015 年第 12 期。

③ 参见[英]大卫·哈维:《资本社会的 17 个矛盾》,许瑞宋译,中信出版社 2016 年版,第 273 页。

辑和资本逻辑本有共同的出场目的，都是为了解决人的生存与发展问题，也是解决人与自然的关系问题，只不过这种问题在自然逻辑那里成为自然对人类生存的威胁，而不是人对自然的破坏。但是在进入资本逻辑占据发展主导地位的生产模式中，自然变成了资本逻辑中的工具性存在，并且试图把这种工具性发挥到极致，构建一个完全没有边界的世界。资本逻辑在突破整个物质壁垒并完成对自然逻辑的彻底取代之后，逐渐出现了逆生态的一面。工业化时代的发展完全依赖对资本逻辑的遵循，资本寻求自身的价值增殖成了人劳动的主要目的，进而成为整个社会发展的目的，资本运转成为经济发展的主要组织形式，自然力也不再单纯是人用来改善自身生存条件与提高发展水平的工具，而是资本逻辑自身扩张扩散的工具，人与自然的关系就变得紧张。同时因为资本逻辑完全没有受到任何约束，人们逐渐忘却了劳动的最初目的与忽略了财富的源泉本是土地与劳动，这就发生了生态与发展的根本性错位，经济越发展，生态问题越突出，自然开始反噬人的力量，进入资本逻辑逆生态占主导地位的社会发展过程中。

(二)资本逻辑逆生态的相对性

在之前的论证中，可以认识到资本逻辑的逆生态是一种历史性的存在，并非是在产生之时就表现出来，如果放在某些特殊的历史时段去谈论逆生态的问题可能并无意义。马克思在 1843 年致阿尔诺德·卢格(Arnold Ruge)的信中指出，“以前，哲学家们把一切谜底都放在自己的书桌里，愚昧的凡俗世界只需张开嘴等着绝对科学这只烤乳鸽掉进来就得了”，“新思潮的优点又恰恰在于我们不想教条地预期未来，而只是想通过批判旧世界发现新世界”。[①] 对资本逻辑逆生态的批判就是为了明确资本逻辑影响生态的过程，从而使人真正恢复对自然的正确认识，在这样的基础上才能“发现新世界”。生态视角下看待资本逻辑逆生态的相对性，实际发生在不同的三个阶段：首先是资本逻辑取代自然逻辑，进而成功占据运用自然力的主导地位，这一阶段实际上解决的是物的生产问题，实现原有自然逻辑条件下人很难达到的物质丰富与充裕，从而满足人基本生存的物质需求，世界逐渐趋向物质一体化，历史转变为世界历史。其次是在自然资源如何得到合理利用

---

① 参见《马克思恩格斯全集》第 47 卷，人民出版社 2004 年版，第 64 页。

与分配方面，资本逻辑正在突破一种“自然的基础”[①]，此时的重点在于如何重新审视对自然财富的公平共享问题，继而满足人们对物质生活以外的更高方面的要求，这也是在新时代中国特色社会主义发展阶段中必须面对的资本逻辑逆生态的核心问题。最后，当进入人自由而全面发展的社会阶段，资本逻辑便完成了自身的历史使命，本身也失去了存在的价值，人们能够完全脱离资本的存在形式，也能真正对自然力实现最好的运用，从而实现自身的自由而全面的发展。所以资本逻辑的第二阶段是认识并克服其逆生态的关键。

人类社会的发展从自然逻辑到资本逻辑的遵循，也是人与人、人与自然关系发展变化所必然要经历的历史阶段。从历史的维度看，资本逻辑是人类对自然逻辑进行统治抗争的基础；从社会的维度看，资本逻辑是在现实发展过程中无偿也无顾忌地运用自然力。资本逻辑运用自然力的主要旨向是快速获利与持久盈利，但资本逻辑本身并不是为了破坏自然而破坏，资本逻辑在一开始也并非表现为逆生态。人类通过工业化发展，掌握驾驭和征服自然的现代科学技术后才带来生态问题，这是资本逻辑逆生态相对性的主要表现。

在历史唯物主义视野中，资本在工业文明时代下发挥的文明作用自然有目共睹，作为资本关系的基础和起点，人类创造的文明并不仅仅是“自然的恩惠”，而是几十万年“历史的恩惠”。资本的物质形式和不同历史阶段社会发展的形式是紧密联系在一起的，马克思在阐述物质生产过程时，尤为关注历史中形成的生产关系本身的生产及其再生产。马克思主要追求的，就是摆脱资本对人的控制和资本主义生产关系的束缚，以此唤醒人的觉悟。马克思在展望近代英国在印度殖民统治的一篇文章中指出：“资产阶级历史时期负有为新世界创造物质基础的使命：一方面要造成以全人类相互依赖为基础的普遍交往，以及进行这种交往的工具；另一方面要发展人的生产力，把物质生产变成对自然力的科学支配。”[②]对于马克思所论述的前一个历史使命，资本逻辑发展至今基本已经完成，至于“对自然力的科学支配”仍处在探索的阶段，这一阶段产生了许多的发展问题，对自然力支配也出现了很

① 马艳、肖雨：《市场经济的生态逻辑》，《学术月刊》2015年第12期。

② 《马克思恩格斯文集》第2卷，人民出版社2009年版，第691页。

多非科学的方法，生态问题就凸显出来。但是资本逻辑最为倚重的剩余价值也要有一个生态的基础，如果生态基础遭到更为严重的破坏，对资本本身也会有生存的影响，所以资本逻辑逆生态便可能在新的历史时期完成对自身的“否定之否定”。

而资本逻辑的逆生态与驾驭资本逻辑实现更好发展也是矛盾的统一体，二者相互依存，统一于资本的历史使命之中。资本逻辑逆生态与经济发展之间可以相互转化，资本有成功解决人类在自然崇拜阶段所遭受的苦难的悠久历史，解决发展问题同样是资本的历史使命。资本逻辑统治生态的一个核心标志是，人们事实上无法真正理性控制他们的生产活动和生活方式，反而最终会被这些活动和方式的结果所支配，个人生产与生活方式的碎片化与空洞化，导致了人日益被其客观化的活动结果所控制。这种资本逻辑的统治就被表达成个人与社会之间的对立。事实上，资本逻辑的统治让几乎所有事物的使用价值被商业化、货币化、资本化，并以商品的形式拿来交易，只有找到并重新还原这些价值的方式，资本才能真正完成其历史使命。但正是因为资本在完成了全球扩张之后产生了这些矛盾，且需要通过进一步的扩张才能掩盖这些矛盾，资本逻辑的逆生态才成为历史发展的必然。资本自诞生之时就有极其矛盾的力量，推动资本为核心的社会发展体系的同一个逻辑不可避免地遭受了经济上的无力，这必然要求“经济以外的力量”对该逻辑进行变革和超越，所以超越资本逻辑逆生态不仅仅是一种理想，而是伴随着资本逻辑逆生态的必然性出现的一种现实需求。

（三）资本逻辑逆生态的必然性

马克思对资本逻辑的批判始终围绕人的生产实践活动，资本在发展中发挥的作用也是人对自然力的了解与运用程度的体现。自然力在资本逻辑的支配下逐渐与人的本质力量相对立，构成了资本逻辑逆生态的必然性。从人类社会发展的维度上看，社会主义推动了生态思想和实践的发展，生态主义也进一步扩大了社会主义的思想和实践，将马克思主义和生态主义相结合的中介性理论开始研究马克思对资本逻辑的逆生态批判，从而为社会转型提供了生态视角,传统历史唯物主义理论同样包含了强有力的生态批判。[①] 比如恩格斯在《自然辩证法》中提供了理解物质世界动力机制的理论,而马克思对资本逻辑主宰下的生产活动的批判也形塑了后来的生态经济学。这种资本逻辑的矛盾,尤其是使用价值和交换价值的矛盾,使其与外部自然环境相冲突,由此资本逻辑逐渐形成对人类社会的支配进而开始对"人化自然"的支配。马克思认为,资本逻辑支配下的发展"摧残了人民的生命根源……死后哪怕洪水滔天",这种情况下的资本逻辑必然不可能关心工人的健康和寿命,"除非社会迫使它去关心"[②]。所以问题的关键在于如何重新回归到人运用自然力最初需要的那一层社会属性,成为揭开资本逻辑逆生态的实质。马克思在《资本论》中批判资本逻辑控制自然资源,在资本背后人的因素试图"驯服自然力"成了资本逻辑发展出现逆生态问题的必然。

马克思在阐释资本逻辑支配自然力的过程中,指出这一过程蕴含了相应的人的解放要素:"资本之所以占有自然力本身,并不是因为它们提高商品价值,而是因为它们降低商品价值,因为它们进入劳动过程,而并不进入价值增殖过程。"[③]这便揭示出人的解放因素的指向所在。资本在利用自然力的层次上出现了生态问题,这并不是技术层次的矛盾,本质在于背后的社会与政治矛盾,这一矛盾造成人在发展中的孤立,同时也就疏离了与自然的感官关系。西方经济学和发展理论无法超越资本逻辑,不能从根本上解决发展带来生态环境问题的根源在于:"在形而上学世界观与拜物教的社会意识引导下,不知道社会物质的双重结构,只看到表层的物质结构,而看不到物质所负载的深层的社会关系结构。"[④]深层次的思考是,资本改变与派生出了一切的社会关系,这种社会关系没有考虑到运用自然力的界限,并陷入了自我否定之中,通过这种否定,资本的统治实质上便形成了异化的劳动的统治。从历史发展的角度来看,资本逻辑一开始所体现的一个重大作用是物的有用性被它首先充分利用,而且在此基础上对资本逻辑实现的生态转化则落到了充分挖掘人的主观能动性上。

---

① 参见曹泳鑫主编:《马克思主义研究报告(2016～2017)》,上海社会科学院出版社2017年版,第14页。

② 《马克思恩格斯文集》第5卷,人民出版社2009年版,第311页。

③ 《马克思恩格斯文集》第8卷,人民出版社2009年版,第356页。

④ 鲁品越:《〈资本论〉的真谛及对其曲解》,《马克思主义研究》2015年第7期。

资本看似已经基本完成了发展的世界物质统一性的任务，可资本不可能完成人类发展的所有历史任务，解决一切发展中的问题；资本逻辑能够取代自然逻辑并支配社会发展，这是不可避免的阶段，所以它也不可能是所谓“历史的终结”。从完成马克思指出的“人类同自然的和解”到“人类自身的和解”，是一个能够再次得到理性认识的发展阶段。从对资本逻辑批判的角度讲，若没有人类摆脱资本束缚与资本逻辑掣肘，人的全面自由发展就不可能真正存在，人需要重新以一种生态的方式来对待自然，而不能为资本逻辑所控制的自然力所驾驭。① 传统发展的资本逻辑造成了绿色发展面临的理性和价值上的分离，必然要在理性与价值之间寻找一个巧妙的平衡，这个平衡必然在于我们自己所选择的绿色发展道路上。

无论是中国正在追求的绿色发展，还是其他发达与发展中国家都在寻求的绿色转型，当今世界并未走出资本逻辑的时代，这就意味着马克思主义对资本逻辑的批判依然适用于当代社会。生态马克思主义学者福斯特等认为，正是生态环境问题界定了我们这个时代的危机，我们的经济、政治、社会活动等也应该作出相应的变革，但其并不赞同那种真伪难辨的关于“自然的终结”或某种“环境崩溃”的措辞，反对借生态环境问题来达成某种政治目的。② 正因如此，我们不能因为表面上的危机而在面对资本发展的内在矛盾时拒绝将其作为我们问题的关键，从而错失重要的解决方式。这一重要的解决方法，在中国当代就是推动实现绿色发展，而问题的解决孕育在资本逻辑自身发展的内在矛盾中。

二、资本逻辑逆生态的发生实质

马克思、恩格斯的自然力思想是探讨资本逻辑逆生态实质的一个重要理论切入点。在资本逻辑相应历史发展阶段产生了资本逻辑逆生态的问题，反映在人类对自然力的运用上出现了相应偏差，由此，把握好资本逻辑逆生态批判的本质，在超越资本逻辑逆生态的基础上使人重新获得运用自然力的主体地位就有了重要的意义。在马克思、恩格斯的相关论著中，自然

① 参见陈学明：《资本逻辑与生态危机》，《中国社会科学》2012 年第 11 期。

② 参见[英]大卫·哈维：《资本的限度》，张寅译，中信出版社 2017 年版，第 24 页。

力的思想从不同角度、不同侧面被阐释。马克思在论述资本的过程中，认为劳动力、自然力、科学技术等多种因素均可以被生产力吸纳为自己所有，在资本主义生产方式占主导地位的社会条件下，这些因素表现为资本的生产力。如此看来，对马克思自然力思想的研究，始终避不开资本逻辑的客观存在。而资本逻辑与生态问题的关系是马克思主义生态哲学的具体展开。马克思认为资本的本性决定了资本的逻辑，这种逻辑以价值的最大增殖为目的，使得资本成为占统治和支配地位的一种生产、交换原则和体系，资本由此成为统治人们全部生活的终极的“绝对存在”和“绝对价值”。作为投入生产过程中的物化的社会关系力量，资本形成了无限追求扩张和积累的逻辑，其既有推动社会发展的力量，也有阻碍社会发展进而自我否定的因素，后者占主导地位的资本逻辑必然导致生态环境问题，成为造成人与自然关系恶化的实质根源。

(一)自然力思想与资本逻辑逆生态批判的展开

在马克思、恩格斯的著作中有关自然力的思想多次被提及，学术界对其进行的研究也较为全面。然而，这一思想在对资本逻辑批判的相关研究中往往容易被忽视，或者直接被归入物质生产的范畴中来讨论。实际上，在资本逻辑逆生态带来自然环境日益恶化的当代社会，传统生产力的内涵需要有一定内容上的回归，即如何合理对待和运用自然力。在马克思、恩格斯对有关自然力的论述中可以发现，自然力从广义的角度包含了三个方面的主要内容：纯粹的自然力、人类自身的自然力和社会劳动的自然力。纯粹的自然力即表现为自然力的自然特性，是自然界的固有力量；人类自身的自然力和社会劳动的自然力表现为自然力的社会特性，是人类历史发展的基础要素。这三个方面体现了人类社会运用的自然力是自然性与社会性的对立统一。马克思、恩格斯的自然力思想正是在这一基础上，将之放置于整个人类发展进步的历史中考察，从传统社会对自然力的单纯崇拜，再到资本主义社会以资本逻辑来运用自然力，把自然力与资本逻辑相结合，这是马克思、恩格斯自然力思想的重要特点。正是在后者的发展过程中，资本逻辑造成了自然力的自然性与社会性二者的断裂。要弥补这一断裂，重新找回二者的结合点，就需要关注自然力的基点。

1. 前资本逻辑时代自然力的运用层次

在人类社会发展早期的传统社会，即近代社会意义上的资本还未诞生的“前资本逻辑时代”，人们对自然力的认识仍停留在传统意义上的神化与崇拜阶段，对自然力的运用还处在较低水平，人与自然的和谐更多体现的是一种“无奈的和谐”。

恩格斯在《路德维希·费尔巴哈和德国古典哲学的终结》中指出：“由于十分相似的原因，通过自然力的人格化，产生了最初的神。随着各种宗教的进一步发展，这些神越来越具有了超世界的形象。”①这是人们开始运用自然力并与人们生产、生活结合的最初形态。恩格斯认为，人类在传统社会运用自然力的演化层次主要经过了火的使用与动物的驯养。在《反杜林论》中，恩格斯就肯定了火的使用在运用自然力中的重要作用。他认为：“就世界性的解放作用而言，摩擦生火还是超过了蒸汽机，因为摩擦生火第一次使人支配了一种自然力，从而最终把人同动物界分开。”②恩格斯谈到的火的使用之所以比蒸汽机起到的飞跃作用大，在于这是放在了整个人类历史发展中看待的，这是人类第一次真正学会支配一种自然力；当然，与之后人类学会运用其他自然力一样，这些都是在付出巨大代价的基础上实现的。在《自然辩证法》中，恩格斯同样强调了火的使用与动物驯养的重要历史作用：“肉食引起了两个新的有决定意义的进步，即火的使用和动物的驯养。前者更加缩短了消化过程……后者使肉食更加丰富起来。”“这两种进步就直接成为新的解放手段。”③而人比动物之所以“高级”，就在于人学会“有意”地运用自然力，而动物的运用是无意的、偶然的。所以从这个意义上看，人在运用自然力的过程中必然要与动物“保持距离”，只有人离开动物“越远”，才能使自己运用自然力的劳动更加具有目的性和计划性。这充分体现了人在运用自然力中的主观能动性作用。正是这样的思考与计划，促使了人类社会的发展进步，人越来越想脱离自然的束缚去掌控自然力，人对自然力的目标取向就由之前的纯粹自然力崇拜与维护其神秘性开始了转变。随着文明的进步，社会发展条件的次第增多，人受自然条件支配得少，反而受社会条件支配得

① 《马克思恩格斯文集》第4卷，人民出版社2009年版，第277页。
② 《马克思恩格斯文集》第9卷，人民出版社2009年版，第121页。
③ 《马克思恩格斯文集》第9卷，人民出版社2009年版，第556页。

多。而之后恩格斯将资本和工业的诞生作为“现代性”事实上诞生的标志展开的历史唯物主义的批判，便是人运用自然力历史转变的要求。

2. 自然力是资本逻辑逆生态的理论导向

随着人类历史进入资本主义社会，资本的力量越来越成为现代社会发展的主导力量，成为运用自然力的主要形式。青年恩格斯在《国民经济学批判大纲》中第一次把资本、劳动力、科学与自然力并列提出：“资本日益增加，劳动力随着人口的增长而增长，科学又日益使自然力受人类支配。这种无法估量的生产能力，一旦被自觉地运用并为大众造福，人类肩负的劳动就会很快地减少到最低限度。”①可见，资本的出现在近代社会的初始阶段产生了一种超越传统社会生产力发展的需求，对自然力的运用已经不再是为了满足人们最基本的生活需求，而是依托私有制产生了大工业，自然力被用于大工业，也由此产生了越来越细致的分工。这一时期的恩格斯对资本运用于自然力的过程持辩证态度，认为如果这些能被“自觉地”运用于为人类造福的话，将成为推动人类解放的巨大动力，而《共产党宣言》中描述的资本如何极大地推动了近代社会发展的历史也证明了这一点。

但是恩格斯对资本逻辑的认识始终是清醒的，早在1839年，恩格斯在他的早期作品《伍珀河谷来信》中，将他的家乡描述为“蒙昧主义者的锡安山”②，并将基督教的统治、管理低效的政府、工业污染、贫困和剥削都同时描绘在了一个景象中。对于这些状况，恩格斯已经将其归咎为资本积累带来的工业化。他描述不同的人是如何在高强度劳作后身心俱残，一些工业疾病尤其是肺炎在人们之间感染传播。资本就像一个吸血鬼一样，吸取一切可以被其吸收的自然力，将工业发展原本创造的活力不断抽空，这些构成了早期恩格斯对资本逻辑认识的理论取向。之后，恩格斯的《英国工人阶级状况》同样指出，资本虽然促使人更好地运用自然力为人服务，但却产生了排挤人的现象，正因为“工业需要大量的资本，它用这些资本来建立庞大的企业，从而使从事手工业的小资产阶级破产，它用这些资本来使自然力为自己服务，以便把个体手工业工人从市场上排挤出去”③。资本的逻辑就是驱使

① 《马克思恩格斯文集》第1卷，人民出版社2009年版，第77页。

② 《马克思恩格斯全集》第2卷，人民出版社2005年版，第39页。

③ 《马克思恩格斯文集》第1卷，人民出版社2009年版，第406页。

自然力为一部分阶级和人的利益服务，从而遮蔽了资本逻辑在这一过程中产生的社会影响，使整个社会只看到了自然力具有的自然性的一面，对其社会性的一面造成的负面情况则避而不谈，资本逻辑在自然力的运用中出现了矛盾与断裂。

而从整个人类运用自然力的历史角度来说，资本逻辑的出现，虽然打破了对自然力本身的神化，但同样也是从另一种意义上开始了对自然力的重新包装，最终形成了对资本本身的“神化”。在《自然辩证法》中恩格斯看到：“只有人能够做到给自然界打上自己的印记，因为他们不仅迁移动植物，而且也改变了他们的居住地的面貌、气候，甚至还改变了动植物本身，以致他们活动的结果只能和地球的普遍灭亡一起消失。”①在资本主义社会，这一“印记”便是资本逻辑打上的。人类生存延续下去所必需的大气、水质、森林、海洋、动植物等自然环境无不进行了“资本化”，人类社会发展中的社会生产关系同样完全被资本逻辑支配。从把纯粹的自然力“神化”到把所有的自然力“资本化”，成为恩格斯对资本逻辑展开批判的理论取向。

3.资本逻辑逆生态批判在自然力中的双重向度

从自然力角度对资本逻辑逆生态的批判，主要是在价值层面上论述其如何促进与阻碍社会的发展。在恩格斯批判蒲鲁东主义和资产阶级改良主义、阐发科学社会主义理论的重要著作《论住宅问题》中，恩格斯从历史唯物主义出发，批判了蒲鲁东主义者把工业革命和科技进步说成是一种“祸害”的谬论，指出人依赖资本逻辑运用自然力的合理之处，人正是依靠“已可利用的自然力”进行劳动从而使生产力达到相当高的水平，这是为之后在共产主义社会消灭分工和阶级、满足社会全体成员的物质文化需要创造了必要条件。恩格斯说：“这种工业发展早已在大工业的一切部门中消灭了单独劳动，并且在较小的和最小的部门中日益消灭着这种劳动，而代之以依靠机器和已可利用的自然力来进行的社会劳动，它所生产的可以立即用来交换或消费的产品是许多人共同劳动的成果。”②这样，恩格斯将资本逻辑作为近代资本主义社会历史发展的根本线索，此时似乎“人类在自然力面前开始变为

① 《马克思恩格斯文集》第9卷，人民出版社2009年版，第421页。

② 《马克思恩格斯文集》第3卷，人民出版社2009年版，第258页。

主人”[①]。资本作为资本主义社会存在发展的主导力量，其自我扩张的逻辑必然导致全世界范围内运用自然力在量的程度上的提高，社会发展的技术进步和财富累积便是其依赖方式和外在表现。

但是，此时自然力面前的“主人”却不是“真正的人”，无论资产阶级还是无产阶级，都处于背后资本逻辑的掌控中。一方面，资本不断寻求向外扩张的空间逻辑，加速了经济全球化的速度，并把资本逻辑逐渐渗透到世界的每一个角落和生产部门。在资本眼中，自然力无非是潜在使用价值的一个巨大仓库。这些潜在使用价值成为资本逻辑传递的载体，可以直接或间接地经由最新的科学技术用在商品价值的生产和实现上。自然力为资本创造价值提供了一个完美的舞台，资本逻辑掌控下的社会、自然界的一切事物拥有的使用价值被货币化、商业化进而资本化，以商品的形式被拿来交易。只有这样，资本逻辑体现的所谓经济理性才能加诸世界。虽然某些自然力很难圈占，但资本逻辑驱使下的人们可以想出各种替代方法将所有的自然力进行货币式的量化，使它们可以拿来买卖。自然力中的公有资源被“资本化”时，其中的所有事物和过程便会被标上一个价格，无论是否已有任何社会劳动花在它们身上。另一方面，资本不断寻求长期增殖的时间逻辑让资本的权威能够持续渗透到人类时代的发展中，也让人们在不同时代重新审视资本不可把握的现状。资本逻辑便是这样创造出自己的独特生态系统的。在这种情况下，资本运用商品化的自然力自由地榨取社会财富，将更多资源资本化为货币财富，“拥有”人类已经运用的自然力，甚至可以借此独占所有财富，这甚至威胁到了资本自身的存续发展。时至今日，虽然资本与其他生产要素仍旧处在一定程度上的分离状态，但资本对自然力的占有已经不是直接的了，而是通过国际组织、跨国公司以及扶植政权等间接形式实现资本对全球范围内自然力的掠夺与掌控，在运用自然力的社会性层面完全变成了“尔虞我诈的敌对状态”[②]。当人们为资本逻辑对自然力的控制高歌猛进而欢呼雀跃的时候，实质是他们从对自然力神化和崇拜中挣脱出来，却又跌落到了对资本逻辑的膜拜和束缚中。

---

① 孙要良：《历史唯物主义视野中的资本逻辑与自然力——基于马克思〈1861～1863 年经济学手稿〉》，《北京大学学报》（哲学社会科学版）2019 年第 5 期。

② 许良：《恩格斯现代性思想批判研究》，上海财经大学出版社 2016 年版，第 168 页。

所以,恩格斯在批判无政府主义的《论权威》一文中警示道:“如果说人靠科学和创造性天才征服了自然力,那么自然力也对人进行报复,按人利用自然力的程度使人服从一种真正的专制,而不管社会组织怎样。”①这就是说,在资本逻辑占统治地位的生产方式中,人们运用自然力的程度越高,人们服从“资本专制”的程度也就变得越高了。

(二)自然力场域中探讨资本逻辑逆生态的可能

马克思、恩格斯的自然力思想体现了人作为自然存在物,时刻都在与自身外的自然界进行物质和能量交换。作为人类社会存在和发展基础的生产劳动,是人与外部物质世界相互作用的特殊的物质运动形式,而对自然力的运用不仅是人类产生的自然前提,也是人类社会产生之后存在和发展的历史根据与现实基础。恩格斯在《家庭、私有制和国家的起源》中考察印第安人的发展历史时指出,他们的神话与宗教实质上是“一种正向多神教发展的自然崇拜与自然力崇拜”②。这里的“自然力崇拜”,说明即使是作为人类活动结果的“自然”,仍然具有独立于人的意识之外的客观实在性和先在性,在这一点上与先于人类而存在的“自然”并无区别。从恩格斯的“自然力崇拜”到马克思的“资本拜物教”,揭示了在资本逻辑批判场域中自然力思想的理论意义:从时间上看,恩格斯把自然力作为资本逻辑批判的一个中介,将其作为马克思在《资本论》中详细论述资本与自然力关系的材料;从方法上看,自然力思想在资本逻辑批判中的展开,也是理解整个马克思主义人化自然观体系的钥匙;从目的上看,自然力思想为人类社会摆脱资本逻辑的束缚,实现人的发展、提升与解放提供了思路。

1. 对论述资本无偿占有自然力的有力支撑

恩格斯早期著作中有关资本与自然力的矛盾与自然力的断裂,后来在马克思的《资本论》中得到更具体的探讨。恩格斯著作的出版本身为马克思建立自己的资本与自然力论述体系提供了一个重要来源和有力支撑,恩格斯的早期著作对于马克思的影响被普遍承认,也体现了马克思与恩格斯思想的一致性。马克思的《1844年经济学哲学手稿》对威·舒尔茨(Wilhelm

① 《马克思恩格斯文集》第3卷,人民出版社2009年版,第336页。

② 《马克思恩格斯文集》第4卷,人民出版社2009年版,第106页。

Schulz)在《生产运动:从历史统计学方面论国家和社会的一种新科学的基础的建立》中多次出现的“自然力”的表述进行了相关分析,这一时期人们对自然力的认识还是一种“盲目自然力”的状态。自然力看似是被生产力吸纳,在资本主义生产方式占主导地位的条件下,实际上表现为资本的生产力。而之后马克思在《资本论》中对资本支配的自然力的相关论述,主要被分为三类,这三类和恩格斯的相关表述具有一致性:第一是劳动力,即人自身作为一种自然力;第二是自然界的自然力,如水、蒸汽、矿藏和土地肥力等自然资源;第三是社会劳动的自然力,即由“协作和分工产生的生产力”。资本运用这三类自然力发展社会生产,除支付有限的劳动力再生产费用即所谓的工资外,其余则不费分文。马克思在《资本论》中谈到资本家不费分文地增加了劳动生产率的自然力:“这些自然力就会增加剩余价值,从而增加利润,因此,这些自然力,和由协作、分工等引起的劳动的社会自然力完全一样,是被资本垄断的。”[①]恩格斯在1895年致康拉德·施米特(Conrad Schmidt)的信中谈到劳动力价值的实现时,同样谈到了“或者以地租这种从被垄断的自然力中产生的超出一般利润率的超额利润为例”[②]。在恩格斯较为有影响力的著作中,其中蕴含的资本运用自然力的思想相当于为马克思研究资本逻辑问题开辟出一条新的思路,也成为马克思关于资本如何运用自然力思想的支持材料和有用源泉。

2.对马克思主义人化自然观的完整认识

近年来随着全球性生态环境问题频发、全球性重大疫情事件的出现,一些学者对马克思主义的“人化自然”理论表示质疑,认为这是“最值得反思的一个最具有创意的观点”[③]。马克思主义的人化自然观批评了原先对自然的“机械的自然主义”的看法,强调自然界是通过“历史的劳动所创造与占有的”,自然总是受社会的制约,总是打上人的烙印;自然是一个“社会的范畴”“历史的范畴”。这样,自然是“人化的自然”的观点实际上已被学术界普遍接受,但也因此被质疑这是否重返了在人与自然关系上的“人类中心主义”的论调。

---

① 《马克思恩格斯文集》第7卷,人民出版社2009年版,第725页。

② 《马克思恩格斯文集》第10卷,人民出版社2009年版,第694页。

③ 陈学明:《应当彻底反思我们究竟如何对待自然界》,《毛泽东邓小平理论研究》2020年第1期。

实际上，自在自然转化为人化自然的过程，是人类实践的发展过程，是同人与社会的发展密切相关的过程。[①] 由于人类实践是历史地发展着的，所以自在自然与人化自然的区分不是固定不变的，而是变化发展的。如果把自然力单纯界定为使用价值的领域，却忘记了恩格斯所关注的自然力的社会性意义上的使用价值，其实就是按照“生产出来的自然”这种形式来生产使用价值。随着生产力不断发展，虽然人对自然力的把握逐渐增强，人化自然的范围不断扩大，但人化自然仍然要服从自然规律的支配，这也是自然力“有偿性”的体现。尤其是对待纯粹的自然力，绝不能完全消融到对它进行理论的和实践的加工的方式中去，自然永远是人必须与之协调的对象。运用自然力思想分析这一问题，将其放在资本逻辑批判的视角下，可以看到在人与自然关系问题上的“人类中心论”并非真正把人当作中心，实际上是资本逻辑控制下的人的中心，如此意义上的“人化自然”理论当然会造成人与自然关系的不和谐。所以，正如不能对自然进行机械式的理解一样，机械地理解马克思主义的人化自然观同样不适合。从人类茹毛饮血、刀耕火种的原始和野蛮时代，到高科技信息化的现代，人化自然的历史发展表现为人对自然力的认识和改造日益深化、对自然力的掌控能力日益增强的过程。但是，当今时代日益严峻的生态危机与环境问题迫使我们反思人与自然的关系，正确对待人类掌握的自然力进而实现一个真正美好的“人化自然”状态，这也是对马克思、恩格斯自然力思想在人化自然观理论上的推进。这便再次涉及深度调整人类社会生产方式、生活方式与价值观念，对蕴含其中的资本逻辑进行“祛魅”，才能真正解决认识与运用自然力的问题。

3. 对人的发展“两次提升”思想的深度挖掘

关于人的发展“两次提升”理论，是恩格斯在《自然辩证法》中提出来的。恩格斯认为在实际历史进程中，人要使自己的行为获得人的本质，从长期的考虑出发而非短期的物质效益，必须经过两次提升：一是通过劳动从物种关系方面提升，二是从社会关系方面提升。物种关系方面的提升，实质上便是前文所论述的恩格斯认为的人类运用自然力的提升层次。恩格斯始终强

---

① 与“人化自然”相对应，“自在自然”是独立于人的活动之外的，其运动变化是没有意识的、盲目的力量相互作用而成的。“人化自然”是已经被人类实践活动改造过、打上主体意志印记的那部分自然界。自然的人化是在社会中实现的，这就使人化自然必然打上社会的烙印。参见徐光春主编：《马克思主义大辞典》，崇文书局2017年版，第23页。

调："人离开狭义的动物越远，就越是有意识地自己创造自己的历史，未能预见的作用、未能控制的力量对这一历史的影响就越小，历史的结果和预定的目的就越加符合。"[①]在人类漫长的发展历史中，物种关系方面的提升逐渐完成，但这一提升主要是停留在运用自然力的物质领域。

从社会关系这一层面来说，就不得不再次与资本逻辑产生必然关联。恩格斯对资本逻辑的批判，坚持从历史唯物主义的立场出发，揭示出资本的实践和权力维度。显然，在这个意义上，资本并不是物而是关系，只有关系才可能不仅在物质领域，而且在人类生活的各个领域占支配地位。资本的权力体现在它对现代社会自然力的整体支配上。人们对资本多样化形态分析得越多，越容易忘记它的社会关系本质。然而，恰恰是资本表现出的社会关系控制着现代社会。美国历史学家杜兰特（Durant）夫妇认为，人类的所有记录和成就都会谦卑地复归于万千生灵的历史和视野："历史只是生物学的一个片段，人类的生命是陆地和海洋生命沧桑变化的一部分。"[②]这确实看到了人的劳动实践是自然力的一部分，但却把人的劳动当作自然力的自然属性，同样忽视了在这其中人的"第二次提升"。作为资本主义生产方式发展变化的结果，劳动对资本的实际从属是直接生产过程中更大规模应用自然力、科学和机器的结果，认为人的发展历史只是生物学的片段实际上就是忽视了资本逻辑对自然力的全面掌控。一方面，资本逻辑改造了人的本质，将传统的、自然的人通过新的雇佣关系、生产方式和以资本为主导的有产者支配无产者的社会关系再生产的方式，逐渐变为人依赖于物的异化本质；另一方面，资本逻辑只是在物种方面将人从其余动物中提升出来，而唯有自觉运用两种尺度（物种的尺度和人的内在尺度）的全面生产，才能在社会关系层面把人从其余的动物中提升出来。待这种完成了两次提升的生产劳动使人的本质力量发挥到极致时，才能够实现人类社会合乎规律的运用自然力的复归。

（三）人的解放：资本逻辑逆生态问题的实质

无论是人自身的自然力、社会劳动的自然力还是"单纯的自然力"，都会

---

① 《马克思恩格斯文集》第9卷，人民出版社2009年版，第421～422页。

② ［美］威尔·杜兰特、阿里尔·杜兰特：《历史的教训》，倪玉平、张闵译，四川人民出版社2015年版，第17页。

成为资本逻辑所要运用的对象，因此我们对自然力的研究并不需要过度纠结其究竟包括几个方面，而是需要看到人类运用自然力的不同发展阶段和具体内涵。这需要认识到自然力的社会特性，即与资本逻辑相关的层面，这一层面显然不仅仅是一种“单纯的自然力”，而是具有了与人相对应的“自然”属性。如果自然力仅仅保持“单纯”，也就是没有资本“染指”后的社会属性，那也没有研究自然力的必要。同时，马克思探讨人类如何通过资本来占有、运用自然力的思想，证明了一些认为马克思对资本逻辑的批判缺少“生态学视角”的说法并不准确。马克思所论述的自然力是一种属人的自然存在，并不是完全客观意义上的自然本身，所以不可能也没有意义去脱离一定的社会关系再去谈自然力。马克思自然力思想成为研究资本逻辑的生态视角，是资本本身作为社会生产关系的一种“物”的体现。而资本逻辑的运行规律却不能简单理解为物质生产资料的运动，资本逻辑背后的实质仍是人本身，无论是资本家还是工人，都包含其中。人类社会发展所遇到的生态困境，本质上是在资本逻辑的掌控下人自身运用自然力出现了问题，从而使其原本凸显“物”的一面占据了社会发展的主导地位。

对资本逻辑逆生态批判的核心旨向是使人类社会恢复对自然力的正确运用，人类社会才能“发现新世界”。在运用自然力的视角下，分析马克思对资本逻辑逆生态批判的核心问题可以分为三个阶段：第一阶段所关注的问题是资本逻辑如何突破自然逻辑、发现和运用自然力，是如何实现物质生产的丰裕以满足人的物质需要。第二阶段所关注的问题是对自然力的合理运用和分配，人类社会开始更加注重资本对自然力的不合理运用甚至滥用、人与人不公平地占有自然财富的问题，需要满足的是人对美好生活的多方面要求，这也是我们在新时代中国特色社会主义的历史定位中如何超越资本逻辑的核心所在。未来第三阶段是实现人自由而全面发展的阶段，资本在这一阶段完成了其历史使命，本身也就不复存在，人脱离了资本的束缚而真正合理运用了自然力，同时实现了自身的解放。

资本是运动的，传统工业社会发展以资本逻辑为核心不可避免地产生了产能过剩危机，那种试图依据资本主义原则来实现物质丰裕的努力，都只能越来越多地带来资本主义矛盾的消极面，尤其是生态恶化，而不再是积极的物质利益。资本逻辑已经渗透到当代社会生活的方方面面，其自身存在的矛盾已经试图突破人类社会的发展底线，必须能够找到并实现一个人性的、民主的、生态可持续的社会。资本在表面上已经完成了人类社会发展的物质统一性的任务。从运用自然力的实践角度讲，没有人类运用自然力能力的极大提高与发展，人自由全面发展进而达到“人类自身的和解”就不可能实现；人需要重新以一种生态的方式来运用自然力，而不是被资本控制的自然力奴役。人类社会传统发展的资本逻辑造成了运用自然力在理性和价值上的分离，这需要在发展的理性维度和价值维度之间保持一个必要的张力，这个张力同样取决于已经认识了、理解了自然力的“我们”。

三、资本逻辑逆生态在当代发展现实中的形式变化

马克思对资本批判的辩证逻辑充分显示了资本的文明性与野蛮性，它不是一种简单的外在批判，不是停留在道德与意识层面，而是对资本逻辑内在规律和必然趋势的揭示。实际上，在现代社会发展中，资本逻辑逆生态是矛盾的，无论表现出什么样的外在形式都未脱离历史规律。资本能否为生态文明建设服务？近代资本主义确立了其在本国的统治地位后，继而开始了全球性的扩张，这种扩张同样是一种霸道的方式，或许表面上高举“为了发展”的旗帜，实际上是掩饰其扩张的本质而已。马克思从未否认资本带来的人类历史上前所未有的物质丰裕，并强调恰恰是资本繁荣了世界市场，使世界至少在物质层面上真正连为一体。但是，在压制了绝大多数人的生存条件以及世界范围内生态极度恶化的情况下，整个社会承受的资本急剧扩张带来的消极后果远远超过了其积极的物质收益。而资本逻辑的这一霸道行径带来的市场破坏性是可以被强有力的政府和社会力量所制定的法律与规则以及社会权利的提升所控制，这在资本主义发展的历史上也已经被数次证明。

虽然资本存在的负面效应已经被当代发达资本主义国家佐证，但在中国社会主义市场经济条件下的中国资本力量也是客观存在的事实，作为一种特殊社会关系的资本仍是市场经济乃至社会增长的动力。习近平总书记强调：“尽管我们所处的时代同马克思所处的时代相比发生了巨大而深刻的变化，但从世界社会主义 500 年的大视野来看，我们依然处在马克思主义所

指明的历史时代。”[①]这个历史时代的很多特点并没有脱离马克思对资本问题的深刻阐述，而离开资本逻辑谈新时代中国特色社会主义的发展和生态文明建设等问题都无异于空中楼阁，甚至会陷入社会主义发展初期的空想社会主义。只有面对并且真正把握资本逻辑逆生态体现出的时代趋势与特点，才能更好运用与驾驭资本逻辑，为最终绿色发展超越资本逻辑提供必要的基础与前提。

(一)凸显物质生产因素到非物质生产因素的变化

资本逻辑逆生态所表现出的第一个发展趋势是从物质生产因素到非物质生产因素的变化。这突出体现在资本在自身价值增殖的过程中，非物质生产越来越具有重要作用，甚至在一定情况下成为一种决定作用。资本逻辑越来越注重这种变化的现实性；具体到商品上的变化，它们的外在符号、美学与品牌影响，在现实世界的发展中发挥着越来越重要的作用。图像、信息、知识、情感、符码等在资本逻辑追求的价值增殖过程中，都逐渐超越了有形商品或者商品的物质层面，但是这并不意味着类似汽车、钢铁这样的传统物质性商品的生产不重要，而是说这些物质性商品及其背后的资本力量越来越依赖和从属于非物质性的因素，越来越表现得不那么明显，成为一种“退居幕后”的需要。在某种程度上，人类生命本身开始成为这种转变的核心，而马克思所阐述的人类自身社会关系的生产也成为生产这种附加值的基础。从这个意义上说，资本逻辑其实一开始就不愿只停留在物质层面上，而是在发展过程中逐渐形成了一种运动，正如之前所论述的，是在这种运动过程中产生了逆生态的效应，而不是一开始就具有的，其在不同的历史阶段表现出了不同的特点，起初是一个自然过程，而后逐渐变成了一个社会过程。资本逻辑注重采用物质形式，实际上在一开始它也必须采用物质形式，但是，只有我们将这些物质实体视为一个扩展性整体的体现和象征时，我们才能真正明了它们的意义。

资本逻辑逆生态的体现之所以越来越趋向隐性，在于其不断将商品和服务纳入贸易和生活的组织过程，而这些商品的物理属性，也不会被视为追求财富的圆满成功，资本逻辑采用物质的外在表现形式反而越来越被视为

① 《习近平谈治国理政》第2卷，外文出版社2017年版，第66页。

一种发展障碍。因此,寻求形式上的改变也就成为其在发展过程中必然作出的改变。在此过程中,那些被充分利用了的人体机能、能力与知识,与自动化和计算机化的生产系统相比,直接成为价值的来源,资本逻辑仿佛重新回到了最初,开始重新重视人创造的价值,而非将其视为固定资本表现出来的那种"不变"的价值,这种对价值认识的回归,是资本逻辑逆生态带来的一种"自我否定"。虽然生产的客体和主体界限变得越来越模糊,但都由社会关系所规定,本质上依然体现了背后的逆生态。

需要说明的是,资本逻辑逆生态所表现出的这个趋势并没有脱离生产方式的基础。当今全球愈发严峻的生态环境问题,究其根源,在于资本逻辑占主导地位的不可持续的生产方式。绿色发展理念的出现就是为生产方式的转变提供了有利的社会环境和迫切的现实需要。作为习近平新时代中国特色社会主义经济思想的主要内容,包括绿色发展在内的新发展理念,已经成为发展中国特色社会主义生态文明、建设美丽中国的实践准则。为推动和实现中国绿色发展实践的转型,一项首要的命题和关键的任务是形成生产方式绿色化。资本逻辑逆生态在文化角度上的垄断似乎无懈可击,但是如果经济持续衰弱,自然会导致形成这种方式的文化形式进一步解体,这需要占社会主导地位的进步集团的坚强意志,在马克思的话语体系中便是无产阶级的意志,这是实现"霸道"到"王道"转变的基础。马克思将资本的动力分析为一种非线性的进程,资本本身是一种生产方式的变形。通过自我的再生产,资本逻辑持续地掌控着社会生活。马克思的生产方式论述被看作资本逻辑统治的"铁笼","其中的对抗性维度竟也被去势为碎片式的喧嚣"①,消解资本逻辑的逆生态必然要打破这一无形的垄断。而从马克思分析的生产方式变革过程中创造的价值来看,价值是社会财富的一个特定历史形式,它在本质上联系着一种历史特定的生产方式,这种财富形式的历史特殊性意味着,社会财富在不同社会中并不一致。② 马克思在《雇佣资本与劳动》中指出:"资本的实质并不在于积累起来的劳动是替活劳动充当进行新生产的手段。它的实质在于活劳动是替积累起来的劳动充当保存并增加

---

① 周嘉昕:《马克思的生产方式概念》,江苏人民出版社 2020 年版,第 8 页。

② 参见[加]莫伊舍·普殊同:《时间、劳动与社会统治:马克思的批判理论再阐释》,康凌译,北京大学出版社 2019 年版,第 28 页。

其交换价值的手段。"①活劳动带来对各种有具体物理差别的产品价值的抽象化，因此各种不同劳动价值得以抽象化。活劳动的这一形成过程是资本逻辑逆生态导致的异化过程：这种劳动从个体中分离出来，将自身独立为一种力量，并支配着人们；要破除这一力量就是实现"霸道"到"王道"的转变，这一转变造就了废除资本主义、建构社会主义之基础。

（二）凸显实体化到移动网络化的变化

资本逻辑越来越注重从实体化到移动网络化的变化，是资本逻辑逆生态表现出的另一个重要趋势和特点。这一趋势可以看作在物质生产因素到非物质生产因素转变趋势下衍生出的，同时也是中国资本市场表现出来的独有的特点。例如，共享单车、网络购物、移动支付、高铁这些给人民生活带来巨大便利的"新四大发明"，都是建构在中国移动网络得到极大发展的基础之上。当代大型民营资本也大都以网络为主要经营范围或以网络起家，同样也是资本越来越趋向网络化的重要表现之一，并且这种网络化已经不是最初简单的资本外在形式的网络化，而是资本内在属性的一种彰显，本质上仍是一种朝向社会关系再生产的转变。由于物质基础的改变，当下网络化的趋势，尤其是中国发达的移动网络化趋势可能会从根本上实现社会关系的革命。也就是说，移动网络化不再仅仅是作为一种技术本身而存在，并非只是在具体某一领域发挥着影响与作用，资本逻辑的触角通过移动网络化逐渐深入并渗透到经济、政治、文化、生态和社会发展的各个领域中。

另外，移动网络化虽然活跃了资本，使资本逻辑的表现形式也趋向移动网络化，但各个领域产生了很多冲突。这是因为，一定比例的社会总资本必须变成不动的资本，以便让余下的资本在迁移时获得更大的灵活性。资本的价值一旦被封锁在不动的物质基础设施和社会基础设施中，就必须得到捍卫，否则就会丧失价值。以共享单车为例，它曾经是资本青睐的对象，也给人民的日常生活带来了一定便利，但资本逻辑的价值—无度等特点决定了其追逐价值时并不会考虑对其"无用的"价值，所以同样也造成了大量的车辆废弃和城市空间资源的浪费，带来了生态的不和谐。这并不是资本逻辑能够认识到的。不受管控的资本逻辑即使能够不断追逐技术的更新形

① 《马克思恩格斯文集》第1卷，人民出版社2009年版，第726页。

式，也终究脱离不了自身的局限性，这就需要我们找到那个临界点，要把余下的资本流通过程在一定时期内约束在一定的地方，否则必然会产生资本逻辑逆生态的问题。可见，资本逻辑逆生态依旧隐藏在这一形式变化中，如果处理不好，将会引发不良社会效应，而对绿色发展来说，这既是一种挑战，也是一种机遇，把握并利用好资本呈现出的这一特点，将成为超越资本逻辑的关键。

（三）凸显地区性到共同体的变化

资本逻辑的形式转变及其意识渗透已经不再是一种地区性的问题，而是一种共同体的问题，其逆生态的隐秘性同样不再只是一个区域性问题。在需求方面，资本能够通过重组、结构转换和技术变革来调整它的需要——这当然不会没有压力和困难。此外，货币资本在世界舞台上的机动性让资本能够适应不同的人口状况以及各种"历史的和道德的"处境，这种处境至少最初有可能在不同的区域和不同的国家以不同的方式影响劳动力的价值。中国大力推动信息化与新型城镇化的发展，在企业、社会层面，从大企业到小公司、从农业综合经济到制造业、从家务劳动到工地建设，都需要这种整体移民化的发展以及人口地区间的不断流动，从而促使了不同资本的地区间流动与转移。这种整体性所形成的共同体既是资本生产的基础，也是生产的结果，同样使资本逻辑逆生态获得了充足的展现可能。所以，摆脱资本逻辑惯性的束缚，必须是从新的共同体中寻求出路。绿色发展克服资本逻辑逆生态，就是习近平总书记始终倡导形成"构筑尊崇自然、绿色发展的生态体系"①，最终推动构建的一种人类命运共同体。

需要强调的是，资本逻辑逆生态的形式变化没有脱离社会关系的本质。当代资本本身的形态发生改变，出现了"大众资本"和社会化资本市场、公共资本与社会福利、人力资本、法人资本以及跨国资本等新形态，这些都是资本扩张以及对自身扩张逻辑调整的结果。新的资本形态首先标志着资本本身结构的变化，当然这种变化完全服务于资本克服自身扩张逻辑悖论、进一步拓展扩张空间的需要，但客观上也成为重塑社会结构的最基本力量，使原

---

① 习近平：《决胜全面建成小康社会 夺取新时代中国特色社会主义伟大胜利——在中国共产党第十九次全国代表大会上的报告》，人民出版社 2017 年版，第 25 页。

来的阶级对立的板块式社会结构逐渐消解，形成了纺锤形的国内社会结构以及错综复杂的国际冲突网结构，这种结构变化正是资本逻辑发展的必然结果和现实表现之一。而对资本逻辑逆生态的批判正是与资本发展的历史形态相联系的，资本逻辑逆生态的形式嬗变使得马克思资本逻辑批判思想的时代价值再次凸显。

总的来说，资本逻辑逆生态所表现出的一些趋势与特点虽然有了时代之变，但仍然没有离开马克思所论述的资本逻辑的本质——一种社会关系，反而在某种程度上进一步凸显了这种社会关系的性质。资本的本质体现了资本的活力，正是依靠这种活力，在历史发展中资本才扫除了各种历史残余，使其影响力遍及世界各个角落。它不仅试图让自己的逻辑渗透到经济之外的生活领域，也依靠聚拢社会关系的能力实现了这一点。当代资本凭借生产与积累形式使得社会关系的再生产逐渐被掩盖，表面上以物质形态的全球化进行扩张。资本逻辑体现出的纯粹物质形式，既代表了资本的内在形态，又在资本内部蕴含着自身的否定与人的解放因素。

四、绿色发展面临资本逻辑逆生态造成的发展困境

资本逻辑在历史上曾经促进人类社会的极大变革与进步，却也带来了当今发展方式的“撕裂”，变革的本质体现在资本力量驱使下的世界理性化过程，而“撕裂”也恰恰处于这一过程中。一方面，遵循资本逻辑的传统发展是对世界的“祛魅”和“均质化”。资本为自身的不断增殖，客观要求消除一切障碍和界限，消除一切妨碍其扩张的特权和束缚，这也就产生了马克斯·韦伯所强调的“祛魅”，即祛除世界一切“迷魅”的非理性因素，得到纯粹的客观事实世界，以便对世界进行理性化处理。另一方面，资本逻辑试图对整个世界加以控制。对他人的控制和对自然的控制是资本的生存法则，资本逻辑成为一种控制力量，资本就是人与人之间的技术的关系。在这样的视角下，人与人之间的关系实质上也成了人与自然之间的关系，因而资本就是人对自然界的控制关系，人和自然共同构成资本可以随意加工处理的材料世界。无论是中国推行的绿色发展还是世界其他国家进行绿色变革的尝试，所面对的正是这样一个资本逻辑带来的曾经达成了的“祛魅”世界，而如今的资本逻辑逆生态却造成了发展困境，也成为构建绿色发展实现机制必须

面对的一个重要现实。

在马克思的理论体系中，对资本逻辑形成的逆生态批判既是实现从唯物史观理论基础建构到提出共产主义远大理想目标的重要“中介”，又是解构传统社会发展内在矛盾的一把钥匙。正因如此，马克思主义才能够实现对人类社会发展规律的科学把握，实现对人类社会未来目标与现实路径两个方面的有机结合。绿色发展从本质上是要纠正资本逻辑对自然的“绑架”和对人的生态权益的“掠夺”。而在传统发展方式中资本逻辑的二重性的实质被忽视，传统发展重视物化劳动的资本逻辑使经济社会发展中的分工变成一种内在强制性分工，使工人成为单面人，脱离自然而产生“自然异化”。这种资本逻辑主导下的科学技术的发展产生了“技术异化”的现象，与传统社会对技术的朴素利用不同，在资本力量的驱使下出现了完全不同的现象。从这个意义上看，不是资本奠基于现代科学技术之中，而是现代科学技术奠基于资本逻辑之中。正是在资本力量的驱使下，人类对自然界的利用和控制技术获得了空前的发展，各门自然科学分立，并在各自的领域中向纵深发展，人类对自然的控制力空前提高，但是，这样的传统发展并不在乎资本逻辑是否导致逆生态，只是为了增长而增长，没有看到这意味着自然界对人类反制力量的空前增加。

无论是当前生态危机产生的“自然异化”，还是“技术异化”，本质上都是传统发展过于重视物化劳动的资本逻辑导致的。这种物化劳动似乎使资本逻辑一时间难以从发展的神坛宝座上走下来，传统发展也就受到了原有资本逻辑掌控的巨大惯性的影响，也是马克思所说的资本的“神秘力量”，如此一来，同样受到资本逻辑逆生态影响的传统发展很难停下前进的脚步，因为经济利益的获得似乎仍然远远大于生态利益。更为重要的是，发展中的人仿佛在发展过程中无意识地失去了原有的主观能动性，失去了对发展自由选择的权利。发展中“自由的并不是个人，而是资本”[①]，人完全置于资本的对立面，单纯经济增长没有使人自身真正得到发展，只是表明了资本的发展程度。

---

① 《马克思恩格斯文集》第 8 卷，人民出版社 2009 年版，第 179 页。

(一)传统发展受制于资本寻租与利益纠葛

绿色发展面临资本逻辑逆生态造成的发展困境,首先在于现实层面上资本逻辑带来的资本寻租与利益纠葛问题。

一方面,传统发展之所以并不重视资本逻辑是否能够导致逆生态,本质还在于资本逻辑对发展方式的掌控是渗透到整个社会权力运行的过程中。这便带来了一个资本逻辑在生态领域的寻租问题。受资本逻辑"绑架"的权力,如果得不到相应的约束与监督,必然会带来腐败,在生态治理方面的表现就是允许一部分危害生态环境的资本进入本不该进入的领域,导致资本逻辑逆生态的影响持续发酵,并通过相应的权力领域由上到下、由思想渗透到权力端的掌控,权力逐渐被商品化,甚至成为资本自身"消费"的对象,最后形成在经济领域的腐败与监督管理的不作为,导致生态环境问题的发生。从资本逻辑的角度来看,之所以产生这种问题,是因为包括权力在内的社会生活的一切事物趋向"资本化",但这一问题的现实原因,也是因为相关政策与制度的不完善,致使一些不受掌控的资本通过相应的政策与制度漏洞实施了寻租行为。但是不仅仅是在生态环境领域,其他相关权力如果遭到"物化",同样也可能造成生态环境的破坏,所谓"牵一发而动全身"。

另一方面,资本逻辑逆生态之所以能够持续伴随着传统发展,一个重要且难以界定与解决的问题在于其错综复杂的利益纠葛,其中一部分因为资本寻租带来的利益恰恰会利用自身的特点掩盖自己的利益表现。生态环境自身普遍具有公共性特点,很多是"独一无二"的产品,很难界定其利益相关者及其责任者。一些可以界定的自然资源的既得利益者由于掌控资本逻辑的话语权,也容易使资本逻辑无孔不入。如此看来,受资本逻辑控制的利益集团由于要维护自身的利益,必然不可能真正对生态环境负责,即使有相应的环境治理行为,也是为了自身利益,或是为了解决利益纠葛中出现的问题,大多是"治标不治本"。资本逻辑逆生态在一定程度上并没有得到公众真正的重视,尤其是在中国这样的发展中国家,物质基础的发展依然是主要的发展方向,资本逻辑捆绑的利益集团并不将其纳入自身的考量范围,其重心仍然是在权力寻租与利益掩盖之上,无限发挥资本的价值—无度逻辑,传统发展中资本逻辑逆生态问题就会愈发严重。

(二)发展思维“见分不见合”:环境的孤立

在对待资本逻辑逆生态问题上,出现了两种思维倾向:一种思维倾向是过分注重从物质生产意义上理解马克思对资本逻辑的批判,或者把物质生产看成是生产的绝对和唯一因素,这种倾向容易造成的问题是只注重资本逻辑的物质性,而忽略资本逻辑在生产与发展过程中可能依靠的绿色成分、生态因素以及人的本质。另一种思维倾向是对于马克思对资本逻辑的批判的具体形式进行了较为过分的解读与拓展,对资本逻辑主导下的生产的具体形式进行了过于程序化、碎片化的区分,致使发展的思维被细分到过于具体的形式。例如,遇到生态环境问题时,提出生态物质生产与生态人口生产,这与原有物质生产范畴会有明显交叉,只是因为环境问题在当代的严重性才去强调这种生产形式的重要性,这可能模糊了对最初生产目的的分析,也容易忽略马克思对原有资本主义危机理论的经典分析。

西方社会科学喜欢采用一种“见分不见合”的思维方式,作为发展依托的一个条件,环境的因素不能完全被孤立看待。马克思对资本逻辑的批判是哲学上的,是政治经济学上的,更是在现实实践中的,必然需要考虑到历史整体发展走向。资本逻辑的范畴与发展的旨向是这一理论的核心内容。研究马克思的生态思想、回应一些“马克思没有生态思想”的质疑观点,关键就在于指出其忽略了发展中的人类社会才是处理生态问题的“主角”,而非他们所认为的那种连自己或许都没有生活在其中的“环境”。在资本逻辑逆生态导致的发展困境中,必然需要考虑人、自然与社会及其相互关系,揭示社会发展的内在规律。这一规律深刻揭露了人与社会关系的生成与建构,构建一个内部结构清晰且联系紧密的关系图景,对于推动绿色发展的实现亦有重要的方法论启示。

绿色发展强调的环境友好同样也不能是脱离空间、脱离现实条件的抽象存在。不同时期选择的发展模式也是需要因地制宜,顺应自身发展阶段的。对于处于不同绿色发展阶段、具有不同发展特征的各个地区而言,当地居民对于经济与环境的偏好不同。经济发展水平高的地区会更注重环境质量问题,而经济发展滞后的地区,尤其贫困地区,社会成员则会更渴求经济发展。我们必须从整体效用的视角来衡量绿色发展,才能发现其偏重度是不同的,集中表现在一个地区是否具有了绿色发展的基础;如果没有这种基础,绿色发展永远只能是"示范区",而很难从整体上全方位地真正实现。

(三)发展主体"见物不见人":位置的颠倒

资本逻辑逆生态的隐性趋势主要活跃在生产、生活领域,它总是依靠自身强大的渗透能力,以最大限度的投资获得潜在的极限价值。人与物品之间的关系似乎不再是使用功能之间的关系,它已经转变为人对物的有序消费对象的颠倒性关系,这并不是人作为主体的真实消费,而是资本作为主体的诱导性消费,其对自然环境、整个社会发展以及人的自身发展都会造成危害。例如,欠发达地区的人们被资本逻辑带动而沉溺于奢侈型消费与浪费型消费,成为一种畸形的、早熟的消费文化。欠发达地区的一些人宁愿牺牲自身最基本的生活消费需求、身体最基本的营养需要而去追求表面的奢侈物质消费,使得本来拥有"绿水青山"的欠发达地区反而成为绿色发展的空白地带。这就是发展主体所处位置的根本性颠倒,不是为了人自身的发展进步,而是只看到资本逻辑带来的经济发展。在这种对人性的片面的和对象化的表达中,人只有在一个很有限的和有条件的意义下才是一个"人"。但人最好的状态是,他就是现实的作为私人的人;而资本逻辑下的人本身却没有在"我们的专门化的、分工的异化的社会"中扮演根本性的角色。黑格尔把人定义为一种由经济所决定的特殊性,这绝不是一种凭空发明出来的说法,而是对于现代人在社会中现实的非人性的理论表达。黑格尔的定义暗示了,在市民社会中人作为人实际上与他自身相异化,并且主客体位置颠倒。[①] 人通过改变世界的活动和劳动"生产"出了他的世界,也就是说,"生产"出了他的环境,这种观点也是马克思从《精神现象学》中解读出的一个基本观点。黑格尔认为,正是这种生产力让人能够对自然进行加工和文明化,并让自然符合自己的目的,从而将世界改造成他的世界。他们只是将一开始只作为自然的自然,即自然的本性,归结为活动者的精神或者生产着的人。所以,主体位置颠倒的绿色发展只能是空中楼阁,而引导中国绿色发展道路的主体不可能仅仅是经济关系上的,更不可能是资本的"物质属性"。如同马克思、恩格斯所预见到的资本主义走向一种"自身的反面"并非只是

---

① 参见[德]卡尔·洛维特:《韦伯与马克思以及黑格尔与哲学的扬弃》,刘心舟译,南京大学出版社2019年版,第224页。

表现在经济关系上一样，必须对过度重视经济关系进行引导与改变。这个过程中，人既是自然存在者，更是社会存在者，必然需要重新回到发展的主体性上。

对这一问题的解决不能是简单的“见物不见人”，需要看到政府、市场与社会其他能动力量在这一过程中发挥的主体作用。中国的绿色发展能够超越西方发展的关键在于对资本本质是社会关系的再认识，所以实现这一目标最为关键的仍然还是发展的因素，而不是简单祛除资本逻辑这一因素就能实现绿色发展。改革开放以来中国走出一条中国特色社会主义的市场经济道路，社会主义的取向应是为每个人提供自由的存在和发展真实的个性所必需的基本条件。习近平总书记提出的新发展理念立足“美好生活”的价值逻辑，实现了经济社会发展与人的全面发展的内在有机统一。[①] 绿色发展中社会关系的重塑最终指向人自身的发展与幸福，以满足人对美好生活的需要为追求，尤其是人们对优美生态环境的向往，对“绿水青山”的向往。这种向往，从本质上决定了中国的绿色发展不仅仅是西方在外在物质层面上进行“包装”的绿色资本主义，绿色发展的根本旨向是完成马克思所论述的把物质生产变成对自然力的科学支配，根本还是在于人自身的能动性，这必然需要中国共产党领导人民进行自身的革命，从而超越西方物质文明发展逻辑而内蕴人本向度——社会主义的绿色发展之路。[②] 只有对社会与自然之间的新陈代谢予以质的重新定位，才能在绿色发展中实现人与自然、人与自身的双重解放。

（四）发展实践“见无不见有”：意义的遮蔽

近代资本主义的发展主要依循资本逻辑的统治并非偶然，其同样符合历史唯物主义的基本规律。在资本主义社会之前，资本已有相应的存在形式，只是并没有占社会生产关系的统治地位。人类社会的发展追求资本逻辑成为处理人与自然、人与人关系的一种手段，是社会历史向前发展的必由之路，二者在一定的历史发展阶段虽然对立但是同样不可或缺。在发展过程中由于出现了种种问题而产生了如何驾驭资本逻辑的理想，并朝着这个

① 参见袁祖社：《“五大发展理念”的理论品质与实践新境界》，《学术研究》2017 年第 1 期。

② 参见张乐：《资本逻辑论域下生态危机消解理路探究》，中国社会科学出版社 2016 年版，第 129 页。

方向不断迈进。传统西方资本主义社会发展理论，无论是重商主义、重农学派，还是现代西方经济学的发展理论等，都只看到了资本的物质表象，尤其是绿色资本主义学派将发展的资本逻辑视为处理人与物的关系的手段，并且认为这种关系永恒唯一。按照这种说法，资本逻辑貌似成为人类社会任何发展阶段都普遍存在的超历史范畴，资本主导的发展形式成为人类历史发展的“终结”，再也不会有新的发展形式，资本逻辑永远无法得到超越。然而，资本主义经济危机早已打破了这种幻想，全球性生态危机的出现使人们回归到对原初人类社会发展意义的反思。马克思从未否认资本带来的人类历史上前所未有的物质丰裕，并强调恰恰是资本的推动繁荣了世界市场，使世界在物质层面上真正连为一体。但是，当代资本急剧扩张带来的消极后果远远超过了其积极的物质收益的临界点。而资本带来的市场破坏性可能被强有力的人类政府和社会力量所制定的法律与规则以及社会权利的提升所控制，这在社会主义发展的历史上也已经被数次证明。

资本逻辑逆生态带来的发展实践“见无不见有”，一方面体现在我国当前绿色发展实践中，有很多城市追求的生态化建设仍然处于初步阶段，尚不理解绿色发展的真正意义。根据中国人民大学国家发展战略研究院发布的《2018 年中国经济绿色发展报告》，中国经济先导的城市往往在可持续性与不平衡方面的矛盾更为突出。究其原因，主要是经济活动即资本的空间集聚程度过高。这种集聚经济虽然促进了经济发展，使得城市的经济增长动力、产业结构转型以及人均 GDP、收入分配与社会保障等均居全国前列，但由于经济密度过高，污染控制压力较大，环境质量远逊于那些致力于社会协调发展的城市。这类城市绿色发展能力的二级指标，如绿色基础设施、内源性增长能力、资源环境管理等均居全国前列，但在加大环境治理、改善环境质量、增强可持续性上都还有所欠缺。因此，必须重视绿色发展的真正意义，城市的生态化建设绝不是为了“绿色”而“绿色”，绿色发展过程中脱离、失去了人在其中生活的“绿色”是没有意义的。另一方面，我国居民对绿色生活的真正意义理解不深，缺乏引导。同“粗放型”的生产方式长期占主导一样，“粗放型”的生活方式也一直是我国社会生活的主流，主要表现为水、电、食物的大量浪费，过多购买各种非必需的生活用品，盲目追求豪宅、豪车、名牌衣物首饰等奢侈品。人的需要和自由是由资本逻辑衍生出来的虚假需要和自由。在消费方面，人在似乎完全自由地购买这个商品或者那个商品的时候,却没有意识到自己的趣味和需要是被广告媒体等刺激出来的虚假需求,比如名牌服装和豪车等,是它们的包装、品牌光环等满足了消费者的畸形心理需要。而消费者的趣味和心理需要则是按照工业生产和资本利润最大化的规律和要求被"生产"出来的,乃是资本再生产过程的一个要素。因而这并不是真正自由的实现,而是深深陷入商品的物的社会迷雾之中。因此,绿色发展不能只是简单地为了保护环境去做相应的"减法",而是需要做更多的"加法",必须能够提供满足人们生活的优美环境与生态产品。

资本逻辑是人类社会实现物质统一性的需要。当代全球化的世界日新月异,资本也必须适应这个猛烈演变的世界。寻找一条超越资本逻辑的发展道路进而维护人类的生存是人类面临的共同选择。

第三章

扬弃资本逻辑：构建绿色发展实现机制的关键

在资本逻辑批判的视域下探讨构建中国的绿色发展实现机制，首先需要明确的问题便是中国绿色发展实现过程中如何扬弃资本逻辑。面临资本逻辑逆生态造成的发展困境，必须把握好资本逻辑二重性，这成为构建中国绿色发展实现机制的关键。资本逻辑批判为我们研究绿色发展实现机制提供了一个方法与角度，但我们不可能只是停留在批判之上，马克思对资本逻辑批判的目的是实现人类社会更好的发展，而对资本逻辑及其逆生态的分析，同样是为了明确其对构建中国的绿色发展实现机制有何助益。无论在何时在何领域，资本逻辑批判的目的必然是扬弃资本逻辑，以实现更好的发展。

一、把握资本逻辑二重性：走出绿色发展困境的根本出路

如何把握资本逻辑二重性从而扬弃资本逻辑？一方面，需要认识到资本逻辑内含的对生产力的推动作用，把这种作用合理运用到绿色发展过程中，这是“扬”的一部分；另一方面，需要降低并逐渐去除资本逻辑对发展造

成的不利影响，在生态领域就表现为对资本逻辑逆生态的抑制与克服，把这种不利因素尽可能地降到最低，这是“弃”的一部分，以促使绿色发展能够得到真正贯彻。之所以要在实现绿色发展的过程中把握好资本逻辑二重性继而扬弃资本逻辑，是因为资本逻辑在绿色发展中依然扮演着重要的角色。因此，扬弃资本逻辑的总体思路，主要是以马克思对资本蕴含双重逻辑的认识分析为基础，即面对资本的发展性逻辑，我们必须将其运用到绿色发展过程中，面对资本的破坏性逻辑，我们则需要合理应对并尝试驾驭，从而能够预防其对绿色发展产生的阻碍作用。

(一)运用资本的发展性逻辑

把握好资本逻辑的二重性，首先在于认识并运用好资本的发展性逻辑。马克思对资本的发展性逻辑分析是基于历史的维度，是对整个资本逻辑及其影响下的社会生产方式、生活方式、社会关系及其思想原则进行的分析，既不能忽略资本对于发展的巨大正向带动作用，也不能过于放大资本的肯定逻辑作用，也就是说，需要认识到资本逻辑是在怎样的历史过程与社会条件下，才能真正发挥好其自身存在的发展性逻辑。绿色发展是中国当下现实的要求，构建绿色发展实现机制，必然需要依靠与运用资本，而廓清如何运用资本、运用资本的哪些方面，就成为一个重要的问题。

运用资本的发展性逻辑，从根本上说是运用资本在发展中创造的动力作用，这种动力作用，不仅仅是在历史时间维度上的持续推进，而是在社会各个领域的发展中都有所体现，因此在对待绿色发展的问题上也概莫能外。首先，在构建绿色发展实现机制的过程中，需要继续运用资本对自然的改造能力，这种能力是基于人对自然的改造，而非资本本身对自然的改造。自然界即使不通过资本也能真正成为人的对象，资本在其中发挥的作用应该由认识的必然性转为使用的工具性上，即资本仅仅是绿色发展过程中运用的工具而已，而非绿色发展的目的指向。其次，绿色发展过程中运用资本的动力作用，更多应体现在消除不同国家与地区商品与服务交换的信息壁垒，进一步打破不同区域的界限与认知的偏差，从而使绿色发展带来的绿色产品能够成为不同区域发展的共同追求，进而形成一种绿色的社会关系，而这种社会关系上的更新，必然带来对生产力认识的巨大变革，成为构建绿色发展实现机制的根本性动力。最后，绿色发展过程中运用资本的发展性逻辑的归宿，不在于绿色发展"用好"资本逻辑，而是通过绿色发展，人的整体状态和精神风貌得到改变，绿色发展中的人将不再是孤立的、分散的，人的身心健康能够得到维护和保证。从根本上说，这在于生态环境的公共性特点，是每一个处在绿色发展过程中的人都能够切身体会与感受到的。

（二）驾驭资本的破坏性逻辑

虽然资本逻辑是推动经济发展及其影响下的社会发展中最自觉的力量，是发展的能动因素，但这种自觉力量与能动因素如果失去了一定的主体驾驭，会失去前进的方向，这就需要学会驾驭资本的破坏性逻辑。在绿色发展的过程中，这一控制和驾驭的集中体现即为对资本逻辑逆生态的约束和抑制。其一，不再用资本逻辑的运用程度作为衡量社会进步的重要标志，在源头上能够对资本逻辑逆生态进行一定的掌控，防止其以促进生产进步、社会发展的名义，被相关利益集团所利用，从而造成对构建绿色发展实现机制的阻碍。其二，既然资本逻辑在诞生之初是立足物化的社会关系力量，那么在驾驭资本逻辑时必然要还原"纯洁的"社会关系力量，这种力量并不是对以往力量的简单还原，而是相比之前是更高的层次，能进一步使原有资本逻辑统治下的生产方式与生产关系进行再一次的革命，把对自然的改造能力限定在生态和谐的范围之内，同时使自然资源得到合理有序的利用。总体来说，就是要使绿色发展实现机制的物质基础既受到资本逻辑的推动，又不被资本的破坏性逻辑所限制。其三，对改造自然的物质生产资料所赋予的人格化特征进行相应的区分，防止人的本质力量被资本逻辑所异化，使自然环境重新回归到与人和谐相处的境地，而不是被全部纳入资本逻辑的范畴，这样才能重新确立人在发展中的主体地位，避免被资本逻辑所创造的物质表象蒙蔽，使绿色发展实现机制能够真正抛弃资本逻辑逆生态的一面。

只有驾驭好资本的破坏逻辑，才能克服资本逻辑逆生态的影响，消除绿色发展的重要阻碍。在中国绿色发展实现机制的构建中，驾驭资本逻辑的任务自然就落在了中国特色社会主义事业的领导核心——中国共产党身上。中国共产党领导中国人民，在实现绿色发展的过程中，需要认识并运用好资本的发展性逻辑，驾驭好资本的破坏性逻辑，最终超越资本逻辑，这一过程就成为构建绿色发展实现机制的关键——扬弃资本逻辑，也是实现马克思所说的对资本逻辑的"否定之否定"。

二、中国绿色发展方式扬弃资本逻辑的优势

面临资本逻辑逆生态造成的发展困境，构建中国绿色发展实现机制就成为当代发展的必然选择。习近平总书记在中国共产党十九大报告中指出："加快建立绿色生产和消费的法律制度和政策导向，建立健全绿色低碳循环发展的经济体系。"①为推动和实现绿色发展理念与实践的转型，一项首要的命题是实现对资本逻辑逆生态批判的再认识，以运用与驾驭资本逻辑，推动绿色发展。具体要求：在经济领域实行提高科技含量、降低资源消耗、发展生态环保的产业结构和生产方式，在生活领域崇尚绿色、低碳环保、文明健康、力戒奢侈浪费的生活方式和消费模式。中国正在推行的"新五化"重点是将"绿色化"融入新时代中国特色社会主义发展的各方面和全过程，不仅是实现经济增长与物质财富创造上的绿色化，而且要使绿色发展能够真正成为全社会的价值取向；不仅将改革作为绿色化的切入口，也提出了相应的制度保障；不仅有国内视角，还要有国际视野。

中国绿色发展方式的提出有着深厚的传统文化背景。近代以来资本逻辑二重性的实质一直被忽视。马克思指出在这样的发展中自由的不是个人，而是资本。这种对资本逻辑的思考在推动马克思主义中国化的背景下可以有一种中国式的语境，也需要与中国文化相结合并进行自我诠释。中国优秀传统文化是中华民族的精神家园，是马克思主义在中国生长所需的思想文化土壤，只有保持中国人的民族特性，才能让马克思主义真正融入中国的历史和文化。马克思主义与中国传统文化这样的共通性要求人不仅通晓变化，而且在实际发展中须根据相通的原则行事，以这种共通要求看待问题，不将自己看作与自然隔绝，不将自己的主观看作与自然客观世界二元对立。这一种"通变"的思路，深深地扎根于中国传统之中，形成了一种中国式的"逻辑"。马克思主义之所以有力量，就在于它与不同国家的具体文化的"相通"性。西方社会难以驾驭的资本逻辑阻碍了发展，让原本单纯的发展问题逐渐演变成人类发展的生态危机，无论是经济危机还是生态危机，其根

---

① 习近平：《决胜全面建成小康社会 夺取新时代中国特色社会主义伟大胜利——在中国共产党第十九次全国代表大会上的报告》，人民出版社 2017 年版，第 50～51 页。

本都源于资本积累的过程。现阶段人类社会不能真正摆脱资本的影响，资本逻辑仍在一定时间段内存在，直到完成马克思所强调的资本的历史使命。从历史唯物主义的视角来看，资本逻辑并不会自动实现自身的永恒运动和持久存在，而必须依赖于传统农业社会向商业和手工业社会、再向现代工业社会的历史转变。

中国优秀传统文化中关于如何实现人与自然和谐相处的哲学为我们提供了新的思路。传统文化中的“霸道”哲学讲究以法、势、计等慑服本国臣民和其他国家的政治对手，以实现天下一统；而“王道”哲学讲求德、仁、义、情，追求以人心震天下、治天下的治理理念。王道的政治哲学扬弃了霸道政治哲学中的“以力制胜”的核心法则，进而推崇“得民心者得天下”的先进思想，不再单纯依靠发展器物的先进性从而震慑天下，而是追求治理天下所需要的道德体系、社会关系、社会秩序的系统建设。

资本逻辑在生态方面的霸道体现在：人创造出的资本不惜一切代价积累自身、掠夺自然，人不能驾驭资本甚至被资本驾驭，是一种人以资本的形式对自然与社会资源的占有，是对自然和社会其他成员的剥削与掠夺，其后果是造成各种发展性危机，是资本发展“野蛮”一面的深刻体现。对资本逻辑施以王道是指人类完善社会制度、规则后，资本逻辑的扩张性得到了相应程度的管制和约束。在中国特色社会主义发展的背景下，对资本逻辑施以王道便是在中国共产党的领导下依靠社会主义制度来驯服与驾驭资本，使其更好发挥造福社会的文明性作用，始终坚持绿色发展，从而推动社会整体的发展进步。

在中国构建绿色发展实现机制中，绿色发展方式实现了对传统发展方式的更新，取得了两个方面的重大突破：一方面，绿色发展方式是对生态文明理念的一个质的提升。中华人民共和国成立后，绿色的内容主要是“植树造林、绿化”；20 世纪 90 年代以后，“绿色”则开始应用在食品、生态农业等领域，表示“有机、无公害”；再后来，建筑、化工、制造业、工程管理等领域也逐渐使用“绿色”的概念，表示“环保、生态友好”。另一方面，绿色发展方式是党对人民群众和未来发展的政治承诺，尤其是在 2015 年中国将“绿色化”的内涵扩容，“新四化”变“新五化”。如此看来，构建绿色发展实现机制，是把过去常规手段下的环境治理提升到政治任务的高度，把绿色发展方式作为一项政治任务来抓，是实现生态文明建设的路径需要。这一机制构建的基础在于中国的制度优势，体现在：中国共产党领导的中国特色社会主义制度是根本保证，经济制度、政治制度与社会制度不断发展与完善，同时具备了很多发展中的积极因素。

（一）中国特色社会主义的根本制度保证

西方绿色资本主义思潮虽然也提出了很多富有创见性的想法，例如绿色政党、绿色财政等，但是其本质仍然是在资本主义制度的框架内，没有触碰到马克思所论述的资本本质、人的本质层面，只是从表面上对生产要素等进行了一种“绿色化”。资本主义国家以追求利润和扩张为目的的资本逻辑更擅长把自己包装成绿色爱好者，把产品装扮成绿色产品，但社会关系层面无法“绿色化”，这使得资本主义国家无力制定保护生态和绿色发展的总体规划，也决定了资本对日益恶化的生态环境无能为力，更大的生态危机的发生也具有必然性。正因为没有深入到凸显社会关系的“人”的层面，这样的绿色资本主义只不过给资本继续压榨生态、转嫁环境成本套上了一层“绿色”的看似合法的外衣，不可能实现全球生态环境的真正改善。新时代中国由中国共产党领导的绿色发展则完全不同，它首先有一个强有力的领导核心，不受制于资本，相反可以驾驭资本，并且依靠党建的巨大政治优势，可以深入社会生活的每一个角落，是在政治上有共同保障、权益上有共同福祉、动力上有共同目标、生活中有共同组织的合力推动。

尽管如此，我们依然需要援用马克思对资本的双重逻辑进行科学批判的辩证法，运用和驾驭资本逻辑为发展中国特色社会主义服务，同时积极抵御资本的破坏性逻辑，二者都不可偏废。① 在传统马克思主义者的构想中，社会主义、共产主义要解决的核心矛盾，是资本运用自然力的能力不断增长，但却无法利用这种能力增进人类的共同福祉。中国提出发挥市场在资源配置中的决定性作用，无疑是强调发挥资本的积极作用。所以《21 世纪资本论》的作者托马斯·皮凯蒂（Thomas Piketty）认为：“如果欧洲国家不能一起协调和有效地管理资本，单个国家很可能采取自己的控制和国家偏好，在这方面，中国拥有明显的优势。从某种程度上说，中国比欧洲更有能力迎接

---

① 参见任平：《当代中国马克思主义研究》，北京师范大学出版社 2017 年版，第 54 页。

这些挑战。”[①]诚然，中国有能力迎接这个挑战，但必须认识到，在当今发展越来越依赖不同形式的资本类型的背景下，中国如何用自身的社会主义制度优势来抑制或克服资本逻辑逆生态的一面将成为解决问题的关键，即如何改变资本替代人的主体性地位，恢复人在社会生活中的本质。因此，要实现绿色发展，必须要有“否定的向度”“批判的向度”，对传统发展暴露的矛盾、问题的根源加以批判地分析，对未来可能继续存在或新出现的问题加以预判，形成绿色发展道路的基本制度保障。这一挑战，实际上就是发挥好资本的发展性逻辑、抑制其破坏性逻辑的挑战。中国共产党是中国特色社会主义事业的领导核心，关键在于结合中国的社会主义制度优势来抑制和克服资本逻辑逆生态，恢复人在发展中的主体地位。从本质上说，中国的绿色发展道路是以积累绿色财富和增加人的绿色福利为根本目标，在人文向度的统一上破除绿色与发展的二元对立；同时，能够把绿色发展融入经济、政治、文化和社会建设中，实现新的资本价值观，凸显生态形式财富的重要性，在各个发展领域都能体现绿色发展的价值理念。

“中国特色社会主义最本质的特征是中国共产党领导，中国特色社会主义制度的最大优势是中国共产党领导。”[②]中国共产党领导的新时代中国特色社会主义，能够使社会主义因素始终处于领导地位并不断增强，资本主义的因素始终受到限制和被合理驾驭，体现在绿色发展上就是在社会关系层面上对传统发展模式的超越。中国特色社会主义制度能够从根本上保障绿色发展的核心从依赖速度经济、规模单一，重新回归到“以人民为中心”，重塑绿色发展的价值意蕴及其实践逻辑，保证自然生产力的持续，充分利用社会主义制度的优越性，为绿色发展戴上中国特色社会主义的“火车头”，从而克服发展的逆生态一面，避免发展对自然的消极影响。新时代中国特色社会主义条件下绿色发展的实现，也是人与自然的和谐，最终促进人的全面发展和实现对美好生活的向往。所以，只有在中国特色社会主义制度保障下的绿色发展才能找到绿色发展的政治方向和主体思路，才能进一步增强新时代中国特色社会主义发展的道路自信。

---

① [法]托马斯·皮凯蒂：《21世纪资本论》，巴曙松等译，中信出版社2014年版，第553页。

② 习近平：《决胜全面建成小康社会　夺取新时代中国特色社会主义伟大胜利——在中国共产党第十九次全国代表大会上的报告》，人民出版社2017年版，第20页。

(二)发展理念:经济制度引导资本的价值取向

马克思对资本逻辑的批判提醒我们对资本不可毫无节制,任由其沿着不断增殖的道路侵占社会合理发展以及人类理性增长的空间。① 地球资源的有限性,使人类整体的发展需要有生态理性,以此约束资本逻辑逆生态,遵循绿色发展的客观规律。而此处的生态理性便成为绿色发展理念的要求,必须以实际经济活动为载体,需要有相应经济制度作保障。

在中国社会主义市场经济体制下,促进人与社会实现绿色发展的领域内,资本逻辑能逐步完成相应的绿色转向,资本追逐利润对生态环境造成的损害能够减少到最低限度,从而使绿色发展理念真正得到落实。尤其是在社会主义初级阶段的以公有制为主体、多种所有制经济共同发展的基本经济制度条件下,中国能够毫不动摇地鼓励、支持和引导非公有制经济发展,从而使民营资本在绿色发展与生态环保领域有充分的施展空间,给予其充分的肯定与支持。在平等使用生产要素、公平参与市场竞争、同等受到法律保护的体制环境中,绿色发展理念促使参与主体将包括资本运行在内的一切经济活动放在自然界良性运行的大格局中考量,找出优化发展的对策,按照自然生态规律办事,限制资本的逆生态一面,驯服资本的非法增殖性,逐渐形成以人与人之间的和谐、人与自然之间的和谐为根本宗旨的经济发展方式。同时,毫不动摇地巩固和发展公有制经济,使中国国有资本能够做大做强,给整个绿色发展理念在现实实践中以总体保证,可以从根本上引导整个资本流向。这样的制度既能保证资本充分释放活力,引导其绿色的价值取向,充分发挥其发展性逻辑,又能限制资本的破坏性逻辑,克服资本逻辑逆生态。中国的绿色发展绝不仅仅是单纯的生态保护和环境改善,而是一种理念的革新,集中表现在引导资本的价值取向上。

从践行绿色发展理念的现实情况来看,中国社会主义市场经济制度能够助推投资结构转型升级。而在市场领域对绿色发展理念的逐步推进,会对投资结构带来较为深刻的影响,如图 3-1 所示。一方面,与绿色产业相关的行业投资增长速度始终保持在较高水平,生态环保领域投入力度呈现总体上升态势。2018 年 1～7 月,生态保护和环境治理业投资同比增长

① 参见李宏伟:《马克思主义生态观与当代中国实践》,人民出版社 2015 年版,第 24 页。

34.1%。其中，生态保护业投资增长58.2%，环境治理业投资增长29.5%。此外，环境监测专用仪器仪表制造业投资增速也高达57.3%。另一方面，环保标准和要求不断提高，对高耗能、高污染行业投资产生了有效制约，前三季度，五大高耗能制造业投资下降1.9%，其行业投资主要集中在污染治理、环保改造升级等领域。[①] 由此可见，在中国社会主义市场经济体制下，追求绿色发展理念的新发展方式正逐渐破除经济增长与环境保护的二元对立，在生态保护和环境治理业等绿色发展领域既保证了资本的活跃度逐渐提高，又助推了绿色发展方式的实现。

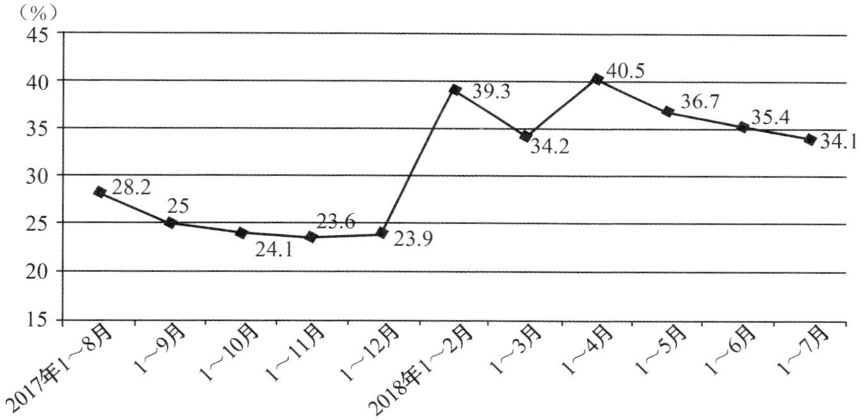

图3-1 2017～2018年生态保护和环境治理业投资同比增长速度

(三)发展路径：政治制度限定资本的作用范围

中国共产党能够始终代表中国先进生产力的发展要求，依据在于中国共产党是以马克思主义科学原理为指南的先进政党，全心全意为人民服务是其根本宗旨。人类文明创造的不同发展与生活方式形成丰富多样的世界，然而在传统发展与生活方式中始终离不开对物质的过度追求。中国共产党"绿色发展"的提出便是解决这样的一个问题，能够从历史唯物主义的角度和马克思对未来社会人的生活状态分析中，不断追溯其最初发展的目的，从而更多考虑"自然生产力"的因素，认识到其在推动生产力发展中的作用，尤其是限定资本的作用范围，使其能够真正造福于人民，实现人民在生

① 数据均来源于国家统计局网站。

态领域的当家做主。这正是习近平总书记始终强调的"环境就是民生，青山就是美丽，蓝天也是幸福，绿水青山就是金山银山；保护环境就是保护生产力，改善环境就是发展生产力"①。这种观点同时也契合了马克思所认为的以实践为中介的自然观思想核心。马克思在《资本论》中提道："资本主义生产方式在生产力的发展中遇到一种同财富生产本身无关的限制；而这种特有的限制证明了资本主义生产方式的局限性和它的仅仅历史的、过渡的性质；证明了它不是财富生产的绝对的生产方式，反而在一定阶段上同财富的进一步发展发生冲突。"②中国共产党通过自身的社会主义民主政治制度建设实践，不断更新对发展路径的认识，从而发挥自身在绿色发展中的政治领导作用，保证了绿色发展道路的发展旨向。

绿色发展实现路径所面临的资本逻辑所表现出的趋势与特点，也为中国绿色发展超越资本逻辑提供了历史机遇。绿色发展的路径必须有对传统发展路径的扬弃，它是以人自身的真实需要为目的，谋求人与自然、人与人矛盾的解决，主张经济、生态和社会互利共赢的发展模式。在中国特色社会主义进入新时代，而中国基本国情和最大发展中国家的国际地位没有变的情况下，当务之急是将生态问题的治理与消解置于马克思的资本逻辑批判理论以及中国社会发展现实情景中去考察，通过自身的民主政治建设不断创新绿色发展的路径，摆脱对西方国家经济发展和环境治理的路径依赖，形成具有中国特色的绿色发展转型路径。中国共产党完全可以"通过对资本本性的利用而使之与社会主义的根本要求、绿色发展的价值所向统一起来"③，进一步满足人民群众日益增长的美好生活需要，从而实现发展生产与建设美丽中国的辩证统一和良性互动。

如此看来，当代中国只有依靠中国共产党领导下的政治制度体系，才能从根本上保证绿色发展，限定资本尤其是资本逻辑逆生态的作用范围，实现人民对美丽中国目标的期待。绿色发展的实质在于实现资本进而是社会关系的绿色发展，需要基于马克思、恩格斯对资本逻辑的批判基础，深入认识生态环境问题产生的本质及其最终解决途径，在坚持社会主义政治制度的

① 《习近平谈治国理政》第2卷，外文出版社2017年版，第209页。

② 《马克思恩格斯文集》第7卷，人民出版社2009年版，第270页。

③ 柳泽民：《资本逻辑与科学发展——破除"中等收入陷阱"符咒》，上海人民出版社2017年版，第77页。

前提下不断转变传统生产方式，改变资本结构和增长方式，努力探索有助于解决生态环境问题的资本市场管理、约束与创新机制，使习近平新时代中国特色社会主义思想在解决生态环境问题中的优越性能够得到充分体现。

（四）发展形式：社会制度避免资本的负面效益

国际经验表明，发达国家在由中等收入迈向高等收入阶段的过程中，主要实现了由工业主导向服务业主导的社会产业结构的变迁，通过社会治理领域的制度创新规避或转移了资本的负面效益，从而大大减轻了发达国家的资源与环境压力，进而系统解决了生态环境问题。中国40年的改革开放之路，形成的是对重工业的畸形依赖，高投入、高能耗、高污染、高排放的工业模式加重了资源与环境压力，使得资源约束趋紧、环境污染严重等资本负面效应问题集中凸显。现在中国的产业结构升级与优化在逐步推进，以服务业为主导的格局正逐步形成，产业结构优化升级也将是实现绿色发展的基石。从根源上治理高能耗、高排放和高污染，仅靠减少过剩产能、降低能源消耗是不够的，而是需要从社会制度上保障以服务业为主导的产业结构的实现，从而减少社会整体发展对重化工业的路径依赖，扭转高能耗、高污染、高排放的格局，缓解节能减排压力，形成社会发展的绿色新常态。绿色发展能够以理性方式实现对资源的高效利用，引导资本与人选择绿色的生产与消费模式。中国力求将绿色发展置于社会发展的重要地位，力求实现经济可持续增长，社会稳定，生态环境良好，实现中华民族的永续发展。①

三、构建中国绿色发展实现机制的基础与条件

构建绿色发展实现机制，前提在于有一个对资本逻辑扬弃的透彻认识。人类历史一开始就在寻找掌握并驾驭自然力的方法，在发展初期没有能力也并无必要去和自然保持和谐一致，只有在没有意识到自然和人相统一的时候，才想象与寻找某种异己的存在物或者一些神秘力量，适应自然环境进而超越自然逻辑，资本逻辑这才登上历史舞台，这也是资本在产生初期具有了马克思所说的“神秘性”的原因。资本逻辑带来的巨大的社会力量，同早

① 参见解振华、潘家华：《中国的绿色发展之路》，外文出版社2018年版，第159页。

期人类社会发展难以把握的自然力一样，被其驾驭也是一种实现更好发展的前期铺垫。但是资本逻辑之所以产生了包括生态问题在内的各种发展困境，本质还在于人们没有完全真正认识与掌握好自然逻辑，资本逻辑就已经占据了支配地位，此时社会发展所依赖的自然力也并没有得到人们的彻底认识，反而被资本逻辑所利用，造成了资本逻辑逆生态带来的“黑色发展”的现实。所以解决问题的关键仍在于如何唤醒资本的社会化属性，它的社会属性如果能够被真正发现与理解，资本逻辑逆生态必然能够得到抑制与克服，从而实现与自然和谐的绿色发展模式。如此看来，从生态到逆生态，从黑色发展到绿色发展，成为资本逻辑的一体两面，在资本逻辑视域下探求如何构建绿色发展的实现机制，必须要考虑到这种前提与条件。

近年来全球性生态环境问题频发、全球性重大疫情事件的出现，加剧了构建绿色发展实现机制的紧迫性。人类社会生产力在曲折中不断向前发展，必然推动人们逐渐改变相应的生产方式。传统发展的生产方式造成了人与自然、人与人之间关系的不和谐，是需要生产方式绿色化的重要原因之一。但是，变革传统发展的生产方式并非只是单纯为保护环境，甚至追求一种经济的“零增长”。提出要放慢经济增长的步伐以减缓向“增长的极限”逼近的速度的主张，更主要的是针对那些“经济增长是解决一切问题的钥匙”的观念与做法。如果能在发展中更加公平地处理好社会生产关系，人类社会并不需要持续性地对自然资源进行过分开采以维持一种合意的物质生活水平。也就是说，需要更多考虑“自然生产力”的因素。绿色发展实现机制的出场需要在本质上独立于资本逻辑，而研究生产方式中的生态生产本身就意味着对生产力进步与人类劳动的进步不能只是一种单向度的、线性的理解，它需要同社会整体发展进步交互融通，明晰其逻辑起点的意义也在于此。由资本逻辑规定的生产方式虽然极大地提高了人类的生产力，但其形式是异化的；因此，这种提高了的能力同样统治着劳动个体，对自然才具有了极高的破坏性。

马克思对资本逻辑及其逆生态的批判给了我们构建绿色发展实现机制深刻的启示，资本具有内在的生产强制逻辑和消费强制逻辑，具有持续吸收自然力和劳动力来实现其增殖与运动的本性。因此，资本逻辑具有的逆生态性使得资本与绿色产生了矛盾，资本主义国家进行的绿色资本主义与生态现代化没有触动资本逻辑逆生态性，很容易变成自欺欺人的伪命题。但是，资本能够在一定的社会主义条件下运行；而绿色发展又是寻求长远发展的模式，不是一下子就能实现的，它是需要一个历史的、人的主观能动性得到发挥的过程。在新时期，我们完全可以通过政策激励引导资本，关注投资的长远绩效，推进资本逻辑主动在社会主义条件下为构建绿色发展实现机制服务。

（一）构建绿色发展实现机制的前提

1.对资本逻辑主导生产方式的研究

生产方式经常被看作批判资本主义的“铁笼”，其中的对抗性因素却容易被资本逻辑主导的发展所遮蔽，而没有看到生产方式嵌入社会发展的依附关系维度。作为一种研究生产方式的理论，包括全面生产理论在内的传统马克思主义研究并没有给出一种完整的生产方式批判。生产方式，亦称“物质资料生产方式”或“社会生产方式”，是人类社会发展所必需的物质资料的获得方式，即人们在生产过程中共同活动的方式，是生产力和生产关系的矛盾统一体。在马克思、恩格斯的著作中，“生产方式”这一术语在不同场合、不同时期有过不同用法。[①] 作为历史唯物主义的基本范畴，生产方式包括生产力和生产关系两个方面，是二者的统一。虽然对马克思主义的生产方式概念的研究仍存在分歧，但是始终需要着眼于历史唯物主义理论去探索建构新的生产方式研究体系，立足马克思最初理论文本和探索过程，才能全面理解马克思生产方式的科学内涵。

“生产方式概念的制订不是马克思从哲学批判转向政治经济学批判的一个自然结果，而是一个内蕴于理论视域转移中的问题范式不断推进的产物。”[②]这样，对生产方式的全视域分析观的研究偏差就容易造成对生产方式内涵的过分拓展，学术界对“具体生产方式的研究仅仅是研究全面生产理论的一个侧面或视角”的观点持疑问态度。而生产方式绿色化的出现解决了这样的问题，即需要重新看待包含生态生产的具体生产方式。生产方式绿

---

① “生产方式”这个术语在马克思的著作中有多种不同的用法，最主要的还是用在“资本主义生产方式”中，指劳动过程在资本主义阶级关系中特有的形式（包括剩余价值的生产），但有时也以整体主义的方式、以作比较为目的来使用这个概念。我国学术界则更多把“特定社会的生产力与生产关系的统一体”作为马克思对“生产方式”所下的定义。

② 周嘉昕：《马克思的生产方式概念》，江苏人民出版社2020年版，第3页。

色化的研究不应纠结于全面生产理论究竟包含几种具体生产方式，因为生产方式绿色化并不单指某种具体的生产方式需要实现绿色化，而是需要联结全面生产的主要发展形式，是相较于资本主义生产方式之前的传统生产方式而论的，研究的是通过什么样的生产方式来实现全面生产的要求和目的，也就是克服全面生产理论“全视域分析观”中的“见分不见合”的问题。[①]

2. 生产方式与绿色发展实现机制

从历史唯物主义的视角来看，人类社会生产方式的出现、发展与转变本身必须依赖于从传统农业社会，经过商业和手工业社会向现代工业社会的转变。需要认识到，生产方式在绿色发展中的出发点不是个人的生产活动，而是整个社会的发展组织形式。只有在社会发展的整体性意义上，才有需要讨论生产方式绿色化的可能，而不是仅仅停留在具体生产方式的“分水岭”上。所以，从这个意义上说，全面生产理论包括了物质生活资料的生产和再生产、精神的生产和再生产、社会关系的生产和再生产、人口自身的生产和再生产以及生态环境的生产和再生产等需要紧密联系着的内容，五种具体生产形式需要通过生产方式绿色化来实现相互间的适应与协调。在这个前提下，对生产方式绿色化的研究就可以尝试跳出对原有生产理论的“全视域分析观”，进而寻找到与社会发展相适应的一种“绿色的”全面生产理论。建设绿色发展实现机制，实际上是从全面生产理论出发，对绿色发展条件下生产力与生产关系统一体的再认识。资本逻辑占主导地位的传统生产方式已经证明了问题所在，而努力实现生产方式绿色化的根本目标则映衬了新时代中国特色社会主义所体现出的时代特征，努力探寻生产方式在绿色发展中的理论贡献也是中国特色社会主义发展所赋予的时代课题。因此，需要全面认识绿色生产方式对绿色发展实现机制的逻辑起点，深入探讨生产方式变革对绿色发展实现机制的深化与变革。

3. 物质生产与绿色发展实现机制

马克思对资本逻辑批判的重点在于对资本主义生产形式的剖析，而物质生产是基础，决定物质生产的是生产力的发展水平。这是在任何社会形

---

① 在实际情境中会看到不同的几种生产方式相互交织、相互接合，如同现实“资本主义”与“社会主义”一样，即使是有一种生产方式明显处于支配地位，过往生产方式的残留要素、未来生产方式的萌芽以及从同时代某种生产方式中引进的要素都有可能在一个特定的社会形态中被发现。

态中超越资本逻辑都需要遵循的出发点和最重要的基础。马克思在1846年致帕维尔·瓦西里耶维奇·安年科夫的信中明确提到："人们借以进行生产、消费和交换的经济形式是暂时的和历史性的形式。随着新的生产力的获得，人们便改变自己的生产方式，而随着生产方式的改变，他们便改变所有不过是这一特定生产方式的必然关系的经济关系。"[①]可见，相对于资本主义生产方式来说，绿色发展实现机制的构建必须同样有一种"新的生产力的获得"。绿色发展仍在于发展本身，即生产力的作用。而绿色发展需要的生产方式并不单纯等同于生态生产，因为绿色发展不仅仅是需要生产力的进步，而是考虑到了生产力进步的条件，即人类的生活环境和发展环境。同时，物质生产这个概念本身所揭示的，一方面，是相应社会的生产力发展水平；另一方面，是相应社会发展物质生产过程中所采用的社会关系。既然生产力与生产关系的辩证运动、排列组合的变化形成不同的生产方式，那么人类社会以物质生产为基础来推动经济发展，便是生产力进步的历史和生产关系调整的历史，同样也是社会关系不断变化的历史。马克思在《哲学的贫困》中清晰地认识到，"随着新生产力的获得，人们改变自己的生产方式，随着生产方式即谋生的方式的改变，人们也就会改变自己的一切社会关系。手推磨产生的是封建主的社会，蒸汽磨产生的是工业资本家的社会"[②]。绿色发展需要解决的是如何系统地、令人信服地、有效地运用人们确实具有的普遍关注，核心仍在于人以物质生产方式推动绿色发展。发展本身又是一种实现绿色的体现，其并不单单是把目光放在看似与生态环境联系更紧密的生态生产、绿色生产等方面，从而人为地创造出一个空间存放类似"绿色"这样的特别思想，因为这个空间本来就是存在的，是具体的、历史的。马克思的生产方式思想强调哲学上的、世界意义的、整体的生产，它通过"生产"的概念联系了人、自然与社会及其在历史发展阶段之中的关系，并深刻揭示了人与社会关系的生成与建构，构建了一个内部结构清晰且联系紧密的关系图景，对于推动人类社会的发展具有重要的方法论启示。马克思的生产方式中有关"全面的生产"的问题，统称为对全面生产理论的研究，长期以来普遍存在着把物质资料生产理论当作整个社会生产理论的现象。

① 《马克思恩格斯文集》第10卷，人民出版社2009年版，第44页。

② 《马克思恩格斯文集》第1卷，人民出版社2009年版，第602页。

所以，由于物质生产的变化决定了社会形式的演进，因而在研究封建生产方式向资本主义生产方式过渡问题时，马克思的解释模式正是物质生产论，认为物质生产是一种社会财富关系分配的基础系统，这个基础系统对于个体家庭的存续和阶级形成具有重要意义，从而构成了整个社会的再生产。基于物质生产论所提出的过渡模式，是从具有“冲突性的生产”开始的。① 随着之后生产力和社会分工的进一步发展，精神生产活动成为相对独立的部门，但精神生产的存在和发展仍然受人们的现实物质生产所制约，对绿色发展的追求也使精神产品深刻打上了属于绿色时代的烙印。生态生产则是人的发展对自然界的影响，使“人化自然”利用自身内部形成的单元和要素产生新的活动，实际上是一种特殊物质能量的生产，这种生产也是一种资本全球化的进化——从工业资本为主导的旧全球化时代转向后工业资本为主导的新全球化时代，为生态物质资料的生产与再生产提供了前提。这样，无论是精神生产还是生态生产，无不以物质生产的进步为前提。

（二）构建绿色发展实现机制的核心

谈论任何发展的形式，始终都避不开对待资本的问题，尤其是在当代，资本仍然在生产与发展中占据重要地位。正确认识资本的地位与作用将成为中国绿色发展抑制与克服资本逻辑逆生态、构建绿色发展实现机制的核心。资本虽然与社会形态的发展密切相关，但二者却并不是等同的关系，资本的生产方式也并不等于资本主义生产方式，资本在社会主义条件下可以使具体的生产形式拥有新的内涵和表现。而绿色发展需要汲取包括资本主义社会内的一切传统生产方式的有利因素。马克思在《资本论》中指出：“资本主义生产不是绝对的生产方式，而只是一种历史的、和物质生产条件的某个有限的发展时期相适应的生产方式。”②“资本主义生产的真正限制是资本自身，这就是说：资本及其自行增殖，表现为生产的起点和终点，表现为生产的动机和目的；生产只是为资本而生产，而不是反过来生产资料只是生产者社会的生活过程不断扩大的手段。”③这种资本主义生产方式便成为当代生

---

① 参见［美］罗伯特·布伦纳：《马克思社会发展理论新解》，张秀琴译，中国人民大学出版社 2016 年版，第 1 页。

② 《马克思恩格斯文集》第 7 卷，人民出版社 2009 年版，第 289 页。

③ 《马克思恩格斯文集》第 7 卷，人民出版社 2009 年版，第 278 页。

态环境问题的根本原因。

马克思第一次专门提到了生产方式更多注重人的需要的丰富性，也就是一种新的生产方式和新的生产对象。一方面，用生产方式来指代人的需要，本身是结合黑格尔《法哲学原理》和古典政治经济学研究，对“需要”概念作了进一步深化，从“人的需要”出发引出生产方式概念，也表明了马克思在现代社会历史规律问题理解上的深入。他不再满足于对私有财产的批判性说明，开始将理论的视角推进到物质生产过程中。另一方面，自然是在物质生产这一中介出现之后才进入人们的理论视野的。这样，人类历史发展与社会存在的基础就不再是抽象的自然，而是感性的劳动和具体的生产活动。人通过改变世界的活动和劳动生产出了他的世界，也就是说，生产出了他自身发展的环境。人是运动着的主体，也是具有肉体性和生产性的个体，正是这种物质生产能力让人能够对自然进行加工和改造，将世界改造成属于人化自然的世界。“他们只是将一开始只是作为自然的自然，即自然的本性，归结为活动者的精神或者生产着的人。”[①]物质生产的进步肯定了资本逻辑和人与自然关系紧张的现实对立，而只要它从具体生产的角度出发对生产方式进行批判，都依旧囿于整体性的界线之内，没有指向对社会整体性的超越。如果这里将整体性本身理解为资本，那么这种批判表明生产方式绿色化将导致对资本逻辑的一种整体性的扬弃，而非导致资本本身的废除。

在社会主义制度下，则须处理好资本在生产关系中的地位问题，尤其是在物质生产中的作用。对资本主义生产方式进行扬弃，应以社会需要和人自身需要为本，使资本成为发展手段而非发展目的，这与绿色发展最终要求回归人的本质、人不再是资本占统治地位的束缚下的人异曲同工。在研究绿色发展问题上，需重建经济分析的伦理层面，环境污染并不再只是指单纯的环境破坏，其呈现出研究绿色发展促使资本逻辑逆生态转变的一个重要节点：发展已经突破了经济意义上的发展，不再是人们物质财富的简单增多；在绿色发展之中，人们可以从其中结成的生产关系或是发展关系上获得另一种自然意义上的满足，归结到底在于资本是否能实现更好的发展。

---

① ［德］卡尔·洛维特：《韦伯与马克思以及黑格尔与哲学的扬弃》，刘心舟译，南京大学出版社2019年版，第359页。

（三）构建绿色发展实现机制的形式

在构建绿色发展实现机制中，能否扬弃资本逻辑，关键在于拥有一个统一的整体和处理好具体的关系。我们不仅要了解在该整体中占统治地位的生产方式，而且还必须了解这一生产方式与其他生产方式的连接关系。例如，在近代殖民时期，原始公社的生产关系可以与资本主义生产关系同时并存，但资本主义生产关系将支配原始公社的关系。换言之，两种生产方式的结构关系不会是一种双方对等的关系。占据支配地位的生产方式有着更大的力量；只有深入该生产方式内部各种不同结构的矛盾之中，深入它与各个从属生产方式之间的不同结构和矛盾之中，人们才能理解绿色发展形式的整合方式。在人类早期的生产过程中，生产方式的进步更多决定于自然因素本身占据何种的地位；而在资本逻辑主导的生产方式之下，人类社会掌控自然力的权力与知识极大增加，但却采取了一种压迫人自身的异化形式，并持续地破坏着自然。人们事实上无法控制他们的生产活动或他们的产品，反而最终会被这些活动的结果支配。这种统治形式表现出个人劳动与社会福祉的对立。资本逻辑尽管出现了让生产方式造福于所有人的历史可能性，但社会劳动实际上却使人与自然、人与人的关系愈发紧张。因此，资本逻辑造就的科学技术知识的高速增长，看似是朝向人类解放的线性进步，实际上遭遇到了曲折发展。这种线性进步的知识本身导致了人与自然关系的碎片化与空洞化，也导致了人类日益被其自身的活动结果所造成的消极影响侵扰。

构建绿色发展实现机制不仅仅局限于传统生产方式中始终围绕的对资本和利益的探讨，更需要处理好人与自然的关系，需要处理好人与人之间的社会关系，考虑如何摆脱资本束缚实现人的自由而不是资本的自由。恩格斯在《社会主义从空想到科学的发展》中提到了一对矛盾："生产和社会福利的这两个杠杆不能结合起来，因为资本主义的生产形式不允许生产力发挥作用……阻碍这种转变的正是生产力和产品的过剩。这种矛盾发展到荒谬的程度：生产方式起来反对交换形式。"[①]构建绿色发展实现机制需要扩展传统发展的宽度和广度，解决"生产方式反对交换形式"的矛盾。

---

① 《马克思恩格斯文集》第3卷，人民出版社2009年版，第566页。

1. 价值认同

这是构建绿色发展实现机制中的生态生产和精神生产的保证。生产方式的绿色化应该成为构建绿色发展实现机制中生态生产和人精神生产的一个核心追求。当今人们的一些破坏人与自然和谐的行动反映了资本逐利逻辑的价值观，这些价值观不可能在瞬间就能转变成绿色的价值观。生产方式绿色化所面临的任务，就是去揭示作为一种本质形式的抽象人类劳动"背后"的那种历史特殊的社会现实形式。这样一个社会所特有的现实发展形式，将远远不同于资本逻辑占主导地位的生产方式所实现的经济增长。马克思在物质财富和价值之间所作的区分，使我们得以将不同要素之间的对立归于一种历史特定社会生活形式：一方面，是发展造成的这一社会财富状况对人精神生产的调节；另一方面，是绿色简朴这一生态友好型生产和分配的组织状况。它就指向了一种可能性，即这一对立的界线可能越来越模糊，继而真正实现对生产方式绿色化的价值认同。

2. 社会行动

这是构建绿色发展实现机制中社会关系生产的保证。生产方式绿色化究竟能不能真正实现对全面生产理论的再发展，关键仍在于其是否能克服传统市场经济已有的弊病。早期人的市场经济思想受"看不见的手"的理念支配，这种朴素的发展理念是补充分工自由造成人的差距的一种手段，但人的这种差距仅仅是经济上的而非机会上的，实质仍然是资本逻辑维系下的社会关系出现的问题。看似"绿色"的生产方式只在经济上造成垄断并不可怕，而以一种绿色、环境保护的名义迷惑公众，造成信息进而机会上的垄断却可能对整个生产方式的进步造成致命威胁。规避生产方式中人的劳动能力的无序的方法，就是把资本市场牢牢限制在社会主义的框架之内，"在经济维度上积极呼应公平与效率"[①]。对中国推行生产方式绿色化而社会行动不足的现状而言，极其重要的是需要通过社会公共行动来实现生产方式的绿色化。这就包括对人们的劳动能力即处理人与自然关系的能力的提高，也包括对人的社会关系的再造，通过更好的社会安排，"在发展观、消费观、生产观以及资源观等方面追求发展的最大可持续化"[②]，来扩展生产方式绿

① 张友国：《公平、效率与绿色发展》，《求索》2018 年第 1 期。

② 杨博、赵建军：《生产方式绿色化的哲学意蕴与时代价值》，《自然辩证法研究》2018 年第 2 期。

色化的宽度和广度。

3. 市场实践

这是构建绿色发展实现机制中物质生产和人自身生产的保证。生产方式绿色化的市场实践并不意味着对市场发展的各个环节不加区分，而是看到其中的主要矛盾所在。资本逻辑主导的生产方式对自然不断的破坏，被视作人类对自然不断增强的控制和支配的一个结果。资本对自然力实施掌控，并非简单地因为自然成为人类的对象；相反，它取决于自然所成为的对象的种类，不仅将物质自然作为物质财富的组成要素，原料和产品也是价值的承担者。因此，物质自然被作为物质生产的原料加以消耗，也被作为推动资本的自我扩张的手段而加以消耗。由劳动作中介的人与自然的关系，成为单向的消耗过程，而非一种良性的循环互动。生产方式在构建绿色发展实现机制并非是一种超历史的社会必要性，而是对市场经济中崇尚绝对自由概念的批判；这一批判的基础，是人类作为自然的一个中介部分的有限性。生产方式绿色化的发展状况将会带来一种受到自觉控制的与自然的交换的关系，这种与自然的关系不是一种浪漫化的“和谐”，而是人类超越了资本逻辑阶段对盲目自然力的征服，实现了驾驭自然力的“自由”所在。构建绿色发展实现机制在市场实践价值维度中强调历史所建构的方面就像一种“自然力”，只要它们依旧独立于直接劳动，依旧无偿，并且依旧不断取代人类劳动。随着生产方式绿色化的发展，这些“巨大的自然力”将过去对象化并加以利用的后天能力纳入生产之中，它们不断取代直接人类劳动，成为发展社会主义生态文明的首要力量源泉。

需要强调的是，对绿色发展实现机制的研究不能脱离整个生产方式向前发展的历史阶段。人类社会的一切发展形式都遵循历史唯物主义的基本原则，而在历史唯物主义中，生产方式是生产力和生产关系的统一体，它不仅表达了通过生产体现的人与自然的相互作用、相互联系的不同方法和方式，以及人们对自然物质改造的不同程度，而且也表达了人们之间相互联系的不同方式。在《〈政治经济学批判〉序言》里，马克思提出了人类社会经济形态演进的阶段图式，把不同的生产方式作为理解人类社会历史的基础。“亚细亚的、古代的、封建的和现代资产阶级的生产方式”可以看作人类生产进步过程中不同的阶段，但马克思列举的这种社会演进图式并不意味着对历史采取简单的单线进化的看法，例如有些资本主义以前的生产方式在资本主义产生之后依然存在。马克思在《资本论》中谈到生产方式的革命时曾强调："这里只能谈谈显著的一般的特征，因为社会史上的各个时代，正如地球史上的各个时代一样，是不能划出抽象的严格的界限的。"[①]绿色发展同样如此，是处在相应历史阶段上同时构成了它所处的社会整体的基础，成为构成该社会整体的基本的结构层次，成为绿色发展的基础性准备。[②] 绿色发展在自己物质的生产过程中不仅对生产力发展中有决定作用的各个方面进行创造性的革新，而且与其相适应的是在人们相互交往、相互联系的社会关系方面进行创造性的革新。绿色发展仍然处于整个人类社会发展的历史阶段中，在新的社会形态中并没有脱离生产力和生产关系的辩证运动，其依然是整个社会发展进步和转换的内在动因。

当代中国同样存在着不同的生产方式和所有制形式，这需要把绿色发展提高到矛盾的中间地位。而考察绿色发展的整合原则，首先要以一定社会形式中占支配地位的生产关系为依据，同时也要注意其他从属的生产关系的具体形式与结合方式，并研究从这种结合方式中生成的其他各种情况。因此，绿色发展需要重视社会中处于从属地位的生产关系的具体发展形式，其可能成为未来社会发展形式中新的成长点。

四、构建中国绿色发展"三位一体"实现机制的主要内容

在资本逻辑逆生态造成的发展困境面前，寻求共建绿色发展实现机制必然也要立足中国的实际发展情况。2017 年 12 月，国家统计局、国家发改委、环保部与中央组织部等部门共同发布了 2016 年我国各省市区的绿色发展指数，这在中国是首次，在全世界范围内也是较为领先的。中国绿色发展指数，不单单是各地环境治理评价的简单再现，而是能够超越传统的投资环境评价基础，为资本全面衡量不同的投资项目，尤其是与生态环境项目相关的收益提供更全面的视角。此次绿色发展指数报告，排名前五位的依次是北京(83.71)、福建(83.58)、浙江(82.61)、上海(81.83)、重庆(81.67)，分别对应 2016 年的固定资产投资总额为 7943.89 亿元、23237.35 亿元、30276.07 亿

① 《马克思恩格斯文集》第 5 卷，人民出版社 2009 年版，第 427～428 页。

② 参见黄少琴、孙鹏：《习近平绿色发展新理念研究》，《改革与战略》2017 年第 12 期。

元、6755.88 亿元、16048.10 亿元。[①] 由此可以看出，资本投资与绿色发展之间呈现越来越密切的关系，绿色发展水平较高的地区恰恰也是资本较为活跃的地区。中国的绿色发展必须抓住这一机遇，引导资本流向。在资本逻辑批判视域下研究绿色发展实现机制，重点在于如何运用资本的发展力量与限制资本破坏性逻辑的问题，而官方绿色发展指数的公布，对构建政府为主导、企业为重点、社会组织和公众共同参与的绿色发展实现机制也有诸多启示。

(一)绿色发展扬弃资本逻辑三层次：运用、驾驭与超越

绿色发展扬弃资本逻辑的三个层次是资本逻辑的历史性发展过程。正因资本逻辑在发展的初始阶段具有对传统生产方式的革命性作用，所以只有正确认识资本逻辑，才能真正运用好资本逻辑，以此来推动绿色发展的顺利开展，尤其是在对绿色发展所具有的社会物质基础的搭建上。遵循资本逻辑的传统发展进行到一定程度，出现了资本逻辑逆生态的问题时，就不可能任由资本逻辑随意控制整个社会发展的进程，所以我们需要学会驾驭资本逻辑，尤其是用社会主义的力量来驾驭资本逻辑，以此保障绿色发展能够顺利进行，而不是继续推行完全依赖资本逻辑的“黑色发展”。只有运用好资本逻辑，给绿色发展以充分的发展基础，驾驭好资本逻辑，给绿色发展以全面的发展保障，在绿色发展过程中才能真正扬弃资本逻辑，进一步完成对资本逻辑的“否定之否定”，才能真正实现绿色发展对资本逻辑的超越。

一国经济发展与生态环境有重要的联系，虽然在近现代工业化进程中，国家经济已经在很大程度上摆脱了传统“靠天吃饭”的局面，但自然条件对社会生产的束缚却没有从根本上解除。从某种意义上说，经济发展的效益和持久性依然取决于自然界的作用方式。而自然界的作用与反作用则来自生态环境的变化。通常情况下，地区生态环境稳定良好与经济发展态势正相关，人们的收入和生活水平也会有保障。要想真正解决发展的问题，对生态环境的依赖是绕不过去的。所以，面对资本逻辑逆生态的困境，必须要有市场之外的力量来推动，即需要有一个强有力的政府来发挥领导和动员作

---

① 具体数据均来源于国家统计局网站。

用，在政治层面上形成强有力的国家意志。因此整个绿色发展实现机制构建的主要思路，也就与绿色发展扬弃资本逻辑的三个层次挂钩：一方面要对资本逻辑的引导有一个长远方案，以设定绿色发展目标为前提来表现市场主体与公众的期望，消除资本投资的顾虑，使绿色发展所需资金能够顺利获得；另一方面，还需要设立准入门槛，谨防投资方被资本逻辑掌控，只为自身发展而忽视了生态权益。但无论是引导还是预防，最终都是为了使绿色发展超越资本逻辑。

（二）以社会关系革新构建运用资本逻辑的推动机制

运用资本逻辑本是当代任何国家在任何社会条件下寻求发展的必然，但是如何运用好资本逻辑，才是问题的关键。资本是历史的产物，是生产力发展到一定水平后的经济关系，资本逻辑对生态问题遮蔽的实质依然是社会关系的物质化的表达。作为一种重要的社会力量，资本始终联结着人与人之间的社会关系。所以，必须把其放在一种社会关系中进行动态的理解。资本与生态的结合点便在于此。这里需要明确的是：资本在历史发展中的表现与特征是什么？反过来讲，既然资本是一种社会关系，那么它本身就体现着一种生态——资本营造的生态。而发展的现代性，就一定来源于资本逻辑或者处于资本逻辑的庇护之下吗？可以清楚的是，发展必然面对资本逻辑这个实际。那么，经济发展是否必须和资本逻辑这个实际相一致，否则，就失去了经济发展的根基？这需要结合资本逻辑的发展演变，对资本与生态的结合点深入分析，才能对资本逻辑在生态文明建设中存在的问题有一个清晰的认识。马克思对资本逻辑的批判具有双重向度正是体现在资本本身所具有的双重逻辑上，但无论是破坏性逻辑还是发展性逻辑，都有内在社会关系力量的体现。破坏性逻辑正是资本过分扩大了自身“物”的属性，造成社会关系过分倾向物质化而非人格化，生态问题的历史在某种程度上就是资本破坏性逻辑在生态领域影响的历史。资本逻辑把自然环境纳入自身发展壮大的进程中，表现在社会关系上就成为资本逻辑控制下的社会关系，资本逻辑在这样的情况下被顺理成章地接受了，某种程度上也成为“生产力”的代名词，即“从这些社会劳动形式发展起来的劳动生产力，从而还有科学和自然力,也表现为资本的生产力”[①]。

人类自诞生之时就始终在探索如何与自然相处,起初没有能力实现和自然的和谐统一。人类社会在不知道如何真正与自然和谐相处的情况下,才会寻找某种异己的存在物,或是某种神秘力量,以实现对自然的合理运用,进而超越自然逻辑。资本在此时应运而生,这也是资本一开始出现时带有马克思所说的“神秘性”的原因之一。资本主义生产方式所带来的社会力量,同蒙昧时代的人类把握自然的能力一样,最初难以驾驭,甚至是自然把人类置于它的统治之下。而在资本逻辑当道的社会条件下,每个人都是按照资本逻辑所要求的尺度和关系来实现自我,不去思考掌握人与自然的关系。也就是说,资本逻辑本身在我们并没有完全适应自然逻辑的前提下出现,这意味着在自然力并没有被人彻底认识之时,反而受到了资本这一形式的利用,造成了逆生态的出现,所以问题的解决仍然需要重新唤醒资本的社会化属性。它的社会化属性一旦被理解,资本主义生产方式必然行将就木,重新回归到与自然和谐的绿色的生产方式之中。从生态到逆生态,从黑色发展到绿色发展,便成为资本逻辑矛盾体的一体两面,是人类劳动进化到一定程度所必须经过的发展阶段。

资本逻辑在传统发展模式中的体现往往只是产量、贸易等数字上的增加,没有在本质上“转型”的可能,而在追求绿色发展的过程中运用资本逻辑,必然要寻求一种在“质”上的运用,能够在保证自身运动规律的基础上,通过一种全新的运作机制,实现运用资本逻辑“质”的转变。资本既然是一种社会关系,一种社会力量,运用资本逻辑就不能像传统发展那样只是停留在运用财富与收益的表层。恩格斯在《自然辩证法》中明确指出:“在今天的生产方式中,面对自然界和社会,人们注意的主要只是最初的最明显的成果,可是后来人们又感到惊讶的是:取得上述成果的行为所产生的较远的后果,竟完全是另外一回事,在大多数情况下甚至是完全相反的。”[②]资本逻辑寻求物质财富的丰裕导致在驾驭自然力上出现的问题,正是恩格斯所论述的“完全相反”的后果,资本逻辑无法处理社会发展中的很多矛盾,反而带来了很多预防发展问题的制度与体制的缺失,只有认识与修复这些缺陷,才能

---

① 《马克思恩格斯文集》第 8 卷,人民出版社 2009 年版,第 394 页。

② 《马克思恩格斯文集》第 9 卷,人民出版社 2009 年版,第 563 页。

真正运用好资本逻辑，实现绿色发展。这必然要从社会关系革新这一资本的本质入手。

这正是中国在自己的现实发展实践中推动绿色发展的主要形式的革新，其不再局限于人们生存的物质生产条件，而是把各种可能的影响因素纳入绿色发展的所有环节与全部过程中，把马克思所称作的“类存在”的人置于生态系统与社会发展体系的互相影响中。这主要表现在很多方面。其一，绿色发展注重社会关系革新是基于中国传统文化的哲学解释。中国传统文明与文化中带有鲜明的朴素生态思想，这对于中国运用资本逻辑推动绿色发展具有独特的优越性与基础性，也能够使中国推动的绿色发展带有鲜明的中国特色。其二，绿色发展虽然是世界发展的共同要求，但是不同国家与地区的发展有着自身的规律和特点。我们必须充分基于当代中国所面临的现代化发展问题，才能认清绿色发展运用资本逻辑的不可避免性。其三，还需要认识到中国绿色发展的自身也能成为一个有机整体，推动绿色发展不是采取抽象的形式，不是像传统发展那样简单地运用资本逻辑，而是在认清资本逻辑本质的前提下创新资本逻辑的运用形式，使其能够充分地为构建绿色发展推动机制服务。

（三）以人民为中心构建驾驭资本逻辑的保障机制

社会主义制度的优越性在于其能够“集中力量办大事”，在社会发展过程中能够充分协调各个发展主体之间的关系并使其发挥最大的力量。习近平总书记强调：“当代世界马克思主义思潮，一个很重要的特点就是他们中很多人对资本主义结构性矛盾以及生产方式矛盾、阶级矛盾、社会矛盾等进行了批判性揭示，对资本主义危机、资本主义演进过程、资本主义新形态及本质进行了深入分析。”“我们要坚持把自己的事情办好，不断发展中国特色社会主义，不断壮大我国综合国力，充分显示我国社会主义制度的优越性。”[①]资本全球化从工业资本为主导的旧全球化时代转向后工业资本为主导的新全球化时代，构成从当年马克思的经典分析到当代中国马克思主义逻辑演化这一纵轴的历史“底版”。所以，在新时代中国特色社会主义的绿色发展之路上需要结合健全的生态管理和持续赢利原则，转化资本运行机

---

① 《习近平谈治国理政》第2卷，外文出版社2017年版，第67页。

制，将其逆生态程度降低到最低限度，而其最终的解决也是要将其还原为社会生产力的真正目的，即解决人自身的发展问题。归结到资本逻辑逆生态批判的研究中，既可以将其作为现代生态问题的源头，也可以在新时代中国特色社会主义思想与制度的保证下，逐渐尝试将其嬗变为增益绿色发展的工具性手段。尤其是在中国社会主义初级阶段境遇下，中国要避免像西方国家一样将资本逻辑作为最优先逻辑，从资本逻辑的逆生态维度出发通过绿色发展来驾驭资本，理性看待和真正超越资本逻辑来解决生态环境问题，才能真正实现在绿色发展维度上的"以人民为中心"。

恩格斯在1892年为波兰文版《共产主义宣言》(即《共产党宣言》)写的序言中指出："近来《宣言》在某种程度上已经成为测量欧洲大陆大工业发展的一种尺度。某一国家的大工业越发展……对《宣言》的需求也就越增长。"[①]当今，资本全球化表现出来一些新的特征，资本看似运作在更高水平、更隐蔽的形式中，这种对资本表现的计量不是生产力发展的反映，后者需要以人类的、社会的和主体的力量来计量，而根本的标准还在于判断人们的能力和创造力是否得到了全面的发展，即对美好生活追求的能力。在资本完成历史使命之前，越来越多的人口正在成为"被废弃的对象"，在更为普遍的意义上，绝大多数受雇于资本的人口很少有机会去发展自己的能力，而是被束缚在日常的任务中，远远实现不了他们的潜能。这反过来要求我们对人与自然以及人与人之间的互动进行有意识的指导，以取代盲目的、没有人情味的经济生活力量。人能否实现超越资本的发展，取决于资本内在否定性展开的结果，二者不是取代关系，而是一种扬弃关系。[②] 中国特色社会主义进入新时代，明确提出了"以人民为中心"，就是真正服务于人的需要，重新回归到人的本质和人的价值中去，走好新时代中国特色社会主义发展之路。新时代中国特色社会主义因此具有极为重要的历史定位，资本所实现的物质上的"统一体"必然随着全球化出现的新样态而"自我否定"，在此过程中把握资本逻辑新的发展规律，包括交换和竞争规律，必然随着对人全面发展的追求，对发展模式进行有意识的归整和协调。

以人民为中心来构建驾驭资本逻辑的保障机制，这种保障的体现，本身

---

① 《马克思恩格斯文集》第2卷，人民出版社2009年版，第23页。

② 参见沈斐：《资本内在否定性：新方法与新典型》，天津人民出版社2016年版，第219页。

也是一种对自然力运用的保障。恩格斯在批判鼓吹绝对自由、否定任何权威存在的无政府主义观点的《论权威》一文中，指出自然对社会发展进行的“报复”不是简单的自然过程，而从根本上解决资本逻辑对自然力的无偿占有与滥用问题，寻求一种保障人能够自主运用自然力的可能，才能真正消解自然对人的“报复”。社会主义制度要解决的一大矛盾，便是资本逻辑虽然带来对自然掌控的“巨大成功”，却没能运用好这种能力来实现社会的共同福祉。相反，资本逐利而导致的环境资源破坏成为主要推手，单纯的 GDP 增长至上的片面发展观本质上因为缺乏“反思批判向度”而适得其反，构建绿色发展的保障机制也就必然要坚持“以人民为中心”的发展本位，才能真正实现绿色发展。

（四）以美好生活逻辑构建超越资本逻辑的引领机制

构建绿色发展实现机制的重要目的，必然需要对传统发展“否定的向度”与“批判的向度”，对以往暴露的矛盾与生态危机产生的过程加以批判地分析，使绿色发展实现机制能够有一个在全新发展路径上的引领，而这一引领机制构建的关键就在于美好生活逻辑的遵循。马克思、恩格斯在《共产党宣言》中有预见性地指出：“在资产阶级社会里，活的劳动只是增殖已经积累起来的劳动的一种手段。在共产主义社会里，已经积累起来的劳动只是扩大、丰富和提高工人的生活的一种手段。”[①]劳动与资本的对立以劳动成为实现人美好生活的需要而结束，这也是马克思、恩格斯所认为的，即每一种生产方式，包括资本主义生产方式在内，首先必须强有力地扩张生产力，但最终对生产力又会起阻碍作用，从而为下一种生产方式的出现奠定基础。当资本取得成功，却限制了人自身的发展之时，人们对美好生活的追求就变成了如何重新看待与应对资本的问题。社会生产力日益超越资本雇佣所设立的边界，就其潜能来说，人越来越有能力做得更多，不是在对比人们的物质生活水平，而是人们的能力和潜能能否得到更为全面的发展，从而寻求在更广阔的社会层面上超越被资本占有的经济价值。所以，人实现美好生活是自己的事情，而不是资本控制人来实现的事情。随着全球化资本作用和市场经济在资源配置领域决定作用的凸显，利益分化、社会分层成为必然。差

---

① 《马克思恩格斯文集》第 2 卷，人民出版社 2009 年版，第 46 页。

异性社会的矛盾需要我们对市场经济、对资本的历史作用与资本逻辑逆生态性都有一个历史的辩证的批判态度。中国特色社会主义能够在发展中保持旺盛的生命力，表现在资本在低于全球资本生产力水平的国家中依然具有重大的发展生产、推动世界历史进步的作用，运用好资本一切的可能形式来加快发展中国特色社会主义经济，从而使我们的发展在逐步摆脱资本的破坏性逻辑的影响下，发挥出资本最大的文明作用，根本目的是满足人民群众的美好生活需要。

2017年社会科学文献出版社出版的《中国省域生态文明建设评价报告(ECI 2016)》中的数据显示，从地域分布来看，我国各省域绿色生产建设类型有明显的地缘特征，呈现“块状”或“带状”集中分布。资本较为活跃、绿色生产建设水平较高的均衡发展型和比较滞后的相对均衡型与低度均衡型分布在东部沿海地区和北部、西部地区。从绿色生产三个二级指标建设水平的均衡程度看，在当前发展阶段，绿色生产建设水平与经济发展水平保持同步，资本投入的绿色生产成为经济发展的充分非必要条件。在国家治理实践中，我们往往将生态文明与经济发展视为难以调和的矛盾，认为两者是“鱼和熊掌不可兼得”。但在新一轮经济危机的影响下，在低碳、绿色成为全球发展的主旋律的背景下，绿色化已成为经济发展的新引擎和驱动力。[①] 中国绿色发展类型的地域分布表明，绿色发展的经济增长点就是寻找有利于绿色生产的形式，其中也有利于进一步推动经济的持续性增长，需要进一步发挥绿色生产对经济建设与发展的促进作用。

总的来说，构建绿色发展实现机制关键在于扬弃资本逻辑，为弥合人与社会发展过程中产生的物质变换裂缝，从而正确处理人与自然、人与人乃至人与自身的关系，转变人与自然的异化现象，合理建构生态文明提供根本的世界观和方法论指导。马克思认为，实现共产主义需要消除自然本身、人与人的关系以及人与自然关系的异化。在社会主义社会的现实发展中，物质变换裂缝出现的自然原因是同样存在的，自然界中的物质变换不以人的意志为转移，是一个必然王国。人们把握其发展演化规律，顺其自然而为之。[②]

① 参见严耕、吴明红、樊阳程、陈佳、金灿灿:《中国省域生态文明建设评价报告(ECI2016)》，社会科学文献出版社2017年版，第130页。

② 参见刘会齐:《绿色发展的社会主义政治经济学》，复旦大学出版社2016年版，第208页。

绿色发展实现机制构建的归宿同样在于把人的异化、社会的异化以及作为它们的基础和前提的社会与自然之间物质变换的异化及其产生的资本逻辑逆生态根源彻底消除，而运用、驾驭与超越资本逻辑便成为一种清晰认识，对应建立起来的绿色发展推动机制、绿色发展保障机制与绿色发展引领机制便有了根本上的核心遵循。

第四章

利用资本逻辑：构建绿色发展的推动机制

中国构建绿色发展的推动机制，重在实现绿色发展的"发展"一环。西方绿色资本主义流派缺乏打破资本神秘性的历史唯物主义向度，仍然停留在对资本逻辑及其统治的生产方式的改良上，丧失了在生产力和生产关系的矛盾运动中把握资本自我否定的内在理论维度，没有看到资本逻辑终会像自然逻辑那样被替代的历史必然性。如果只强调资本积累本身与制度环境之间的矛盾，而将马克思所指出的更为根本的剩余价值生产与实现、生产力与生产关系的矛盾运动放在次要位置，并且强调矛盾的不可转化性，实质上是一种单纯摒弃资本逻辑以解决问题的方式，自然是历史的和暂时的。它遵循资本逻辑没有把重心放在满足人类基本需要和人类社会与自然协调发展的关系上，使资本逻辑逆生态得到掩盖。中国构建绿色发展实现机制，必须认清这一问题，利用好资本逻辑，将其发展性逻辑发挥至最大。

一、立足社会关系：利用资本逻辑的人文转向推动绿色发展

传统发展经历了从"人"到"物"、从"合"到"分"的资本逻辑显性因素的

转变。从最初产生交换价值属性，到重新重视商品的使用价值，再到进一步凸显商品的社会关系而非简单的经济关系，以及通过这一层社会关系属性进而找回资本“人的本质”属性，才能完成资本由“分”至“合”的隐性因素的转变，这将是实现绿色发展过程中运用资本逻辑的核心所在。能否利用好资本逻辑的关键还在人，而立足社会关系正是体现运用资本逻辑人文转向的一面。既然资本的本质是一种社会关系，那么必须实现对社会生产关系的有利于生态和谐的调节。“但是要实行这种调节，仅仅有认识还是不够的。为此需要对我们的直到目前为止的生产方式，以及同这种生产方式一起对我们的现今的整个社会制度实行完全的变革。”①恩格斯认为解决生态环境问题是解决人与自然的矛盾，但本质仍是解决人与人之间关系的矛盾，这说明实现资本逻辑绿色转向的实质不是简单的自然过程，而是一个需要有社会关系参与的社会过程。所以，构建绿色发展推动机制过程中立足社会关系，正是体现运用资本逻辑的人文转向。

经济利益关系是一切社会关系的基础，具有决定性作用，因此，人类不同时代的社会关系必然具有不同的性质。马克思、恩格斯认为，把所有各式各样的人的相互关系归结为唯一的功利关系，看起来是很愚蠢的。这种看起来是形而上学的抽象之所以产生，是因为在现代资产阶级社会中，一切关系实际上仅仅服从于一种抽象的金钱盘剥关系。而在社会主义社会中，人民之间的根本利益是一致的，其内部的社会关系是非对抗性的。在中国的解放战争时期，毛泽东在《再克洛阳后给洛阳前线指挥部的电报》中对不同资本形态及其矛盾有着深刻的认识：“对于官僚资本要有明确界限，不要将国民党人经营的工商业都叫作官僚资本而加以没收。”②而在中华人民共和国成立后，毛泽东在《关于正确处理人民内部矛盾的问题》一文中对相应的认识也有过精辟论述：“社会主义社会的矛盾是另一回事，恰恰相反，它不是对抗性的矛盾，它可以经过社会主义制度本身，不断地得到解决。”③资本表现出的社会关系在社会主义社会同生产力、上层建筑既相适应又矛盾，因为适应是主要的，所以我们的制度是优越的，因为还有不适应的方面，因此我

① 《马克思恩格斯文集》第9卷，人民出版社2009年版，第561页。
② 《毛泽东选集》第4卷，人民出版社1991年版，第1323页。
③ 《毛泽东文集》第7卷，人民出版社1999年版，第213～214页。

们必须按照具体情况加以解决。随着历史条件的变化,无论个别社会关系还是社会关系系统,都是具体的、历史的。马克思主义的社会关系范畴科学地说明了人的本质、资本的本质问题,为分析人的存在与发展、资本的存在与发展提供更为规律的科学认识方法。

无论是在中国还是世界,绿色发展的实现都应该是一个历史过程,而不应该把人类近代文明的发展过程简单理解为与自然相疏离,人类近代文明的发展史仿佛成为与自然的疏离史。但这种疏离同样给了我们一定的启示,人类社会发展到工业文明导致我们的生产、生活方式的不可持续,生态文明社会将是继工业文明社会后的人类历史发展的又一选择。这种对未来的期许并没有问题,需要明确的是,工业文明并非是造成生态环境问题的主要原因,绿色发展并不是对以往任何一种发展方式的消灭和替代。历史上资本主义工业大发展正是在农业社会发展到一定程度才出现的,绿色发展同样也是基于传统发展方式的基本追求,在生态层面超越传统发展方式的新型理念,是一种价值追求的升华,完成从"工具理性"到"价值理性"的转变,而不是简单理解为发展的过程就是需要保护生态环境,把保护环境当作一个实现某种目的的工具,更不是理解为发展就只是为了保护生态环境,发展的目的就是应对和解决生态危机。因此,对中国当下社会来说,绿色发展是实现中国特色社会主义伟大理想的重要途径,而这种途径应是建立在中国古代文明的发展和近代以来对实现现代化道路所进行无数探索的基础之上。

(一)对资本本质的再认识是构建绿色发展推动机制的核心

运用资本逻辑构建绿色发展的推动机制之所以要重视对资本本质的再认识,是与资本本质体现出社会关系的重大社会功能分不开的。社会关系对人类生活具有极大的组织和推动作用,从历史发展看,这种组织、推动作用,首先表现在第一个伟大生产力的形成,即协作产生的集体力,这是人类能够从之前无法掌控的自然力驾驭中走出的关键。社会发展所依赖的生产,无论是人类自身的生产还是其他物质资料的生产,必须以社会关系的存在为前提。假如社会关系和知识体系没有发生彻底的结构转换,生产力的革命便无法完成。如果将这个过程普遍化,把它作为社会的和历史的语境,就会导致自己原有的历史性的社会关系发生改变。为了生产和再生产,人们被迫发展出社会关系，并用符合生产力的这些社会关系，寻求对自然占有的认识方式。在斗争的过程中，人必定会与自然产生新的关系，还会产生新的知识和新的社会关系。资本逻辑便成了这种强有力的社会束缚，可以使社会停留在相对静止的状态，但束缚一旦被打破，均衡就会消失，相互矛盾的力量就会登场。新的生产力、社会关系与关于世界的精神观念之间的矛盾就会成为绿色发展张力的首要来源，三者之间的斗争便成为生成绿色发展推动机制内在的主要推动力。

首先，绿色发展不能抛弃运用资本逻辑所创造的物质基础。尽管资本逻辑存在负面效应已经被当代发达资本国家证明，但在中国特色社会主义市场经济条件下存在的中国资本力量也是客观事实，因为作为一种特殊社会关系的资本是市场经济乃至社会增长的动力。随着中国特色社会主义进入新时代，中国在世界社会主义发展史上独树一帜，但毕竟仍然处于社会主义初级阶段，发展仍然不平衡不充分，实现人们对美好生活的向往和追求并不能完全脱离对资本文明的运用。在一定程度上，中国特色社会主义正是在不断地利用资本与限制资本的微妙平衡中克服一个又一个发展难题，实现一个又一个发展成就，最终就是需要完成马克思所论述的对资本“否定之否定”。[①] 这同样体现在对发展理念的转变上。绿色发展的核心在于改变过去依赖速度经济、规模单一，重新回归到以人为本的发展之路。生态环境治理本身也是一种对资本以及资本自身的治理，必须在收益与安全两个维度上取得资本的信任进而驾驭好资本，才能促进社会的大发展，这成为中国当代的一大发展机遇。

其次，需要把握绿色发展最大限度利用资本逻辑的历史机遇。绿色发展超越资本逻辑的人文向度应被视为资本本身蕴含的解放要素。资本逻辑尝试将世界上一切有利于自身增殖的因素纳入自己的体系中，从而消解了人的主体地位；人在资本结构中，只是资本利用的一个因素而已。问题的关键不是在于我们利不利用资本，而是在于利用资本时，究竟是资本利用人，还是人驾驭资本。在传统发展中，人们忽略了资本本身所具有的巨大渗透力和扩张性，缺乏对资本一定的规制，成就了“不积累，就死亡”的资本逻辑。绿色发展能够使发展真正是为了服务人在特定时期的需要，重新回归到人

---

① 参见叶险明：《驾驭“资本逻辑”的中国特色社会主义初论》，《天津社会科学》2014 年第 3 期。

的本质和人的价值中去，走社会主义制度条件下的绿色发展之路。在资本神秘性的视域里，中国特色社会主义市场经济具有特别重要的历史意义，世界物质造成的统一正在逐渐发展它能发展到的极致，而基于新时代中国特色社会主义发展新常态的背景，实现人的发展、社会主义的制度保证与绿色发展的有机结合，才能把握资本逻辑的发展规律，从而协调处理绿色发展的要求。

最后，需要祛除资本逻辑在绿色发展中的异化因素。在资本主义社会中，资本逻辑依靠其强大的控制力量使资本所推行的文化近乎等同于大众文化，并形成一种所谓"资本—文化同盟"[①]。无论这种"同盟"多么地隐蔽和外在表现多么地趋于符号化、物的形式，实际上仍然没有脱离《共产党宣言》《资本论》对资本实质所作出的富有远见的认识，即对资本逻辑实质的批判。资本本身不是自古就有的自然的产物，而是历史的产物，是生产力发展到一定水平后的经济关系，资本逻辑的实质依然是社会关系的物质化的表达。归根到底，资本是一种社会力量，是人与人之间的社会关系，所以我们在把握对资本逻辑逆生态进行批判的当代走向时，必须把其放在一种社会关系中进行动态的理解。

(二)坚持社会主义社会关系为绿色发展推动机制的前提

运用资本逻辑构建绿色发展的推动机制，坚持社会主义的社会关系是前提。从社会关系上看，资本逻辑逆生态的症结在于其所塑造的社会关系本身出现的问题，能否解决这一问题也是实现传统发展向绿色发展转变的关键。马克思指出，资本逻辑造就的社会关系的独特之处在于，它们本质上完全不是社会的，也自然不具备真正的公共性。由商品性劳动所建构的关系结构破坏了更早的公开社会关系系统，却并未以一种类似的系统取而代之，而对社会关系的探讨促进了现代生态哲学在公共性维度的深入展开。资本主义在发展早期出现的霸道现象被马克思描述为一个在客观的依赖环境中的看似独立的个人社会：一方面是抽象的、准客观的必要性结构，另一方面是在直接层面上比传统社会更广泛的社会互动，这两者都是资本逻辑特有的中介形式的要素。这样的社会关系被分解为"物质的"和"符号的"领

① 参见黄力之：《论资本—文化同盟》，《学术界》2016年第4期。

域，异化社会关系的价值维度的特征，被赋予了资本逻辑的系统维度，造成资本主义社会失去以王道驾驭资本逻辑的社会基础。社会主义则必须改变这样一种异化的、具有无序动力结构的“人造”关系，重新寻找一种来自人本身需要的“准自然”“公共的”的社会关系，使一种新的社会关系形式符合客观与主观的统一，并且这一形式不再是由资本逻辑“自动地”建构的。一方面，需要把握生产力变化孕育出来的社会关系，特别需要我们能够认识拥有这些变化的阶级基础；另一方面，必须说明在转化自然的能力发生革命时，这些革命的步伐、形式和方向能否与稳定的、平衡的增长相一致，即绿色发展与其他发展形式的关系。这是谈实现绿色发展本身也无法回避的问题，而解决这个问题的核心与纽带就放在了社会关系的重塑上。资本逻辑带来的问题也许可以通过生产力与社会关系的结构转换来解决，但问题产生的根源却从未消除，新的矛盾会继续出现，生态问题也具有愈发全面的形式，唯一的最终解决方案是消除其源头，从根本上塑造新的社会关系——社会主义的社会关系。

恩格斯在《反杜林论》的准备材料中强调：“在所有文明民族所经历的一定阶段上，他们用人格化的方法来同化自然力……只有对自然力的真正认识，才把各种神或上帝相继地从各个地方撵走。”[①]同样，重新回归到正确运用自然力的轨道上，尤其是回归自然力的社会性，从而弥补资本逻辑造成的自然力的自然性与社会性二者的断裂，就能够把资本逻辑从各种生产、生活方式中“撵走”，人类社会才能真正驾驭资本为我们的共同福祉服务。从运用自然力的社会关系上看，当前世界资本扩张的主要问题在于失去了重视人们需求方面的差异，也就是说失去了自然力的社会性，把人自身和劳动的自然力统统量化为数字和符号，这是资本逻辑造成社会发展失控的一个重要原因，所以需要重新回归自然力的社会性和资本的社会关系属性，这是社会主义社会关系的核心要义。马克思关于自然力与人的本质思想阐明了人与自然是对立统一的辩证关系，而一定时期人与自然之间的关系，实质上也是人与人之间社会关系的一种反映，并对人与人之间的社会关系有反作用。换言之，人与自然关系的和谐与否，需要通过一定的社会生产关系形式实现，是生产力发展到一定水平决定的。

---

① 《马克思恩格斯文集》第 9 卷，人民出版社 2009 年版，第 356 页。

从合理运用自然的社会关系上看,资本逻辑在人与自然相处的过程中出现了偏离的矛盾,矛盾的解决还在于人类社会发展中每一个“现实的人”。人必须有运用自然力的实践活动,否则人类连一天都无法生存。人类前进的每一步,都与利用自然、改造自然的伟大成就密切相关。在运用自然、改造自然的过程中,无论何种发展逻辑都有过失败的教训,但更多的则是成功的经验。所以不应以某些失败或者弊端来否定按照人类自身发展的根本利益来运用自然力的理论和实践。整个社会需要共享资本逻辑带来的现代物质文明的成果,自觉抵制资本逻辑在破坏物质文明方面的不可持续的一面。这就需要同属自然力社会性一面的“我们”自觉树立利用自然力的义务和责任意识,包括主动救助、养护某些动物植物,主动保护、修复生态环境等,解除当代运用自然力不当产生的各种生态危机。在历史的发展中,只有人被自然赋予了这样的能力,其他的动物植物等自然物没有这样的能力,人理应承担起这些义务和责任。社会主义社会关系考虑回归利用自然力的社会性是超越资本逻辑的基础,所以也只有社会主义才能超越之前的所有社会形态,在人主观能动性的基础上吸取自身的能量,引导人自身的劳动重新向着满足人真实生活需要而不是无休止欲望的方向上发展,即回归到社会主义社会关系利用自然力的社会性上,重建生态意义上的人类文明。

马克思主义的辩证自然观是建立在人类实践基础上的自然观,要求始终从人类社会和历史发展的维度来认识人与自然的矛盾关系,将自然视为在人类发展历史进程中生成的现实的自然界。与使用价值一样,生产力也只有被理解为具体地内嵌在社会发展过程中生产方式所体现的社会关系,才能被重新整合到马克思的论述之中,即使是体现在“绿水青山”中的生产力也同样如此。马克思在《资本论》中论述的整个生产流程恰好适合于阐明生产力与社会关系的相互渗透。这种相互渗透即矛盾所在,而矛盾会把资本逻辑的发展永无休止地推向一个新的格局,造成了马克思所说的资本具有的“神秘性”。打破这种资本存在的“神秘性”现象,如同在人类社会发展早期打破自然逻辑对人类社会的统治一样,必然需要立足社会关系的人文向度,把遵循资本逻辑的发展带来的“物化”的、不符合社会发展潮流的社会关系,从根本上变革为社会主义的社会关系,变革为适应绿色发展的社会关系,为推动绿色发展培育适宜的土壤。因此,只有寻求在社会关系范畴上的改变,把发展遵循资本逻辑带来的不适应的生产关系转变为先进的社会主义社会关系，才能真正跳出资本逻辑所影响的发展范式，这一过程的实质便是再次发挥人的主观能动性，把人从资本逻辑的束缚中解放出来。

（三）绿色发展中坚持社会主义社会关系的重要性

在运用资本逻辑构建绿色发展的推动机制的进程中，需要以马克思对资本逻辑批判的科学认识为准绳，掌控好资本逻辑对绿色发展的影响尺度。资本主义对资本的扬弃只是一种自发的消极扬弃过程，而新时代中国特色社会主义则需要走一条对资本积极的扬弃、否定之否定的道路。回归马克思、恩格斯对资本本质的论述来看待这个问题，无疑具有解决问题的现实意义。中国特色社会主义的一大理论创新，表现在祛除了资本的意识形态属性，具有发展生产、推动世界历史进步的作用。所以，依靠民资、外资、国资来实现绿色发展，援用马克思当年对资本的双重逻辑进行科学批判的辩证法，运用和驾驭资本逻辑为建设、发展中国特色社会主义生态文明服务，与积极抵御资本的消极腐败作用，不可偏废。中国的绿色发展能够与社会主义的制度与发展力量始终若合符节，在资本全球化时代做到始终不迷失自我，并且能够祛除资本主义的异化元素，为中国特色社会主义制度保障下的绿色发展服务。

遵循资本逻辑的传统发展方式虽然带来了物质生产的丰裕，却超过自然系统的安全阈值，对经济社会可持续性造成重大影响。从历史维度上看，不同的历史发展时期有着不同的社会发展形式与生产观念。当代绿色发展的现状在于对绿色生活的要求，生活方式是从源头上奠定绿色发展的基础，这样才能够在全社会生产方式构建和生活方式养成中树立“绿色化”的价值取向。① 而绿色发展只要在人类生产生活中完成对具体发展形式的整合，才能实现对传统发展依赖资本逻辑的扬弃和超越，尤其是对资本主义生产方式的扬弃和超越，最终是从根本上实现对所谓绿色资本主义的超越。人类文明创造的不同生产生活方式形成丰富多样的世界，然而在传统发展方式中始终离不开过度浸淫的物质追求。“绿色”理念的出现就是解决这样的一个问题，从实现发展的历史唯物主义的角度和马克思对未来社会人的生活

---

① 参见秦国伟、李铁铮：《绿色化引领“五化协同”的哲学基础和价值意蕴》，《甘肃社会科学》2016年第4期。

状态分析可以追溯最初发展的目的。绿色发展相比人类以前的一切传统发展形式，仍是由生产力发展水平决定，以物质生产为核心，生态和谐为追求，社会关系为主导，既考虑人与人在发展中的关系，又将人与自然的关系纳入进来，实现传统发展在创造财富层面上的拓展，而资本在生产发展中已是手段而非目的，最终实现了对资本逻辑的“否定之否定”。

只有回归到资本的社会关系视域中看待资本全球化现象，去除其中的表面遮蔽，才能真正运用好资本逻辑。在近代以来资本逻辑取得巨大成功的历史背景下，对资本逻辑的崇拜自然在所难免。在 1872 年《共产党宣言》的德文版“序言”中，马克思、恩格斯指出，“当时列举的那些党派大部分已被历史的发展彻底扫除了”，“不管最近 25 年来的情况发生了多大的变化，这个《宣言》中所阐述的一般原理整个说来直到现在还是完全正确的”。[①] 与资本同谋，世界的发展都将陷入危机，使得“在资产阶级社会里，资本具有独立性和个性，而活动着的个人却没有独立性和个性。资产阶级把消灭这种关系说成是消灭个性和自由！”[②]资本体现出的社会关系视域下马克思、恩格斯论述资本逻辑的表征有了三个层次：马克思主义是对资本主义发展现状的双重批判，是对未来（特指共产主义）的一种预见，也是一种历史理论，更是解释历史如何进展并能够探知未来。[③] 同时，需要认识到资本以外的要素在构建绿色发展推动机制中不断增长的重要性，因为在事实上，与传统的发展构想不同，资本日益处于生产过程和财富的生产之外。把非资本主义国家纳入世界资本主义体系中，实际上是一种把资本逻辑的普遍性等同于世界文明普遍性的片面、抽象的世界历史观，在这一点上，与马克思、恩格斯在《共产党宣言》中阐发的“世界文学”思想是一致的。

二、重视社会关系：利用资本功能的转变推动绿色发展

绿色发展旨在实现人与自然、人与人的和谐，使发展关注对象与关系范围得到扩大。在人类生产早期，人们生产过程中的自然因素占了重要的地

① 《马克思恩格斯文集》第 2 卷，人民出版社 2009 年版，第 15 页。

② 《马克思恩格斯文集》第 2 卷，人民出版社 2009 年版，第 15 页。

③ 参见[美]戴维·施韦卡特：《反对资本主义》，李智等译，中国人民大学出版社 2016 年版，第 33 页。

位，人们之间的关系受制于人与自然的狭隘的关系。随着生产方式的进步，人们创造的生产、生活环境在社会生活中起着愈来愈大的作用，人们周围的世界已经无不与人们的创造性的生产活动相关，绿色的理念便成为人们逐渐关注的焦点甚至是生产首要的焦点。利用资本逻辑的发展性一面构建绿色发展机制，能够摆脱原有资本的束缚，实现的是人的自由而不是资本的自由。亚当·斯密认为："人总是需要同类的协助，但仅仅依赖人的恩惠，并不会更容易达到目的，如果他能够鼓动他们的自爱心……我们不要求助于他们的爱他心，只说他们有利。"[①]这种朴素的发展理念是弥补分工自由造成人的差距的一种手段，但人的这种差距仅仅是经济上的而非机会上的，实质仍然是资本维系下的社会关系出现的问题。它包括对人们的劳动能力即处理人与自然关系的能力的提高，包括对人的社会关系的再造。所以在当代为了实现更好的发展，需要扩展传统发展的宽度和广度，在研究绿色发展问题上不仅仅只是为了改善环境与生态，更是要促使人类社会整体"新陈代谢"的进步。从传统发展到绿色发展是一个动态发展的过程，它所面对和处理的对象与关系都在不断扩大与深入，而非一成不变，把生态文明纳入人类文明的原因正是如此，也只有在这个前提下的绿色发展与其他发展形式间的结合才会更为恰当和富有成效。绿色发展需要实现对资本的认识变革，这是从商品逻辑的转变开始的，而到资本的功能转变是一个重要的节点，最后是回到发展中人的本质的回归。只有如此，绿色发展才可以真正成为资本主义生产方式所造成的环境生态问题的一种解决与完善途径，并深刻融入人类社会的各方面和全过程。

(一)推动从重视商品交换价值向重视使用价值的变革

商品交换是社会发展状态的一种表现形式，也是资本最初的形态。马克思认为，资本应该被界定为一种过程，而不是一件东西，资本是一种价值增殖的过程，在这一进程中，资本必须在不同的环节分别采取货币形式(交换价值)和商品形式(使用价值)。马克思在《政治经济学批判(1857～1858年手稿)》中指出："在这里直接表现出来的是一定的劳动方式从工人身上转移到机器形式的资本上，由于这种转移，工人自己的劳动能力就贬值了。由

---

① [英]亚当·斯密：《国富论》，郭大力、王亚南译，译林出版社2011年版，第10页。

此产生了工人反对机器体系的斗争。过去是活的工人的活动，现在成了机器的活动。所以，带着粗暴情欲同工人对立的是资本对劳动的占有，是‘好像害了相思病’似地吞噬活劳动的资本。”“活劳动同对象化劳动的交换，即社会劳动确立为资本和雇佣劳动这二者对立的形式，是价值关系和以价值为基础的生产的最后发展。”[①]资本不仅是一种生产生活资料、劳动工具和劳动力等物质产品，而且还包括交换价值。所以资本除了包含物质的力量，同样也是一种独立的社会力量，是人处理社会关系的一种体现。追求“霸道”的资本逻辑只有一个目的，便是增加交换价值而非使用价值，只为物质收益而非人自身的实际感受。这带来两方面的后果：一方面造成了大规模的浪费，由此引发了严重的资源短缺和生态危机；另一方面，这使得基本必需品的供给不足，金融泡沫增多，社会逐渐趋向两极分化。正如收益和资本积累的要求会不可避免地驱使生产超过消费的需求以及使用的限度，生产也会迫使人们在产品的用途和功能完全丧失之前便将其破坏，这样“从使用价值生产和价值生产的结合、使用价值实现与价值实现的结合两个方面全面超越传统发展的模式”[②]。

正是资本逻辑的盛行，使得商品的交换价值属性被异常放大和凸显，所以运用资本逻辑构建绿色发展的推动机制必须重新回到商品的使用价值上。人是生产力中的能动因素，绿色发展的初衷是要实现人与自然和谐相处的目标，关键还在于发展中的人采取怎样的思维方式来看待交换的实质。传统的一些思维模式虽然表面上片面地将人作为世界的中心，实质上是资本逻辑的驱使，无限夸大了人对自然的超越性，结果导致自然作为对象不断被改造、征服，自然与社会的整体性遭到破坏并带来了生态问题，因此必须首先摒弃传统发展中的一些不符合现代发展实际的思维方式。一方面，绿色发展实现的是社会效益、经济效益与生态效益的统一，根本在于转变人的思维方式，正确认识商品交换价值的真正意义，避免资源浪费，进而才能使人明确社会关系的生态含义。另一方面，只有转变人的思维方式，重视社会关系在绿色发展中的作用，才能既杜绝人的主体地位绝对中心化的可能，又可以在承认自然规律和代际公平的基础上，认清自然伦理和生物中心主义

① 《马克思恩格斯文集》第 8 卷，人民出版社 2009 年版，第 195 页。

② 沈斐：《资本内在否定性：新方法与新典型》，天津人民出版社 2016 年版，第 21 页。

的偏颇，重新强调发展对人类自身价值的重要意义，避免盲目的发展倾向。而作为绿色发展主体的人，只有重新审视购买商品的意义重在使用价值这一思维观念，才能真正推动绿色发展朝着一个正确的方向前进。

（二）推动从重视资本的经济功能向重视社会功能的变革

资本的历史来源于人的经济活动，一部资本的历史就是近代人类经济社会的发展史。马克思在论述资本的社会关系本质时认为，资本所体现的社会关系构成了整个社会，而这个社会是在一定历史发展阶段的社会，也就是资本逻辑创造的社会必然具有资本逻辑的特征。所以，资本并非表面上的经济关系，社会发展的实质仍然脱离不了特定社会关系的范畴，资本逻辑创造的社会是资本占主导地位的社会生产关系。在马克思看来，社会关系再生产是一种比物质生产更重要的生产，因为它与有生命的人的存在息息相关。从这方面讲，绿色发展实现了社会关系的“绿色化”，即从资本本质上实现了对资本逻辑的扬弃，也是人摆脱资本束缚、实现人自由而全面发展的标志。当代社会出现了新的虚拟资本形式的运动，资本取得了类似社会型资本的形式，资本的职能和资本所有权分开，这是资本主导的生产方式在社会关系属性上的发掘，也是资本的经济功能向社会功能的变革，资本逻辑越来越从“物性”转向“人性”，这是人对自己所创造的资本在其绿色发展范畴内的扬弃，是人类社会向更高生产方式的过渡。

虽然当代社会的发展仍然无法摆脱资本主导的经济关系范围，经济功能仍然是资本在发展中体现的主要功能，但是恩格斯指出，这“为将来由整个社会共同占有生产资料做好了准备”①。也就是说，要想在构建绿色发展的推动机制中真正认识资本逻辑并能够运用资本逻辑，必然要在充分发挥资本的经济功能的基础上，探索如何让资本进一步发挥其对社会的改造与推动作用，这种进步作用不再是资本主义时代那种“无意识”的文明作用。一是要真正认识并引导好资本的经济功能，把资本作为一种普通的生产要素投入生产发展之中，使资本的经济功能在一定的社会主义框架内得到充分施展，实现其在经济社会中的重要作用，使绿色发展不会脱离发展的应有之义。二是要为资本营造良好的社会环境，促使资本参与到包括生态友好

---

① 《马克思恩格斯文集》第7卷，人民出版社2009年版，《第七卷说明》第3页。

在内的各类社会活动中，推动并维护社会资本等要素参与社会建设与治理，使资本的破坏性逻辑在相应的社会条件下得到一定程度的抑制，引领其参与到生态文明与环境治理的现实实践中。三是进一步重视资本逻辑曾经改变过的社会关系，让资本所凸显出来的社会关系表现在生态领域，成为所有的生物都能依赖的有机体与环境之间的新陈代谢过程。马克思从新陈代谢断裂这个概念推进到新陈代谢恢复，这一过程必须要超越自然被人与资本所“私有”的状态。这揭示了解决资本逻辑带来的生态破坏问题的关键在于从资本的社会功能入手——因为资本逻辑自身也开始显露出来越来越明显的社会关系的属性，以此才能达到所谓的“新陈代谢的恢复”。[①]

（三）推动从发现“物的本质”向发现“人的本质”的变革

马克思指出，资本不是简单意义上的“物”，而是一定的社会关系，是人在现实生活中实践的产物。对绿色发展在哲学层面上的认识如果不够深刻，就很难谈对资本逻辑的超越，也造成了对绿色发展偏技术层面的研究较多。资本逻辑从根本上说是人的本质力量的物质化和物质生产资料的人格化相统一的矛盾体。[②] 这为寻找绿色发展推动机制的突破口和人的能动性提供了可能。资本中“人”的因素的挖掘和显现是从交换价值的积累和生产社会关系的出现开始的。在资本逻辑的支配下，资本显现出更多的是“见物不见人”的情况，经济的快速增长并没有使人在真正意义上致富，资本主义社会遵循资本逻辑统治下的社会愈加文明，人就愈加受限，愈加片面化，由此造成了人与自然、人与人之间的对立。尽管如此，资本的迅速增长对雇佣劳动却是有利的条件，同样是资本社会关系属性的一种扩大。“自然被当作工具对待，自然、我们自己和其他人的身体因此遭受‘暴力’对待。”[③]由此看来，绿色发展将促使资本从产生到发展到消亡必将经历一种“否定之否定”过程：资本占主导地位的生产方式的确立，是对人类最初确立的分散劳动基础的私有制的内在否定，属于资本内在否定性的逻辑发展和历史表达；而资本对人的统治和人的抽象存在，本身也是一个逐渐发展的过程，由于自然过

---

① 参见徐焕主编：《当代资本主义生态理论与绿色发展战略》，中央编译出版社2015年版，第33页。

② 参见王荣：《论资本逻辑的双重内涵》，《西南大学学报》（社会科学版）2016年第5期。

③ ［英］大卫·哈维：《资本社会的17个矛盾》，许瑞宋译，中信出版社2016年版，第301页。

程的必然性,导致了资本对自身的否定,这是"否定之否定",即从"物"的独立性和个性重新回归到"人"的独立性和个性。

"物的本质"的层面实际上是资本逻辑在发展实践中的一种外在表现。马克思指出,资本逻辑根本上说是"人的本质力量"的物质化和物质生产资料的人格化相统一的矛盾体。这种矛盾体,使得资本逻辑自身难以实现从"物的本质"到"人的本质"的转化,只能寻求矛盾的外在迁移,而不是根本性的解决与转化。资本主义国家生产中所谓的经济外部化,是把隐含在生产中的真正费用转嫁给别人,发达国家把工业废物丢弃到本国之外,把污染产业开设到发展中国家就是如此,物质生产的丰裕难以掩盖其对自然环境造成的破坏。只有资本逻辑在"自然界的破产"面前发现自身的破产时,才会意识到原来发展最大的限制就是资本逻辑本身。

社会发展中"人的本质"层面的挖掘和显现是从交换价值的积累和生产社会关系的出现开始的。对生产方式及生产社会关系的研究初衷应回归人的本质。马克思认为,资本主义生产方式有两种显著特征,即商品生产的普遍化与生产目的的剩余价值性。[①] 针对绿色发展,在生产的逻辑上突破对传统发展的认识,有助于我们重新看待马克思的"生产方式—人的本质"研究范式。马克思阐明了未来共产主义社会"自由人的联合体"这一理念,人类历史发展进步的历程也成为马克思论述人自由全面发展思想的基础。美国经济学家罗伯特·L.海尔布隆纳在《资本主义的本质与逻辑》一书中也不得不承认:"除非考虑到人性的基础,社会主义,如同所有的社会形态一样,必须从人性的基础上吸取自身的能量。"[②]这也成为人类一切社会形态所应具有的共性。所以绿色发展在处理好人与自然关系的基础上,仍必须重视的是处理人与人之间的关系,使得一切发展本身都应体现人的本性与本质,并将其作为发展的目的与手段。这归根到底是社会历史发展的产物,是社会生产力达到一定程度的结果,也正是习近平总书记始终强调的"绿水青山就是金山银山"。发展最终为了人,绿色发展可以倒逼社会变革和生产关系的改进,进一步促进人们思维方式的变革,对发展的认识将有一个质的提高。

---

① 参见王巍:《马克思视域下的资本逻辑批判》,人民出版社 2016 年版,第 79 页。

② [美]罗伯特·L.海尔布隆纳:《资本主义的本质与逻辑》,马林梅译,东方出版社 2013 年版,第 164 页。

而人在生产活动中的解放条件就是对传统发展模式的扬弃，绿色的本质是一种对传统分工和交换的“否定之否定”，这样形成的社会中的人才能得到自由而全面的发展。

三、重塑社会关系：以国有资本引领推动绿色发展

绿色发展的推动机制的实现在于有效利用资本逻辑，而资本逻辑范畴下不同的资本形式也有不同的特点与要求。马克思对资本逻辑的批判提醒我们对资本不可毫无限制，任由其沿着不断增殖的目的侵占社会合理发展以及人类理性增长的空间。社会并不是简单的个人的集合，它是由社会关系构成的。在马克思看来，资本主义的状况与此不同。公开的与直接的社会关系确实依旧存在，但资本主义社会在根本上是由一种新的、深层的社会关联形式所构成的，这种形式无法被充分地“把握”为公开的人与群体之间的社会关系。在资本逻辑中，人与自然的互动及其本质的社会关系都是由劳动作为中介的，因此，对这一社会关系的认识论就可以依据异化社会劳动的范畴来构造。然而，人与自然的互动形式和人与人的互动形式在不同的社会形态中的差别也是存在的。人类发展要继续向前，资本必须完成自我否定的历史阶段。地球资源的有限性决定了人类的发展必须有理性，遵循发展的客观规律。在中国社会主义市场经济条件下，应促进人与社会的可持续发展，逐步实现对资本市场不同资本形式的“绿色化”，将资本对生态环境造成的损害降低到最低限度。从本质上说，中国的绿色发展道路以积累绿色财富和增加人类绿色福利为根本目标，达到全面、协调、可持续的预想目标，找出优化发展的对策，掌控资本逻辑的逆生态一面。[①] 而资本主义国家以追求利润和扩张为目的的资本逻辑擅长把自己包装成绿色爱好者，将其产品装扮成绿色产品，其实质仍是为获取更多利润，仍然是在做物质层面上的文章，看不到其自身本质——社会关系层面无法实现“绿色化”，这就使得资本主义国家无力制定保护生态和社会发展的总体规划，也决定了资本

---

① 参见高红贵：《绿色发展模式论》，中国环境出版社 2015 年版，第 22 页。

对日益恶化的生态环境无能为力以及生态危机发生的必然性。[①]

中国特色社会主义经过长期实践探索，开辟了一条不同于西方资本主义国家现代化发展的新路径。绿色发展不仅仅是应对全球生态环境危机的生态保护和环境改善，而是一种在发展问题认识层面上的革新，集中表现在对待资本的态度上，努力的方向便是运用好资本逻辑，重点关注“权利配置和社会关系这两个要素的互补性的特征”[②]。从这方面讲，运用资本逻辑推动绿色发展实质上是一种内在的“绿色化”，即从资本本质上实现对资本逻辑的运用，也是人摆脱资本束缚，实现人自由而全面发展的标志。通过注入社会主义因素，在不同资本形式中尤其是民营资本与外来资本中重塑社会关系，从而真正加强对资本力量的驾驭和掌控。在这个过程中，国有资本必须起到保障和引领作用，民营资本则需要有突破和创新的勇气，对外来资本则需要合理的引导。

(一)发挥国有资本的保障与引领作用

国有资本作为社会主义国家公有制经济的中坚力量，在推动绿色发展的过程中发挥着不可替代的作用。国有资本中社会主义的社会关系将是其他资本形式表现社会关系的标尺。西方某些生态马克思主义学派主张抛弃所有资本形式的存在，认为这样才能实现绿色发展，这显然是不可能实现、更不符合现实发展情况的。而对资本逻辑的替代是一个历史过程，同样也不可能一蹴而就。回归马克思对资本本质的论述来看待这个问题，无疑具有解决问题的现实意义。新时代中国特色社会主义的发展必须走一条积极运用资本逻辑的道路，社会主义政权下的国有资本，无疑担负着重要责任。

发挥国有资本的保障与引领作用，重点还在于国有资本自身要适应绿色发展的时代进程。习近平总书记在中国共产党十九大报告中进一步指出：“加强对生态文明建设的总体设计和组织领导，设立国有自然资源资产管理和自然生态监管机构，完善生态环境管理制度，统一行使全民所有自然

---

① 参见孙承叔：《资本与历史唯物主义——〈资本论〉及其手稿当代解读》，上海人民出版社2017年版，第278页。

② [法]多米尼克·莱维、热拉尔·迪梅尼：《资本复活——新自由主义改革的根源》，徐则荣译，中国社会科学出版社2017年版，第188页。

资源资产所有者职责。”[①]这就确保了国有资本对自然资源的保护和合理使用，能够让资本追求短期增殖的特点得到最大程度的弱化。而中国绿色发展在运用资本逻辑的过程中可以“借助”生态问题的出现来倒逼资本价值追求的转向，强调新发展方式的逻辑，实现经济社会的绿色发展，同时注重社会整体的进步，重视生态资源节约利用和生态环境建设，为资本市场“绿色化”的实现创造条件和可能。

国有资本正是这种条件和可能的创造者，可以依靠自身特点采取措施实现这种条件和可能。例如，建立健全国有资本长期运营机制，促进国有资本的良性运营，以维持资本存量的非减性。保持国有资本的良性运营，给国有资本寻求一种在生态领域更长远的投资方向，引导其他资本形式投资于生态经济，并将这种功能最大范围地扩展到人民的生活中去，从而使人们不仅获得经济上的发展成果，又能有社会乃至生态上的权益，而不是遵循资本为了自身发展的逻辑。在这一方面，国有资本因为有社会主义政权的根本保障，因此必然能够做到。在新时代中国特色社会主义制度框架内的国有资本，完全可以呈现出各种新的可能并造福于人们的美好生活建设，这是从资本文明的黑色增长转向生态文明的绿色发展的必然。所以，通过国有资本走绿色发展道路是“驯服资本”的保证，并且有利于引导其他民营资本、外来资本走上绿色发展之路。这既是绿色发展的主体思路所在，又可以增强新时代中国特色社会主义发展的道路自信、理论自信、制度自信与文化自信。

（二）鼓励民营资本进行突破与创新

在推动民营资本实现绿色发展的问题上，中国的民营资本尤其是大型民营资本已经走在了时代和世界的前列。一些大型民营企业正探索实现社会关系上的突破与创新，在对待绿色发展问题上，并没有效仿西方所谓绿色资本主义，并没有单纯依靠资本的物质力量去参与环保公益、环保产业，而是能够依靠中国独特的移动互联网优势，将绿色发展理念融入自己的产品与服务中，在全社会建立一个大型的“碳账户”，实现普通人之间的绿色行为

① 习近平：《决胜全面建成小康社会　夺取新时代中国特色社会主义伟大胜利——在中国共产党第十九次全国代表大会上的报告》，人民出版社2017年版，第52页。

互动。同时，依靠自身强大的资本力量与宣传话语权来开展环保事业，使原有的生态与环保事业不再只是政府、国企参与，而是能够在更具活力的民营资本的带动和统筹下，成为全民参与的事业。在这一过程中，资本既实现了自身的价值增殖，又促使绿色发展理念进入普通人的日常生活中，这便是一种实现资本市场"绿色化"的尝试——从人的社会关系的"绿色化"突破，从而实现"绿色"与"发展"的双赢。大型民营资本参与的绿色发展，为传统发展下的资本逻辑提供了"否定之否定"的历史机遇，这需要在物质条件已经足够充分的基础上，真正实现马克思所称的作为"类存在"的我们与生物系统和社会生态系统内其他主体之间的相互作用。

民营资本之所以能够做到突破和创新，还在于民营资本自身的活力，所以需要继续鼓励民营资本发展绿色产业，作为推动经济结构调整的重要举措。需要让资本认识到，绿色发展是新的经济增长点，也是得到国家鼓励与人民认可的，同时也具备长远投资的潜力。这一目标的实现必然也要依靠社会关系的重塑，使中国的民营资本具有更多社会主义的因素，能够在发挥资本的社会功能上得到充分施展。对发展的认识需要突破"非此即彼"的思维局限，在对待资本逻辑时，要将其看成一个历史阶段的发展过程。中国的绿色发展要让民营资本真正实现这样的要求：打破资本分布不平衡的态势，充分调动政府、企业和社会力量等多方主体参与到绿色发展与生态治理的过程中，把发展注意力从个人主义转移到共同体的发展上。

（三）加强对外来资本的引导

中国的绿色发展与环保事业，对外来资本来说不能仅仅停留在单纯的企业社会责任这一个方面。外来资本主导的企业往往只是为了企业形象而开展环保工作，尤其是对纯外资企业来说，生态环保领域并不是其多么感兴趣的一个领域，很难真正融于每个企业管理者与员工的日常活动中。因此，在合理利用外来资本的基础上，必然也需要尝试通过社会关系"绿色化"对其进行引导，才能真正使外来资本有推动绿色发展的可能。

改革开放 40 多年来，外来资本仍然是中国资本市场上的一股重要力量，简单否定任何外来资本的作用只会使我们回退到普遍贫困的原始发展状态。所以，绿色发展依然需要依靠外来资本，但必须引导外来资本走中国绿色发展道路，至少使其不会对绿色发展产生过大的阻碍作用，也可以实现马克思所预见到的资本走向一种“自身的反面”。[①] 一方面，运用资本逻辑实现绿色发展的关键在于立足于对“资本本质是社会关系”的再认识，而使外来资本能够真正推动绿色发展的最为关键的仍然还是人的因素。这就需要在外资企业尤其是较为大型的企业中建立与完善相应的党支部、党小组，能够在加强外资企业党的建设过程中，充分注重宣传与加强绿色发展理念，从人的因素上保证和引导外来资本的“绿色化”。另一方面，外资企业中的党支部、党小组在推动绿色发展中的使命并不是在企业经济功能上发挥最重要的作用，而是要为外来资本注入社会主义社会关系的因素，把资本逻辑逆生态的不良后果减小到最低程度，最终为外来资本在资本市场的绿色发展提供一种新的可能，而不仅仅是西方发展理论在外在物质层面上包装的那种绿色资本主义。总之，需要将外来资本带来的发展性逻辑框定在经济领域内，并作为满足中国当前发展需要的手段，而将其带来的破坏性逻辑限定在一定范围内或一定程度内，最终在运用资本逻辑的制高点上实现其对绿色发展的推动。

显而易见，运用资本逻辑构建绿色发展的推动机制，既遵从了马克思的生态思想，更继承了马克思的发展哲学，即人的生存是第一需要，人是“现实生活中”的人，发展的目的是人的解放。只有在人的这种需要得到满足的前提下，环境友好与生态文明才有实现的可能性。所以，绿色发展实现机制既不允许像传统发展那样依靠资本逻辑的原生状态换取经济增长，也不是一些人认为的为保护生态环境而不惜经济“零增长”，而是在两个极限之间寻找一个人与自然的有效平衡点，“从绿掘金”，进而实现在环境容量和资源承载力的范围之内的经济增长和代际公平。当代中国正在进行的绿色发展道路，任何简单套用类似西方绿色经济的发展模式都是行不通的。只有从哲学层面的资本的本质入手，立足、重视与重塑社会关系，既运用好资本逻辑，又坚持社会主义的方向，才能避免重走近代西方主要发达国家通过资本逻辑来奴役人民，从而带来了巨大生态危机且转嫁他国的道路。这是马克思辩证唯物主义的观点在当代中国的继承与发展。只有这样，我们才能真正走出马克思所批判的资本逻辑的控制。绿色发展不是走向一个所谓“好的”资本逻辑控制的社会，而是走向“自由人的联合体”的实现。

---

① 参见刘珍英：《辩证逻辑：资本批判的利器》，上海人民出版社 2016 年版，第 284 页。

第五章

驾驭资本逻辑：构建绿色发展的保障机制

中国构建绿色发展的保障机制，重在实现绿色发展的“绿色”属性。对资本逻辑逆生态的批判引出了如何驾驭资本解决生态环境问题。单纯资本处于支配地位的内在逻辑是冷酷的、无情的、不可抗拒的，在没有外在力量的干涉下，它也只能对价值规律有反应。而资本正是这样一种社会关系，是特定的历史过程的产物。人是这段历史的组织者、创造者和参与者体现了两重性——既是“资本的对象”，又是“创造性的、活的主体”。中国绿色发展理念为驾驭资本逻辑提供了历史机遇。绿色发展能够在新时代中国特色社会主义生态文明建设的指导下逐渐实现对传统发展方式的改革，它以人自身的真实需要为目的，谋求人与自然、人与人矛盾的解决，主张经济、生态和社会互利共赢的发展模式。绿色发展已经成为新时代中国特色社会主义发展的战略目标与方向，其人文向度的归宿就变成驾驭资本的绿色转向上，这是在绿色发展问题上实现驾驭资本逻辑的“以人民为中心”。中国特色社会主义就是要抑制资本逻辑逆生态的“副作用”。在社会主义制度体系下探讨和摸索如何驾驭资本，是考验中国共产党智慧的历史性课题，中国理应拥有更强大的资本驾驭能力。

一、以人民为中心：构建绿色发展保障机制的根本遵循

从本质上来看，资本主义国家对发展实施干预的最终目的是维护资本的自由竞争，从源头维护资本主义私有制，资本主义国家所倡导的那种绿色发展与我们社会主义国家的绿色发展是根本不同的。比如在资本主义国家，私人资本在竞争中壮大，且只注重自身的增殖，而与社会发展的目标背道而驰，私人资本可能会联合起来挑战国家的绿色发展政策。[①] 因此，中国的社会主义市场经济在运用资本逻辑的经济意义的同时，必然要充分限制它的消极意义，保障发展的“绿色”属性；要逐步建立符合绿色发展理念与美丽中国目标的要求，以权力公平、机会公平、规则公平和人道公平为原则，使全体人民能够共享绿色发展的成果。在中国的绿色发展实现机制构建之中，把“以人民为中心”作为绿色发展保障机制的根本遵循，就是要以不同于一些西方资本主义国家试图采取的技术与市场的方式实现绿色发展，这同时也运用了马克思对资本逻辑批判中体现的人学思想。只有回归到马克思、恩格斯对资本逻辑的批判，深入认识生态环境问题产生的本质及其最终解决途径，在坚持社会主义基本制度的前提下不断转变传统生产方式，改变资本结构和增长方式，努力探索有助于解决生态环境问题的资本管理与保障机制，才能使新时代中国特色社会主义思想及其制度在解决生态环境问题中的优越性得到充分体现。

（一）摆脱资本束缚的人

马克思始终追求的是摆脱资本对人的控制和资本主义生产关系的束缚，以此唤醒人的觉悟，摆脱资本为基础的生产方式，从而实现人类解放，具体表现就是“个性得到自由发展，因此，并不是为了获得剩余劳动而缩减必要劳动时间，而是直接把社会必要劳动缩减到最低限度，那时，与此相适应，由于给所有的人腾出了时间和创造了手段，个人会在艺术、科学等等方面得

① 参见刘琳：《资本现代性的伦理批判——马克思〈资本论〉及手稿的伦理思想研究》，人民出版社2015年版，第319页。

到发展"[①]。所以,从这种意义上说,掌控资本逻辑逆生态的更高目标是回归一种发展的人道化,而资本与人道,并不仅仅只是表面上的对立关系,是资本在发展到一定程度上自我否定的结果,之后才是人们对遵循资本逻辑发展形式的反思。[②]

资本逻辑不仅仅是"物"的运动规律,更是一个兼具物的规律性和人的目的性的双重逻辑。资本逻辑在探索物的规律性上走向了极致,却在人运用自然力的目的性上迷失了方向,能否解决这一问题是实现人的转变的重点。马克思的历史唯物主义所要批判的便是这种资本拜物教的意识形态,从而揭示出隐藏在物质现象之后的真正的物质存在——社会权力结构。[③]打破资本逻辑逆生态状态,需要坚持从历史唯物主义的立场出发,揭示资本逻辑的实践和权力维度,在人类生活各个领域占支配地位的资本权力就体现在它对现代社会自然力的整体支配上。而资本逻辑的内在矛盾难以有外在的解决方法,需要一种"内在转化"。资本逻辑控制下的自然力让人类历史迈入一个纵欲的时代,只有迫使社会戒绝为积累而积累的做法,并设法制定合理运用、保护和发展自然力的制度,才能实现一种超出了"必然王国"才会开始的自由,这成为驾驭资本逻辑思想的时代彰显:在批判资本逻辑的基础上驾驭资本逻辑,进而超越资本逻辑。整个人类社会发展将促使资本从产生到发展到消亡必将经历一种"否定之否定"过程,即从传统发展向绿色发展的转向。资本逻辑实现对自身的否定,即从"物"的独立性和个性重新回归到"人"的独立性和个性。

在看待人的个体自由以及发展的问题上,一方面,经典马克思主义理解的人的自由,是从人的存在方式中去理解,而不是割裂开来进行片面、绝对的理解。所谓"全面中的自由",需要把现实的人放在实践及现实的社会中去理解,"物质生活的生产方式制约着整个社会生活、政治生活和精神生活的过程"[④],把人的物质资料生产作为实践的最为始源性、最为基础的表现形式。全面发展的一个重要检验标准是人是否在全面发展之中拥有更多对美

---

① 《马克思恩格斯文集》第8卷,人民出版社2009年版,第197页。

② 参见沈斐:《资本内在否定性:新方法与新典型》,天津人民出版社2016年版,第219页。

③ 参见王浩斌:《市民社会的乌托邦:马克思主义的社会历史哲学阐释》,江苏人民出版社2020年版,第66页。

④ 《马克思恩格斯文集》第2卷,人民出版社2009年版,第597页。

好生活的幸福感,这种幸福感主要是一种主观体验,主要包含了经济层面上的物质收入,但同样也要给予其他层面上的满足感,这些较难进行定量计算。如果仅仅在生产性层面看待人类,是贬低人性,“人力资本是一个有用的概念,但是重要的是从更广阔的视角来看待人类……人不仅是生产手段,更是其目的”①。这就结合了经济学和哲学的工具,在对很多现实经济问题的分析上重建了经济学分析的伦理层面,但是这种“自由后的全面”却又容易注重自由,忽视全面。另一方面,还需要明确的是,即使是全面发展中的自由,人的发展形式归根结底也只是社会历史的产物,它不是永恒的、普遍的,而是随着历史条件的改变而运动、发展、变化的。因此,人的发展是生产力和社会关系综合作用的结果,单纯社会关系的改变,或者仅仅是发展了生产力而缺少与之相适应的社会关系的调整,人的本质不会有多大的改变。如果说以自由看待发展的理念是超越了传统意义上的关注增长与效益的范畴,那么马克思的全面自由发展思想则是在更高价值层面的拓展,即从生产力和社会关系两个角度的全面实现。所以,同超越了单纯的经济增长范畴上的“自由”一样,中国在推动人的自由发展时也不再只限于经济领域,而是在政治文明、精神文明乃至生态文明建设中都有所体现。②

传统工业化社会发展的特性证明,人类社会发展若与自然隔离,实际是与万物隔离。中国传统文化强调人与万物为一,人与物之间的条理不能紊乱,否则万物平衡必遭破坏。马克思认为既然“现实的人”始终是发展过程的主体,那么人的自由发展就是包括全面发展在内的人类社会发展的一个更高目标。马克思认为,现代社会发展的目的是消除人在资本占社会支配地位以及物的束缚下的异化,实现生产的社会化即相应意义上的“全面”,从而最终实现人自身的自由而不是资本的自由。马克思的发展观主张摆脱资本主义社会中资本对人类发展的束缚,在构建绿色发展实现机制的问题上便体现了出来。在马克思那里,发展最终目的是实现人与自然、人与人、人与自身和谐相处的共产主义社会。而共产主义社会要求“完成了的自然主义”与“完成了的人本主义”的统一,这也成为构建绿色发展实现机制根本的

---

① [印度]阿马蒂亚·森:《以自由看待发展》,任赜、于真译,中国人民大学出版社 2013 年版,第 294 页。

② 参见胡鞍钢、鄢一龙等:《中国新理念:五大发展》,浙江人民出版社 2016 年版,第 98 页。

归宿。工业革命以来,人类社会的发展进度与改造自然的深度息息相关。马克思揭示了资本出现以来对人性的控制与压榨,同时也揭示了资本占主导地位的生产模式和无限增殖性、扩张性导致的对自然资源的无限占有,为解决人与物、人和人之间的矛盾提出了理论指引。而从发展的视角来看,真正实现驾驭资本逻辑,而不是被资本逻辑驾驭,同样是中国在继承传统文化的基础上对现代社会发展的一种价值观变革和发展模式的转变。

(二)致力于全面发展的人

人民对美好生活的需要直接引出了人的全面发展问题。习近平总书记在十九大报告中提出的关于推动人的全面发展、社会的全面进步思想与经典马克思主义关于人的自由而全面发展的观念是一脉相承的。人的全面发展中需要处理多种关系,以实现社会的全面进步。马克思对资本逻辑的批判本质是对资本主义自由市场的批判。市场作为调节资源配置的一种手段,在经济发展过程中作出了重要贡献,也是人们通过自由交换实现发展的一个重要方式。但市场经济往往造成人们的被动自由,其不可避免的一个结果在于私人浪费社会资源,胡乱投资的后果等同于挥霍与浪费,造成了生态问题。也就是说,不同个人可行能力的无序组合与扩张而掩盖甚至"蚕食"了其他人的可行能力,这是中国社会各类经济形式的快速发展亟待解决的问题。中国全面发展必然要超越单纯经济学上的效率至上来考虑问题。改革开放以来,中国走出一条特色社会主义发展之路,而中国特色社会主义的取向应是继承科学社会主义,即为每个人提供发展需要的条件与基础。习近平新发展理念立足"美好生活"的价值逻辑,基于马克思主义坚定的"人民立场",能够始终保障绿色发展与人的美好生活的内在有机统一。[①]

习近平总书记强调,改革开放40年以来中国人民享受了前所未有的开放和自由,并深深融入了中国社会主义核心价值观,"每个人的全面而自由的发展"也成为所有共产党人奋斗的目标。在推动人的全面发展中应强调自由的边界问题,如果处理不好这个问题,人的全面发展就难以实现。而自由边界的存在,本身也体现马克思自由观与西方主流发展理论中自由观的

---

① 参见陈江波:《习近平执政为民理念对社会主义本质论的拓展》,《南通大学学报》(社会科学版)2017年第3期。

不同。在中国社会主义市场经济条件下，必须处理好人全面发展中自由边界的问题，而自由边界的确立，往往是由其体现的内容与形式所影响和决定的。自由与全面发展在人的发展中也并不矛盾，自由可以成为全面发展的一种表现，只有在自由发展充分的基础上才有可能实现真正意义上的全面发展；而自由又是全面发展的特征之一，是发展的手段。马克思认为，既然"现实的人"始终是发展过程的主体，那么人的自由发展又是包括全面发展在内的人类社会发展的一个更高目标。诺贝尔经济学奖的获得者阿马蒂亚·森(Amartya Sen)以自由看待发展的核心理念是自由不仅仅是发展的目的，同样可以作为发展的手段。他认为全面发展既能够作为发展的一种模式，也是发展所追求的一种目标，在一定意义上自由本身也成为全面发展的必然手段，是一种实现"工具理性"的思想，即"自由后的全面"。以阿马蒂亚·森的自由观来看待全面发展虽然有助于更好地理解发展内涵和手段的外延，但是其本质仍然是不改变资本主义经济体制的条件下实施的改良措施，没有触动资本主义私有制和摆脱资本的历史束缚，较为容易陷入为了自由而自由、为了增长而增长的桎梏，从而忽略人自身对美好生活的真实需要。相比于阿马蒂亚·森为代表的西方发展理念，中国在新时代中国特色社会主义条件下积极推动人的全面发展具有一定的特殊性，这表现在它不仅仅是一种发展的方法与模式，而且把发展的关注点延伸到了未来，是人类社会发展到一定程度的必然趋势。新时代中国特色社会主义所处历史发展阶段决定了要把发展成果和每个人具体真切的幸福感有机结合在一起，处理好人与社会的关系，而人与社会关系中的最为显要的一个因素便是自由。马克思的发展思想构筑在生产力发展的物质条件之上，共产主义的自由发展则需要物质财富的极大丰富和人民精神境界的极大提高。

《荀子·性恶》中说："圣可积而致，途之人可以为禹。"这一种"通变"的思路，深深地扎根于中国传统文化之中，形成了一种中国式的逻辑。马克思主义必须与中国具体文化特点相互融通。马克思主义之所以在当代有力量，也在于它与中国具体文化的"相通"性。从辩证唯物主义的角度来看，发展环境的改变应与人的发展相互一致，才是发展的本质；而实现"完成了的自然主义"与"完成了的人本主义"的统一，成为当代中国特色社会主义发展所要求的归宿。中国的马克思主义需要坚持社会主义和民族传统两大基本内涵，历史地、具体地理解当代中国的绿色发展的思维取向恰恰是回归对人的社会属性的高度重视,从现实的物质生活(社会关系)中寻找历史发展的动因,强调社会发展在于人民自身,历史发展"在于'势'而不在'圣人之意',与历史唯物主义相通"[①]。马克思主义对人的本质尤其是人的能动性的关切,以及人全面发展的目的性、工具性、结果重要性和程序重要性的有机结合,为新时代中国特色社会主义条件下推动人全面发展打开了新的思路。马克思认为人并非一开始就是孤立的、不自由的和异化的,而是一种在现代化发展过程中"人的主体独立性、主体能力和主体自由的发展",不是一种超越了"自由的一无所有"[②]。"断言自由竞争等于生产力发展的终极形式,因而也是人类自由的终极形式,这无非是说资产阶级的统治就是世界历史的终结。"[③]人只是在历史过程中才被孤立化的,在资本主义条件下的自由并非人类自由的终极形式。中国推动人的全面发展使人的社会关系逐渐趋向马克思所预言的"自由人的联合体"。所谓"联合体",就是超越被动自由、超越资本束缚的真实的、基于人们需要本身的自由,在对人的二元性尤其是人的能动性给予了关切,以及发展的目的性、工具性、结果重要性和程序重要性的有机结合上,为人们以自由看发展的实践奠定了坚实的基础。[④] 人的全面发展,体现的是人的本性与本质,祛除了依靠资本发展的异化元素,归根到底也是社会历史发展的产物,是社会生产力达到一定程度的结果。发展最终是为了实现人的美好生活,美好生活与共产主义在这个层面实现了有机统一。所以,在共产主义社会人的美好生活状态就是"全面中的自由",一个真正实现了人全面发展的社会将是马克思所论述的共产主义社会的"前奏"与"先导",共产主义社会中的自由而全面发展的个体将是社会发展最为雄厚的基础,但个人的可行能力不可能趋近无穷大,人的全面发展必然要处在一定社会关系(马克思称之为"自由人的联合体")中。这是根据马克思的历史唯物主义方法研究得出的结论。

---

① 周全华:《马克思主义中国化学术史》,广东人民出版社2018年版,第373页。

② 赵士发:《现代化进程中的马克思主义中国化》,人民出版社2016年版,第7页。

③ 《马克思恩格斯文集》第8卷,人民出版社2009年版,第181页。

④ 参见朱成全:《以自由看发展:马克思自由发展观视域中的人类发展指数扩展研究》,人民出版社2011年版,第68页。

(三)追求美好生活的人

资本逻辑在全球化时代通过更隐蔽的形式操纵着人们的生活,而以资本逻辑为计量标准的生产力发展水平直接影响甚至决定了人们对生活水平的定义,人们的生活环境也有了相应的各种指标,众多经济标准掩盖下的人被忽视。而真正的标准则在于人自身的能力和生活状态是否得到了历史性进步和全面的发展,这是对美好生活追求能力的体现,是人的主观感受,是无法也没有意义用数字去描绘和计量的。人需要满足自己对美好生活的需要,尤其是对优美生活环境的需要,从而成为能够在更好环境下自我主导、自由自觉的人。立足《共产党宣言》《资本论》中对资本逻辑的批判,解读新时代中国特色社会主义的绿色发展就有了更广阔的理论视角。习近平总书记认为深入理解新发展理念,"要坚持人民主体地位,顺应人民群众对美好生活的向往,不断实现好、维护好、发展好最广大人民根本利益,做到发展为了人民、发展依靠人民、发展成果由人民共享"①。这从根本上阐释了无论什么样的发展,都应该是为了人民的美好生活,为人民谋幸福,是对马克思所论述的人的自由而全面发展思想的进一步提炼。其核心强调绝不仅仅是把绿色发展理解为经济发展中的依赖"物"、依赖资本的一种被动自由与被动全面,相反,它是市场经济发展到更高层面的一种主动自由,这种发展状态更多关注社会中人的权利发展,提高人自身的价值、实现幸福和美好生活的能力。目的决定了内容的不同,而内容又决定了形式的不同,只有在这个前提下,绿色才能真正成为全面发展中的一个重要内容。中国特色社会主义经过长期实践探索,开辟了一条不同于西方资本主义国家现代化发展的新路径,打破了所谓"资本主义成为历史终结"的神话,表现在生态领域即为绿色发展遵循"以人民为中心",在此基础上真正驾驭好资本逻辑,实现人民对美好生活的追求。具体可以从人的可行能力、组织范围的信息基础、社会的公共行动以及国家力量保障等方面进行综合分析。

1. 人的可行能力的讨论

这里并不需要把重点放在"可行能力具体包含什么"上,而是在推动实现美好生活的过程中,在资源面前,人们能够平等地扩展自己的生产能力、

① 《习近平谈治国理政》第2卷,外文出版社2017年版,第214页。

收入能力,为人们提供了除传统研究资源配置和福利分配的方式之外,同样有连接二者的“第三条道路”,即“关注处于资源和效用之间的某种东西”。考虑到当代社会的经济增长形式逐渐开始兼顾资源与效用,这里可以把“某种东西”理解为一种全面发展的资源,一定程度上就是所谓的“自由”。在社会领域实现自由的基础是对人的可行能力进行分析,而在全球化发展中,国家之间发展的理论依据是比较优势理论,其本质都是为了一种共同的发展进而实现最优化的资源分配。

2. 信息基础的扩大

新时代中国特色社会主义发展背景下人们生活的一个较为突出的特点是信息资源的丰富。相比以往人类社会的发展,第四次科技革命带来的是信息传递到了前所未有的发达程度。相比于世界其他国家,中国移动互联网发展优势为人全面发展奠定了雄厚的信息基础。现代西方经济学家在论述消除贫困、增进公共服务等各方面也十分重视信息的作用,认为“一般地,各种规范性理论的信息基础,尤其是,各种正义理论的信息基础,具有决定性意义,而且可以成为关于实际决策的许多辩论的真正焦点”[①],关键取决于在进行社会决策时采用哪些信息。这种信息基础上的自由实质上是一个能够容纳个人不同动机和价值偏好,避免任何预先性的价值优先排序从而囊括社会成员不同可行能力的发展的基础。信息基础上的自由应遵循“共同考虑,区别对待”的原则,而马克思所论述的“自由人的联合体”中,“人”与“体”是有机统一的。信息基础的完善也是社会主义市场经济始终追求的目标之一,但市场的整体进程与取得的成就不是市场本身达到的,而是依赖于政治和社会安排,能够作出这种安排的主体仍在于人们自己。

3. 社会公共行动的呈现

美好生活的制度安排必然要依赖社会公共行动的呈现,将人的可行能力纳入全面发展的考量之中,这就不得不再次考虑对人的自由这种能力的促进或者限制问题。而现代社会个人的生活是依赖于市场和社会的,强调以公共行动来创造条件才能使市场和社会更好地发挥作用。马克思认为这种自由的个人能力在资本主义社会产生了异化,个体严重依赖于毫不受节

① [印度]阿马蒂亚·森:《以自由看待发展》,任颐、于真译,中国人民大学出版社 2013 年版,第 49 页。

制的资本。市场机制在当代能取得一定成就的主要原因应是其所提供的机会可以被合理地分享。公众成了变革的能动的参与者，不是指令或资助配给的被动的、顺从的接受者，同时配以相应的公共政策，例如学校提供基本教育、社会普及初级医疗保健，这些都可以看成全面发展需要的工具基础。但在马克思主义这里，工具基础固然重要，但最根本的社会行动要回到人们的劳动本身，“劳动创造了人本身”[①]。社会化劳动本身是马克思主义社会发展理论的一个基本范畴，社会的公共行动应成为全面发展中自由的一个重要基础，其目的仍然是满足人们对美好生活的各种需求，从而成为人实现美好生活的前提。

4. 国家的力量

社会结构和国家也是在一定的社会条件下产生的，应该再次回到对人们社会生产生活方式的分析上，并以理解物质生活再生产为基础。虽然马克思、恩格斯指出国家力量将会消亡，人类的组织形式将是一种社会“共同体”，但是在相当长一段时间内，人的发展并不可能完全脱离国家的作用。阿马蒂亚·森在如何实现发展的论述中同样提到国家和政府的作用，尤其是在论述亚洲价值观的时候他提到了孔子的“国行正道”的国家观念，认为这种价值观中所思考和依赖的国家力量并不是家庭力量或者说组织力量的一种简单延伸，而是能够形成一种积极保障力量，因为其可以实现所谓的“正道”，从而反对简单地将其看作一种专权主义。但是需要注意的是，国家力量与政府行动并不对自由起到某种绝对的支持或阻碍的作用，而是需要起到保障自由或杜绝滥用自由的作用，使得发展能够避免动荡，以一个平稳的方式进行；同时，国家力量与政府行动仍然要把关注点放在保障公平的参与机会和处理个人生活与社会行动的问题上，具体在个人的发展条件、社会机会与保障的自由上。这就为国家力量与政府行为设置了界限，避免这种力量由积极自由走向极权专制。

总之，从人自身的角度而不单纯是经济的角度思考破解资本逻辑的难题，能够为绿色发展的物质基础提供理论支持。资本逻辑占据当今社会的统治和支配地位，它的哲学辩护是主体性的形而上学。马克思从历史唯物主义出发，提出人自由全面发展的学说，从人的发展角度对历史进程进行了

---

① 《马克思恩格斯文集》第9卷，人民出版社2009年版，第550页。

考察,提供了驾驭资本逻辑的思路与方向。马克思哲学变革的关键之点在于,从现实的个人出发,解除了观念层面的形而上学强制和现实层面的资本强制。从而,资本逻辑导致的全球性生态危机等现实困境,就不是靠简简单单的绿色生产与绿色消费主义的倡导可以完全解决的,而是需要转变思路,改变人与物的颠倒的关系,按照历史的内在发展理路,准确理解资本出现的历史意义和局限性,在技术和制度层面约束资本逻辑逆生态特性,构建起绿色发展的保障机制。从这个角度看,当今中国推动绿色发展,重建的就是人与自然、人与人、人与自身的关系,无疑是符合历史趋势的选择和举措。

二、以人民为中心:形成绿色发展途径的目标保障

绿色发展保障机制能够约束资本逻辑逆生态,使资本发挥作用真正是为了服务于人的期望与需要,进而真正符合人的理念而不是资本逻辑的需求。绿色发展驾驭资本逻辑的保障机制需要能够在目标上约束资本逻辑,保障绿色发展中的"绿色"属性,这必然要在发展的现实途径中体现。人与社会发展关系最为紧密的一些领域,恰恰又是资本逻辑能够发挥影响的领域,无论这种影响是显性的还是隐性的。首先,目标约束机制需要从人自身发展的源头上就开始发挥作用,这样教育的基础作用就显现出来,绿色发展必然要重视教育在发展中的基础作用。其次,现实生活中各种生产、生活互动必然依赖于现代的科学技术,这决定了科技同样也有一定目标约束作用,而资本逻辑在发展早期正是借助科技的外衣遮盖了生态问题的实质,约束资本逻辑不可能脱离了科技的途径。最后,目标约束也不可能脱离资本最为集中与活跃的领域——金融业,绿色化的思维理念对金融行业能产生怎样的影响将是绿色发展能否真正约束与驾驭资本逻辑的重要表现。

中国当前正在大力推广绿色教育、绿色科技与绿色金融,并取得了一定的发展成果,给了绿色发展实现机制以充分的基础,但是可能只是注重了表面上的"绿色",忽视了为什么要"绿色","绿色"的真正意义是什么。所以这里讨论的重点并不是绿色教育、绿色科技与绿色金融具体如何实现"绿色",而是如何真正回归人自身成长、发展的需要,以及社会全面进步的需要,根本目标是实现"以人民为中心"的绿色发展。

(一)绿色教育回归人的成长

“绿色教育”起源于20世纪60年代兴起的“环境教育”,是对工业化社会中人类征服自然的教育观的巨大反思。绿色教育的核心同样是“以人民为中心”,这种教育不是以往那种简单的环境教育,更不是“人类中心主义”的复辟,基点应是和谐思维,明确生态环境问题产生的历史性根源,核心是培养人的绿色发展能力。推行绿色教育的人是马克思所说的“现实的人”,是生活中的人,是成长中的人。资本逻辑批判视角下对绿色发展的认识使得我们重新回归了马克思关于人的全面自由发展的思想。西方传统政治经济学的教育普及在近代以来逐渐从一个有血有肉、有伦理道德的人创造财富的理论,变成一个去除人性因素的资源分配与选择逻辑,虽然有助于对经济事实的分析,但在这个转变过程中付出的代价便是人性在深度和丰富性的极大损失。现代西方一些哲学社会科学多受此影响,设置很多条件和假设,逐渐脱离人与社会发展的问题,这失去了现实生活的基础,不可能真正符合人的发展方向。所以,我们的绿色教育不能照搬西方的教育模式,必须回归到我们自己的现实生活与人的成长活动中。

绿色教育是构建绿色发展保障机制的长久之策与坚强后盾。虽然与其他绿色科技、绿色金融等相比,它不能有立竿见影的效果,但正是由于教育领域是较少受资本逻辑影响的领域,所以具有独特的优势。其一,教育面向的正是下一代、是未来发展的中坚力量,只有在他们心目中牢固树立绿色发展的理念,整个绿色发展实现机制的构建才能真正有未来。其二,绿色教育培养的是一种良好的习惯,通过普及绿色发展知识,把一种正确、健康、绿色、环保的习惯与学生的成长结合起来,就是在用行动支持人与自然的和谐相处。其三,绿色教育也是对绿色文化的发展传承,把绿色发展理念内化为文化的一部分,从而使绿色发展拥有永不枯竭的活力,既有利于理念的推广和传播,又提升了全民族的生态文化素质。总之,绿色教育培养的应该是摆脱资本逻辑束缚、真正致力于绿色发展的人。各类学校通过环境保护与绿色发展通识教育等途径创设绿色课程,营造绿色学校文化;通过打造“绿色环境”、推进“绿色管理”、培育“绿色心灵”、建立“绿色体系”等途径推广绿色发展理念。绿色教育的对象不仅包括在校学生,也应包括工人、农民、军人、公务员、商人、学者等各个社会群体,为他们创造各种途径接触绿色教育。

中国绿色发展推行的绿色教育必须回归人的成长。中国传统文化的精髓和马克思主义追求的终极境界都应当是这种人性舒展与人文关怀,中国共产党的执政理念——从国家专政到国家统治,从国家统治到国家管理,从国家管理再到现阶段的国家治理的认识过程,同样体现了人文性的精髓和境界。所以绿色教育始终不能脱离人文性,不能盲目追求所谓的技术高端,或者盲目照搬西方的绿色教育模式。绿色教育同样是源于生活,而生活的主体又是人本身。习近平总书记深刻指出:"中国梦是人民的梦,必须同中国人民对美好生活的向往结合起来才能取得成功。"①绿色教育最终是要实现美丽中国的梦想,新时代中国特色社会主义思想指导下的绿色教育,能够真正理解并运用马克思关于人的发展理论,使绿色教育能够真正深度融于人的生活之中,满足人们对美好生活环境的期望。绿色教育使人真正成为绿色发展的"中心",不再受资本逻辑的束缚,能够充分发挥人的主观能动性的作用。正如之前所进行的每一次科技革命一样,绿色教育的终极形式就是每个个体都将成为绿色发展的有机组成部分,从而人人都是绿色发展的主体,实现绿色发展的"见无更见有"。

(二)绿色科技回归人的需求

绿色科技是针对具体时空的。在某个时刻某个地区的绿色科技,在另一个时刻另一地区可能不存在"绿色"的意义。"受人的认识水平及客观条件的限制,一项新科技的负面影响不会立即被发现,因此,对绿色科技的分析必然有一个横向比较和纵向比较的过程,发展绿色科技也应树立综合的、长期的、渐进的观念。"②绿色科技不同于传统意义上的技术创新。它虽从属于第一生产力的科学技术,但这种科学技术并不以单纯的经济效益最大化为己任,而是兼顾社会效益及经济、社会可持续发展。具体而言,绿色科技发展是一种基于可持续发展的创新过程,不仅不会加剧资源掠夺和环境破坏,而且能实现资源共生、持续利用和对自然环境的维持与保护,其创新效益也能够涵盖经济、社会、生态等各个方面的需要;但需要谨防资本投资纯粹只是打着"绿色"的旗号,对发展的现实没有起到任何积极促进意义。所

---

① 《习近平谈治国理政》第2卷,外文出版社2017年版,第30页。

② 李娟:《绿色发展与国家竞争力》,经济科学出版社2018年版,第134页。

以，只有根据不同阶段的具体情况来设定，而无论在什么时期、什么阶段，唯一不会变的就是回归人的需求。

从理论层面上看，马克思在分析资本主义工业时代的发展时指出："自然科学却通过工业日益在实践上进入人的生活，改造人的生活，并为人的解放作准备，尽管它不得不直接地使非人化充分发展。工业是自然界对人，因而也是自然科学对人的现实的历史关系。"[①]马克思关于自然科学与大工业发展的思想，是把科学技术的发展看作人的发展的一部分，成为人生活方式的一部分，是实现人创造美好生活的重要手段，而不是对生活产生不利的影响。这种对生活方式的定义，强调的不只是拥有什么或者如何拥有，而是能否依靠物质的拥有满足更多其他方面发展的需要，例如在对信息技术基础的搭建上，需要避免依据自由名义进行垄断的陷阱。人的真实需求能不能真正实现，仍在于是否能够克服和摆脱传统发展方式中已有的弊病，归根结底仍是处理好人与人之间在发展上的问题，实质是"如何平等地分配所获得的自由……最重要的是自由的平等"[②]。促进全面发展的重点仍然是人与人之间在发展获得和分享上的平等问题。在时代发展大潮下，一部分资本集团利益既得者依靠垄断优势，以自由的名义通过掌握和控制更多的信息和话语权来维护自己的利益，这便违背了全面发展的根本原则。需要看到，人的这种差距仅仅是经济上的而非机会上的，而减少机会上的差异或者不自由则需要在经济与社会发展中进行信息基础的搭建。单纯经济上造成的垄断并不可怕，而以一种自由的名义迷惑公众，造成对信息进而对发展机会上的垄断却可能会对整个发展造成致命威胁，只有真正解决好这个问题，才能为绿色发展提供坚实基础。

从现实层面上看，新时代中国特色社会主义思想指导下的绿色发展实现的一个重要标志，便是绿色技术在价值层面上能够真正融于绿色发展、融于生态治理之中，成为绿色发展的内涵之一。例如，互联网虽然不是最早诞生于中国，但中国依托移动互联网优势出现的"新四大发明"便是在新时代中国特色社会主义发展之路上不断寻求新的变革的体现。中国借助"互联

---

① 《马克思恩格斯文集》第1卷，人民出版社2009年版，第193页。

② 王福生：《共产主义：正义与自由——〈自由至上的共产主义：马克思、恩格斯与自由的政治经济学〉述评》，《北京行政学院学报》2013年第5期。

网＋”的时代浪潮实现绿色科技，需要坚守满足人民群众美好生活需要的价值导向，这是区别于西方发展“绿色资本主义”思想与体系的地方，从而决定了在这里所说的对美好生活的理解，不是一种虚幻的期待，而是实实在在的感受，是切实关系到每个人的。绿色治理不同于其他任何治理的一点就在于生态环境的公共性特征，是每个生活在现实中的人都可以感受到的。即使未来“互联网＋”行动能推动产生更多新的互联网技术形式，人向往美好生活的初心始终不能忘记，人还是需要扮演自己的“解放者”的角色。“互联网＋”引导的信息革命使世界在精神活动上逐渐趋向一个整体，由于精神活动依赖于物质活动，实际上又再次把人类自身的物质活动和精神活动由分离趋向融合，不过这种融合是相比于人类蒙昧时代那种形式更为高级的融合，这种融合以人对美好生活的需要为价值导向，实现绿色科技回归人的生活需求的更高境界——“见分更见合”的绿色发展。

（三）绿色金融回归人的期望

“绿色金融”又称“环境金融”，是指为绿色产业发展和传统产业绿色改造提供金融服务，或者是依靠金融手段和金融创新影响市场资本的投资取向，通过其对社会资源的引导作用，促进金融活动与环境保护、生态平衡的相互协调。金融业是资本的主要集中地，而金融业发展也要依赖于绿色发展，绿色金融的发展目标是实现经济社会的绿色发展。倡导绿色发展背景下的绿色金融也属于一种对绿色领域投融资的政策激励。在人类社会发展进程中，投融资一直是经济增长的源泉。绿色金融是当代经济发展中的一种新型投融资模式。它通过金融业务体现可持续发展战略，通过投资理财活动贯彻生态理念和环保思想，通过思考人类与环境的关系而改变国家和地区的资本市场投资方式。它较为关注人类健康领域，对自然环境的保护及自然生产力的发展产生积极影响。为此，需要制定有利于绿色金融的投融资政策，鼓励绿色融资、绿色贸易和绿色生产；对发展循环经济、绿色科技的现实应用及高新技术产业化给予资本投资的优先考虑权。

绿色金融应该回归人的期望而不是资本的期望。第一，绿色发展是为了人类社会的永续发展而不是资本的永恒存在，更不是资本为了迎合某种需要主动采取的权宜之计，所以绿色金融本质上并不是资本试图实现自我的“绿色化”，人对“绿色化”的期望才是发展绿色金融的根本归宿。第二，绿色金融只是绿色发展的工具性手段，是对金融行业在发展目标上趋向绿色化的规整，但绿色金融不可能从根本上改变资本逻辑逆生态。这就是说，绿色金融要想通过资本的经济功能推动绿色发展，必须紧紧围绕人对优美生活环境的真正需要，才能保障绿色发展中“绿色”属性的实现，而不是“诱导”资本对环保产业一哄而上，反而造成了环保产业过剩，结果使绿色发展变成了盲目的无序发展，形成另一种意义上的“资源浪费”，这就会成为典型的“为了节约的浪费”。要极力避免这种情况的发展，就必须在最初的发展目标与发展规划上有相应的保障生成。第三，绿色金融除了需要借鉴发达国家采取的一些成熟的形式与做法外，重点还是要充分运用社会主义制度的优越性，抑制资本逻辑的逆生态，为资本戴上中国特色社会主义的“笼头”，防止资本裹挟和以技术工具作为逆生态的遮蔽，从而从根本上克服其对绿色发展束缚的一面，凸显绿色金融促进人与自然关系和谐的历史使命。

三、以人民为中心：形成绿色发展主体的制度保障

只有处理好资本逻辑与“以人民为中心”的绿色发展之间的关系，才能在当代中国找到一条真正驾驭资本逻辑的路径。而驾驭资本逻辑的关键在于实现工业文明与社会主义的内在统一。在当代中国，限制资本的负面效应，核心应当坚持社会主义方向。邓小平明确指出，中国实现任何形式的现代化必须坚持四项基本原则：“我们搞的四个现代化有个名字，就是社会主义四个现代化。”[①]“我们干四个现代化，人们都说好，但有些人脑子里的四化同我们脑子里的四化不同。我们脑子里的四化是社会主义的四化。他们只讲四化，不讲社会主义。这就忘记了事物的本质，也就离开了中国的发展道路。”[②]在坚持社会主义方向的前提下，应当充分发挥资本对物质文明的强大推动作用，并能够实现引进国外资本和利用国内资本的统一。没有资本，国民经济就没有利用市场来配置资源的手段，就不可能发展社会主义市场经济。没有资本，就不可能与国外资本合作，就不可能坚持扩大对外开放。而保证资本牢牢束缚在社会主义制度的基本框架之内，就是将能够影响整个

① 《邓小平文选》第3卷，人民出版社1993年版，第181页。
② 《邓小平文选》第3卷，人民出版社1993年版，第204页。

国民经济的资本牢牢掌握在国家和人民手中，就是用社会主义价值观与政治力量，通过政府对企业行为的引导，将资本追求自身利润的活动纳入为全社会最广大人民群众的根本利益服务的轨道上。所以，在对国家力量的保障上，需要建立一套有尺度的价值规范体系。只有有了国家力量和政府行动的配合，才能使得以人民为中心的发展成为发展的真实内容，随着人们主体价值的提升，发展的实效性亦得到提高。相比于传统资本主义市场经济的发展，中国社会主义市场经济的优势便在于拥有国家力量与社会主义制度的保证。中国共产党可以总揽全局，处理好民主与民生关系，提出一系列新的发展理念，让全体人民可以共享发展成果。因此，中国需要也完全有能力实现一个对绿色发展认识和实践的价值规范体系，这包括完备的法律体系、行为准则、协议。只有建立一个有尺度的价值规范体系，对绿色发展的社会安排才会更为恰当和富有成效。另外，国家力量与政府行动除了提供外在的保障外，还需要有更多的人文内涵。它提供的是一个广泛的"包容性制度"，以便让更多人参与绿色发展成为一种自我实现的需要，而不是一种被动的参与。

在运用资本动力、接受资本博弈的同时，始终需要用社会主义力量对资本动力进行自觉利用和有效驾驭，尤其是注意私有资本的逐利行为和社会整体利益目标的辩证统一、市场力量与政府力量的辩证统一，以防止一些私人资本力量依靠现代发展技术和社会关系体系来危害人民的生态权益。因此，在绿色发展的保障机制中，同样必须坚持鲜明的反对私有化，充分发挥公有制经济特别是国有资本的主导作用。改革开放以来形成的基本社会现实，即生产和生活的社会化、各种资本力量的增长导致的资本化以及由实体经济链和虚拟经济链形成的深入全球化的发展，使实现绿色发展面临很大的挑战。在利用资本动力的同时，绿色发展需要解决对资本动力的有效驾驭，这是资本逻辑批判视域下重视绿色发展的必然。① 而绿色发展驾驭资本逻辑的保障机制中，制度保障本身也是属于一种制度创新，是通过对现存制度进行变革，而使创新者获得追加或额外收益。与通常意义上的以集团利益为目标的制度创新有所不同，这种保障制度的创新寻求的是社会福利的

① 参见柳泽民：《资本逻辑与科学发展——破除"中等收入陷阱"符咒》，上海人民出版社2017年版，第5页。

持续优化。它所实现的效率不仅能促进资源和要素的配置达到最优化，而且还能取得经济、社会、资源和环境之间的协调发展，并促使政府、企业和社会在环境保护与经济发展之间的竞争合作中实现博弈均衡。

(一)政府:完善预防资本短视的政策与巡视制度

在构建绿色发展保障机制的各个主体中，政府具有最高的社会责任意识和绿色发展意识，政府有能力也有责任把资源和环境因素充分纳入实施绿色发展进程中，尤其是在贯彻相应的法律法规的过程中逐步建立起适应绿色发展的规章制度，从而监督、掌控资本的投资行为。绿色发展重新认识并认可的是自然的价值，绿色发展所需的融资规模是巨大的。绿色发展中政府已经不能只作为经济发展的监督者与管理员，而必须成为绿色发展的重要推动力量，这并不是否定市场经济、资本市场的地位与推动作用，而是强调在市场经济基础上借助新型信息技术手段，例如大数据等，进行的经济调控，是有效的、及时的、必要的。

首先，政府有必要通过相应的公共支出、政策改革和制度变革来带动和鼓励这些投资，包括大力发展节能环保等绿色产业，对传统“两高一低”(高耗能、高污染、低效率)产业进行绿色化改造，坚持新旧动能转换、适当提高新进入资本的环保准入门槛，提升绿色发展的质量。其次，制定适应绿色发展、约束资本逻辑的法律法规。完善的法律法规是建立资本逻辑约束机制的必要保障和先决条件。只有建立健全相应的法律法规体系，做到有法可依、有章可循，才能引导、约束和规范政府自身以及社会、企业和国民的行为，让绿色发展在制度层面上进入法治化、秩序化的轨道。再次，政府需要对环境产权、资源保护、循环经济、节能减排和清洁生产等具体问题进行界定，以清晰的制度要求保障产权人的合法利益并对作出贡献的企业予以优惠待遇。最后，政府需要进一步完善相应的环保督查巡视政策，对相应地区的绿色发展工作实施“回头看”，重点落实绿色发展过程中的党政同责、一岗双责和长效机制建设情况，限制、惩罚甚至取缔一些资本的越权不法行为，以严格的执法手段强化对资本的经济行为的硬约束，从源头与目标上减少资源浪费和环境污染。

另外需要注意的是，政府在环保督查巡视政策与制度的制定与实施中，还需要协调其他社会发展主体，使绿色发展的支撑力量从单一形式转变为多元形态。这主要是因为:绿色发展需要依靠中国当代独特的移动互联网优势,通过"发展主体+互联网"实体与虚拟双管齐下的形式,将绿色发展理念融入建设与发展中,在全社会建立起一个大型的绿色网络,并且将其纳入人民的日常社会交往活动中,实现普通人之间的绿色行为互动;同时政府需要打破那种一成不变的职业结构和工作观念[①],使得绿色发展各个主体产生的经济关系、利益纠葛不再复杂,每个人都可以通过共同的价值诉求即美好生活需要,实现自身价值与多方共赢。由于传统的生态治理愈发不能满足产业、民众的价值诉求,通过新型生态治理手段解决实际问题就成为绿色发展的有效手段。政府可以充分调动市场和社会力量参与绿色发展,引领多元主体中的党员干部在各自的社会关系实践中、在实际工作中传播与实践绿色发展理念,多形式、多手段、多渠道、全方位推进绿色发展,最终需要把注意力从个人行为意义上转移到对共同体的思考上。

(二)企业:践行绿色管理与绿色绩效的规章制度

保障机制建设既是绿色发展的推进器与稳定器,又是驾驭资本逻辑成败的关键。尤其是对企业来说,作为微观经济主体,企业走绿色发展之路应该是一个诱致性制度变迁的过程,但强制性的制度建立却是使微观个体朝向诱致性路径转型的前提。因此,绿色发展良性约束机制的形成与政策体系的供给,既是一个相对紧迫的任务,又是着眼未来的系统过程。在对绿色发展的改进上,需要一种对自由合理的"社会安排"。规避社会主义市场经济发展中个别企业可行能力的无序,不是简单压制市场和企业,重要的是通过公共政策创新来创造更多的企业参与绿色发展的机会,在各类民生领域广泛吸引公众与社会资本、技术、人才等多种主体元素的参与,通过不同元素的结合让更多民众在参与发展过程中逐渐实现自身的全面发展。绿色发展中的相关生产就实质而言也是一种社会产品,需要在中央和地方的合作和物质支持下有效地普及社会服务。

企业作为市场经济的主体,营利性是其天然使命,企业必然是对资本力量负责,这是实行市场经济体制无法改变的规律,但可以让企业逐步改变自身的经营管理行为,由外在力量引导资本自身寻求某种发展改变。因此,需

---

① 参见[英]特里·伊格尔顿:《马克思为什么是对的》,李杨等译,新星出版社2011年版,第175页。

要让企业在绿色发展实现机制中承担应有的角色，发挥应有的作用。一方面，建立绿色绩效考核标准。要使企业在绿色发展中有效发挥作用，就要有相应的绩效考核标准，以定量方法计算相应的资源消耗的比率，包括折旧、保护与损失费用，以便在发展中准确反映资源消耗的代价和环境因素，客观地评价企业真实的经济绩效和社会效益，从而实现对企业这一经济主体的定量考核和有效监督。另一方面，构建绿色企业量化指标，这些量化指标使资本逻辑有了现实发展中的硬指标约束，也促进一些企业主动融入绿色发展转型的时代潮流。

在社会主义市场经济的背景下，由于资本增殖和社会多重目标之间的张力关系，尤其是企业对利润的追求和个体对自我价值实现之间的矛盾，克服资本逻辑带来的后果注定是一个长期的目标。我们不仅要把重点放在改变产生资本逻辑的土壤即市场经济和商品关系上，还要把资本逻辑的物质活动限制在经济领域，避免它向政治、文化与社会领域的渗透。[①] 所以，企业应践行绿色管理与绿色绩效的规章制度，真正发挥好在构建绿色发展保障机制中市场主体的作用。

（三）社会：营造绿色文化与舆论监督环境

在构建绿色发展保障机制的过程中，政府与企业做得更多的是“硬性”的保障行为，而“软性”的保障作用的发挥就落在了社会体制的发展完善，即绿色文化的推广上。绿色文化的推广需要社会公共行动的呈现。社会公共行动的呈现，是将人的可行能力纳入绿色发展共同体建设的考量之中。

对当代中国社会公共行动还处在发展阶段的现状而言，极其重要的是探索通过公共政策创新来创造更多的绿色文化体验机会。一是要在各类民生领域广泛吸引公众与社会资本、技术、人才等主体的参与和投入，让更多民众在参与发展的过程中逐渐实现绿色发展。资本主义发展的历史，是一部经济扩张被各种危机打断或各种危机伴随经济扩张一起出现的历史。它忽视了这样一个事实，即资本内在实质是无形社会关系的载体，而全面发展中的个人的自由就实质而言是一种社会产品，需要在中央和地方的合作和物质支持下有效地普及社会服务。二是必须依靠合理的社会安排来增加绿

① 参见张有奎：《资本逻辑与虚无主义》，中国社会科学出版社 2017 年版，第 185 页。

色发展中自由的宽度和广度，促进全面发展不仅有利于增强个人的可行能力，同时也推动了社会整体的进步。这其中不得不再次考虑对人的自由这种能力的促进或者限制问题。个人的自由是依赖于市场和社会的，强调以公共行动来创造条件才能使绿色文化真正发挥其推广作用。马克思认为这种“推广的自由”所代表的个人能力在资本主义社会产生了异化，个体严重依赖于毫不受节制的资本，而只有依赖于经济的、强调以公共行动来创造条件才能使市场更好地发挥作用。三是市场机制在当代能取得一定成就的主要原因是其所提供的机会可以被合理地分享。公众是变革的能动的参与者，不是指令或资助配给的被动的、顺从的接受者，而且需要配以相应的公共政策，例如学校提供基本教育，社会普及初级医疗保健，重要资源得到充分利用，这些都可以看成绿色文化推广需要的工具基础。但回到马克思这里，工具基础固然重要，但最根本的社会行动要回到人们的劳动本身。

舆论宣传在保障机制的构建中更是起着重要的作用，它是驾驭资本逻辑实现绿色发展的必要手段，少了舆论宣传的媒介力量，绿色发展的理念就不能得到广泛传播，不能被公众所了解认识进而转化为自觉行动。一方面，社会主流媒体应该是构建绿色发展实现机制的“喉舌”，而不是资本的“喉舌”，应该把国家的大政方针广泛地传播到公众那里，应该有效地引导社会舆论走向，使之朝着有利于发展的方向进行。另一方面，舆论应该适当控制资本逻辑不利影响因素的侵扰，避免扩大不良影响，化消极为积极，变被动为主动。更为重要的是，社会舆论宣传同样不能忽略新媒体的重要性，许多新媒体控制权反而在一些垄断资本手中。必须规范这些企业资本的话语权，积极引导一些大的网络平台服务商、运营商积极参与到绿色发展的实现路径中，弥补主流媒体的不足。另外不容忽视的是，社会公众也要通过阅读、收听、收看等方式真正理解绿色发展的要求，并进行积极转发、评论与建议、批评等，成为绿色发展的宣传者、先行者，这样才能真正起到舆论宣传的约束作用。引导需要多管齐下才能达到渗透和无形约束的作用，一个良性的互动才能推动绿色发展理念真正得以实现，并能借此取得良好的成效。

总体来说，所有保障机制的构建都是为了构建“以人民为中心”的绿色发展实现机制。政府需要依照绿色发展的要求构建治理模式，完善体制、加强对资本的引导；企业不再只是单纯依赖资源和环境，而是从生态要效益，使低碳和循环经济模式成为资本青睐的对象，同时进行严格的生态自律，实现低投入与高产出的平衡协调;社会也通过绿色文化推广与舆论监督机制,在驾驭资本逻辑的过程中发挥重要作用。绿色发展是社会全方位的发展形式,与低碳循环经济、生态经济、环境经济等名词有关但却不等于其中任何一个。它作为一个综合性概念,经济是内容,发展是目标,绿色是特点,根本目的是社会的全面进步和人自身的全面发展。在这种形式中发展依然是铁律,所不同的是发展依赖的条件不再表现为与资源环境的刚性对抗,而是彼此形成良性循环。在绿色发展实现机制中,以人民为中心的保障机制的构建是驾驭资本逻辑逆生态的一大法宝。也就是说,绿色发展并不是因为关注自然伦理而否定或忽视人的主体地位和自身价值,相反,不仅需要注重人自身的需要,而且强调促进人的全面和长远发展。因此,它要求正视人与自然界相互依赖的客观现实,通过协调经济、人口、资源、环境的关系最终实现一代又一代人的永续发展。

第六章

超越资本逻辑:构建绿色发展的引领机制

中国构建实现绿色发展的引领机制,重在实现对资本逻辑“超越”的可能。前一章阐述了在绿色发展实现机制中构建“以人民为中心”的保障机制。“以人民为中心”的人民在实现绿色发展的过程中处于被惠泽的状态。本章涉及的每一个人,作为绿色发展的积极参与者,实施的是一种主观的自觉行动,或者促使其带有主观的积极的意愿才能显现效果。这一活动,必然不能再遵循资本逻辑,而是需要有一个崭新的遵循。只有如此,才能扬弃资本逻辑进而超越资本逻辑,真正摆脱资本逻辑逆生态的影响,实现一片广阔的绿色发展新天地,这便成为绿色发展追求的“美好生活逻辑”。美好生活逻辑作为人民对实现绿色发展的主观支撑,是绿色发展实现成果由全体人民共享的主观行动,是绿色发展思维的行动导向,是绿色发展承诺的主观履行。

一、以美好生活逻辑奠定超越资本逻辑的重要基础

对资本逻辑逆生态的批判是为了让资本给人类社会带来更多的文明进

步，正如恩格斯所说的，实现“自觉地”运用自然力来谋求幸福，关键还在于人自身。“人们有足够的智慧来扭转资本扩张的航向，从而驾驭资本逻辑服务于人类社会的进步。”[①]而资本逻辑的内在矛盾难以有外在的解决方法，需要一种“内在转化”，资本逻辑控制下的自然会让人类历史迈入一个纵欲的时代，只有迫使社会戒绝为积累而积累的做法，并设法发动合理运用、保护和发展自然力的人类社会制度的规制，才会实现一种超出了“必然王国”才会开始的自由，这成为马克思资本逻辑批判思想的时代彰显：在批判资本逻辑的基础上超越资本逻辑。“超越”有结束、取代的多重含义，着重强调的是替代资本逻辑的必要性。

“美好生活逻辑”并不是简单的“生活逻辑”。“生活逻辑”最初是新兴生态马克思主义学者岩佐茂（Shigeru Iwasa）的观点，其核心思想主要集中在《环境的思想与伦理》和《环境的思想——环境保护与马克思主义的结合处》等著作中，后者被人们誉为“日本生态马克思主义理论的经典之作”。岩佐茂是第一个把马克思主义的生态思想和生态社会主义传播到日本的学者，他把保护环境和马克思主义相结合，这为解决环境问题提供了新的视角。这里提出的“美好生活逻辑”，虽然与岩佐茂提出的以“生活逻辑”超越资本逻辑有共通之处，但是，两者最大的不同便是在国家制度与发展道路选择上。“美好生活逻辑”需要集中体现在新时代中国特色社会主义发展的主要矛盾之中的，因而有着特殊的国情特点与道路保证。

绿色发展能够超越资本逻辑而追求美好生活逻辑，一方面在于美好生活逻辑涵盖了低碳、循环、环境友好、人与自然和谐相处的文化和制度规范等，是实现绿色生活方式、指导绿色生产方式和绿色消费模式的根本遵循。另一方面，绿色发展遵循美好生活逻辑侧重于表示生态环保的内涵，主要是环境污染治理、生态环境修复与提高生态产品供给能力。由于绿色发展是人创造历史的活动，也是遵循客观发展规律的自觉活动，是对原有发展状态的超越，因而就成为对发展危机周期律的超越：既走出传统社会自然经济简单再生产的缓慢发展状态，同时摆脱重视资本逻辑却被其驾驭而带来的生态危机。绿色发展追求美好生活逻辑表示绿色发展并不是无限制无条件的

---

① 陈培永：《〈共产党宣言〉的新时代阐释：重解核心关键词》，中国社会科学出版社 2018 年版，第 39 页。

盲目发展，而是与不同国家和地区每个具体人的生活相关联。人的现实需要在多方面限定了绿色发展的最大空间、发展限度和实现发展的方式。绿色发展必须以人民不断发展的需要的满足为直接目的，迄今为止人类创造的一切文明成果都应当服务于这一目的。绿色发展作为中国共产党科学把握发展规律的创新理念，明确了新时代完成第一要务的重要领域和有力抓手，也为新时代中国共产党担当执政兴国使命指明了前进方向。以美好生活逻辑来引领绿色发展的价值取向，真正体现人们对美好生活的向往与追求，是人心所向和人民群众的热切期盼，也是人民群众健康生活的基本条件。

(一)新时代主要矛盾变化是美好生活逻辑的出场路径

习近平总书记在中国共产党第十九次全国代表大会上指出："中国特色社会主义进入新时代，我国社会主要矛盾已经转化为人民日益增长的美好生活需要和不平衡不充分的发展之间的矛盾。"这"对党和国家工作提出了许多新要求。我们要在继续推动发展的基础上，着力解决好发展不平衡不充分问题，大力提升发展质量和效益，更好满足人民在经济、政治、文化、社会、生态等方面日益增长的需要，更好推动人的全面发展、社会全面进步"①。人民对美好生活的需要直接引出了人的全面发展问题，习近平总书记关于推动人的全面发展的思想与经典马克思主义关于人的自由而全面发展的观念是一脉相承的。新时代一个最明显的特征是我国社会的主要矛盾发生了变化，由人民日益增长的物质文化需要同落后的社会生产之间的矛盾转变为人民日益增长的美好生活需要和不平衡不充分的发展之间的矛盾。其中，人民群众对优美生态环境的需要也越来越强烈。改革开放以来，我国的物质生产力得到飞速提高，人民生活不断改善。党和国家深入贯彻以人民为中心的发展思想，就生态而言，党中央大力推进绿色发展，加大在生态环境治理领域的力度，生态文明建设成效显著。其中，坚持绿色发展，为人民提供优美的环境，更好满足人民群众对美好生活的向往，实现社会和谐、环境优美、人民幸福成为我们的奋斗目标。发展目标的价值定位是发展的首

① 习近平：《决胜全面建成小康社会　夺取新时代中国特色社会主义伟大胜利——在中国共产党第十九次全国代表大会上的报告》，人民出版社 2017 年版，第 11～12 页。

要问题，以往对发展内涵的界定中预设着一种错误的观念，即发展仅仅是为了追求 GDP 的增长，而忽视了满足人民日益增长的美好生活需要。这种发展的价值追求直接导致了发展进程中人类因物的异化而最终导致人的自我异化。物质生产力得到了飞速发展，却没能实现更好的发展，发展的不平衡不充分越来越突出，发展的目的和手段被颠倒。强调发展的主体是“人”，目的是“生活”，实际上包含着两个方面的基本含义：一是说人首先是生活的主体驱动力，并因此应该获得享有发展的权利，而发展的目的不是为了发展而发展，是为了更美好的生活而发展。二是说人是发展结果的承担者，人的生活好坏是发展的最终衡量标准，人因此应该承担由发展所衍生出的一切结果。把人当作发展的客体和手段而不是主体，不仅抹杀了人生活的权利和地位，也放弃了人对自然界的责任，最终使自然演化为异己的存在。所以，美好生活逻辑作为构筑绿色发展引领机制的实践向度，是时代的需要，更是人民生活的现实需要。

（二）美好生活环境的需要是构建引领机制的内在要求

随着生产力的发展，人们具有了对自然生态环境进行改造的能力，力图让自然生态为人所用。由于人类的贪婪性，对各种自然资源的过度开采与掠夺，整个生态环境日益恶化。当遭到大自然的报复后，人们开始反思，并逐渐改变了对自然资源的使用方式，采取保护与开发利用并举的模式，力争通过对自然生态环境的改造、治理、修复等，使自然生态环境恢复到人们理想化的良好状态。从这一层面上看，我们要想实现理想的生态环境状态，就必须改变自己的生活方式，限制奢侈生活方式，这样才能从根本上来遏制资本对大自然无限制的攫取。因此，人们对美好生活环境的需要，符合整个社会发展的必然趋势。

马克思关于资本逻辑逆生态批判的思想体现的是人与环境、人与自身“双向对话”的实践关系，在现实的人与环境的双向互动过程中，绿色发展既是为了改善环境，也是为了改善人和社会。这是自然的改变与人的自我改变相一致的活动，只有这样才能实现“人化自然”中人的第二次提升。由此可见，社会主义的美好生活逻辑的对象与方法根本不同于先前的逻辑，是从强调人的现实生活出发，最终又回到人的现实生活。发展自然力以满足人合理需要的工作应快速向前推进，创造能够再次发展自然力的生态系统，维护发展自然力所需要的养分、能量和物质，在超越资本逻辑的基础上重新学会以美好生活逻辑的方式看待、运用、保护和发展自然力，认识到人类自身是自然力社会性的一部分，而我们确实可以努力为发展自然力作出贡献。只有摆脱资本逻辑的社会主义社会，才能够具有一种新的、自信的自我与集体存在意识，自由缔结不同于资本逻辑的亲近的社会关系，并对新的社会主义生活、生产方式树立信心。让社会主义的美好生活逻辑成为引领中国特色社会主义生态文明建设的价值取向，也真正体现了人民对美好生活的向往与追求，回应了人心所向和人民群众的热切期盼，是为人民群众创造健康生活的根本条件。

之所以在绿色发展过程中能够做到超越资本逻辑，本质还在于资本逻辑逆生态表现出的内在矛盾上。资本会生产并再生产出自己的社会环境和物理环境，尽管这要经过各式各样巧妙的中介和转化。然而，由此演化出来的环境不会单纯像镜子一样反映资本的需要，而是充满了矛盾。这些矛盾是十分强大的，可能会带来扰乱。新的社会环境必须被生产出来，新的发展逻辑同样迎来了出现的历史机遇，而这往往给资本带来巨大的成本，这成为构建绿色发展引领机制的关键因素。

在资本逻辑主宰的资本流通过程中，最后的那一环反而是最为脆弱的，交换那一刻就要取决于他人的行为（如工人、其他资本家、非生产性的消费者等）。他们持有货币且以某些方式来进行消费式投资，体现在商品中的价值才能得到实现。这“最后一刻”的资本逻辑控制最为脆弱的一个方面，恰恰是绿色发展超越资本逻辑的突破口，是构建绿色发展引领机制的一个重要拉力。这需要让绿色发展真正深入每一个公民的日常生产、生活中。良好的自然生态是经济社会发展的基础，要保护好生态环境基础，客观上要求全体公民都必须像保护自己的眼睛那样保护生态环境。建设美丽中国，为人民创造良好生产生活环境，客观上要求全体公民需要树立绿色发展的生活方式理念。

二、以美好生活逻辑引领绿色发展的理论维度

绿色发展的哲学理念并不仅仅着眼于传统意义上的环境保护、生态修复等问题，而是把重点重新转移到如何实现更好的发展问题上，这决定了绿

色发展追求美好生活逻辑的根本旨向。传统发展遵循资本逻辑的情况同样并不符合资本自身发展的长远利益。相比于资本占主导地位的传统发展方式，绿色发展所作出的引领不能是简单地节制资本，而是处理好资源环境与经济发展的关系，每个人的生产、生活方式都会和生态环境之间产生相互影响。生产和生活的社会性空前发展、全球化程度不断提高，生态问题的社会性反而愈加突出。社会主义的生产方式、生活方式不再以资本逻辑为最高准则，而是以"现实的人"、现实的生活为根本出发点和最终的归宿。从与资本逻辑关系的角度来讲，新时代中国特色社会主义需要在不断运用资本与约束资本的微妙平衡中寻求扬弃资本逻辑的发展之道，从而来实现一个接一个的发展成就，最终是需要完成马克思所论述的对资本的"否定之否定"。中国共产党尝试"驯服"资本、驾驭资本为人民服务，就是中国社会主义发展道路的"特色"所在。这同样体现在对发展理念的转变上。因此在经济新常态下绿色发展要着眼于如何实现以"王道"驾驭资本逻辑，核心问题是改善原有资本的生存环境，在资源配置上处理好政府与市场的关系，在构建机制上处理好法治与人治的关系，这是中国特色社会主义进入新时代的一大发展机遇。中国政府可以提供资本的社会保护和合理运作机制，并非是简单地利用资本，一切为美好生活逻辑服务。而政治和社会权力不能失去驾驭和管制资本的能力，这也成为未来绿色发展能否超越资本逻辑的关键，具体体现在绿色发展对资本逻辑在时间、空间和价值三个理论维度上的超越。

(一)时间维度:实现从资本短期增殖到长远发展的超越

绿色发展对当代生态问题的一个解决方案在于对整个社会的革命性重建和对传统发展依赖资本制度的历史阶段的超越。资本通过早期原始积累的过程实现了价值增殖，完成了对自然的独占，劳动者成为资本实现价值增殖的工具。资本原始积累的实质是实现对自然的独占，迫使劳动者从属于资本，资本逻辑统摄下的各种传统发展模式始终让资本追求短期增殖的最大化。究其原因，还在于当时社会发展因素的各种不确定性，以及国家与地区之间信息传递的不确定性，造成人类自身对发展有一种不安全感。这种不确定性和不安全感，在社会主义国家政权和制度的保障下就可得到消除，超越资本逻辑就成为可能。

在马克思主义科学发展原理的指导下，以人民为中心的绿色发展必然可以实现资本逻辑从追求短期增殖到长期发展的转变。历史唯物主义不同于旧唯物主义的一点在于其融入了"历史"的维度，这"在其本质上来看也是时间的维度"①。对近代资本主义发展产生的各种问题的一个解决方案在于对整个社会的革命性重建和对依赖资本逻辑的一个历史时间阶段的超越。资本通过早期原始积累的过程实现了价值增殖，完成了对自然力的独占，劳动者成为资本实现价值增殖的工具，资本逻辑的这种"霸道"使得各种传统发展模式始终让资本拥有追求短期增殖的特点。而中国以人民为中心的绿色发展，能够实现社会长远发展的新发展模式，重视资源节约利用和社会治理进步，为驾驭与超越资本逻辑创造可能：寻求一种更长远的方向，逐渐使"经济权力完全服从于社会权力"②，是真正实现驯服资本的保证。

构建绿色发展引领机制的愿景是通过生态问题来倒逼资本逻辑的转向，强调找到属于新发展方式的资本走向，为资本逻辑在时间维度上的转向提供充足的条件。一方面，需要巩固资本实现长期投资运营的良性体制，尤其是注重增强在生态环保领域投资的可持续性和长期性，利用现代信息技术减少乃至消除信息的不对称，增强投资的确定性保证，从而能够在时间维度上加入人类社会长远发展的考量。这种方式能够维持资本存量的非减性，从而保持资本的良性运营，使资本认识到只有实现了长远投资的可能，才能有一个合理的存在方式。这从根本上说并没有改变资本的本质与特点，而只是把增殖的可能在时间跨度上予以延伸，寻求一种更长远的发展方向。另一方面，需要为资本创造更多实现价值的新形式，例如探索股份制的创新，所有创新都是为改善生活水平、提高生活质量与生活层次服务的，当代资本呈现出的各种新的形式并能够造福人类生活也越来越证明了这种可能的实现。当资本实现价值增殖以越来越多的形式呈现，资本逻辑在时间维度上的影响就会越来越淡化甚至逐渐消失，给绿色发展提供超越的机遇与可能，这也是从黑色增长的资本逻辑向绿色发展追求的"美好生活逻辑"的转变，是真正超越资本逻辑的保证。

---

① 王让新、李弦：《马克思资本研究的逻辑演进与哲学透视》，人民出版社 2020 年版，第 247 页。

② 付文忠、马莲：《埃里克·赖特对当代资本主义的批判及其社会主义新规划》，《马克思主义文化研究》2018 年第 1 期。

(二)空间维度:实现从资本物质共同体到生命共同体的超越

从发展的空间维度上看,马克思对资本的空间化逻辑采取的辩证批判应成为绿色发展超越资本逻辑的核心内容。近代以来资本逻辑“无意识”地创造了世界历史,而由此引发的发展问题和全球生态环境问题必然要求人们具有全球性的发展思维,即人类进入生命共同体的时代。已经明确的一点是,资本逻辑逆生态的发展阶段是人类社会和资本发展必经的一个阶段,是不同历史阶段、不同层次的发展的要求所致。“资本按照自己的这种趋势,既要克服把自然神化的现象,克服流传下来的、在一定界限内闭关自守地满足于现有需要和重复旧生活方式的状况,又要克服民族界限和民族偏见。资本破坏这一切并使之不断革命化,摧毁一切阻碍发展生产力、扩大需要、使生产多样化、利用和交换自然力量和精神力量的限制。”[①]马克思所坚持的是不能放任资本的盲目扩张,同样也不能走向对资本占主导地位的盲目极端批判,而是强调需要批判地继承。绿色发展追求美好生活逻辑,体现在空间维度上是使资本的空间化逻辑能够真正为人生活的便利性与通达性服务。

构建绿色发展引领机制,追求美好生活逻辑,为传统发展资本逻辑提供“否定之否定”的历史机遇,这也需要在物质条件已经足够丰富的基础上,能够在更高层次上实现对资本逻辑的超越。从思维的层面看,资本逻辑的思维只在于塑造一个物质共同体,以便其施展自己的影响,而绿色发展追求的美好生活逻辑能够使任何人的发展都不是孤立存在的,对发展的认识需要突破“非此即彼”的思维局限,表现在对待资本逻辑的态度上,即是将其看成一个历史阶段的发展,从而实现资本在空间维度上从创造简单物质共同体到生命共同体的转向,这种生命共同体,其实就是一种生活共同体。人都是生活在这一个共同体中,虽然物质生活有所差别,但是生活的环境却是通达的,一损俱损,一荣俱荣,强调的是发展空间化的属性。从发展的实际来看,中国的绿色发展要让资本真正实现这样的要求,仍然要打破发展不平衡的态势,充分调动政府、市场和社会等多方主体的力量,在对绿色发展引领机制的构建中,把关注点从个体与地方主义转移到共同体主义上,不仅要加强

---

① 《马克思恩格斯全集》第 30 卷,人民出版社 1995 年版,第 390 页。

地方之间的经济联系，还要更加注重不同地方之间在精神、生态等领域的联系。

（三）价值维度：实现从资本集团利益到共同福祉的超越

从发展的价值维度上看，绿色发展需要促使资本逻辑实现从关注集团利益到谋求共同福祉的转向。这主要还是体现在人们对生产力的认识与掌控上。早期资本的意志决定了人类社会积累的财富和新兴的技术更多只是为财富的继续增长服务，而没有更好地为人自身的发展服务，科技的进步与人的生活现实、人的发展阶段相分离，甚至造成了人与自然关系的紧张。其本质是资本逻辑控制下的利益集团长期维护自身的垄断利益，进而导致了遵循资本逻辑的发展同样采用了相同的价值观。

生产和生活的社会性空前发展、全球化程度不断加深，使发展问题的社会性愈加突出。社会主义的生产方式、生活方式不能再以资本逻辑为最高准则，而是以"现实的人"、现实的生活为根本出发点和最终的归宿。中国以人民为中心的绿色发展能够体现出的一个不同，便是在国家制度与发展道路的选择上，它选择了中国特色社会主义发展道路，因而能够在一些受资本逻辑渗透较为深入的领域重新树立社会主义的国家权威，创造有效的社会条件和制度保障，保证绿色财富分配的公平与持续，使得资本逻辑的逆生态不再随心所欲，不是为个人财富增长而是能够为绝大多数人的福祉服务。资本逻辑的发展必须限制在社会主义的范围之内，同时也不能为了追求人的价值而使科技发展完全避开资本的作用。以人民为中心的发展，需要改变过去依赖经济增长速度和科技规模的单一发展模式，突破资本"不是人驾驭分工，而是分工驾驭人"的逻辑，真正体现人民对美好生活的向往与追求，回应人心所向和人民群众的热切期盼，创造人民实现美好生活的根本条件。

需要预防市场经济中资本逻辑的过度膨胀。市场作为调节资源配置的一种手段，在经济发展过程中作出了重要贡献，也是人们通过自由交换实现发展的一个重要形式。但市场经济往往容易造成人们的被动自由，被资本逻辑误导，这带来的恶果之一是私人浪费社会资源。也就是说，个人的可行能力的无序组合与扩张掩盖甚至"蚕食"了其他人的可行能力，这也是中国社会各类经济体在快速发展中面临和亟待解决的问题。中国绿色发展必然要超越单纯经济学上的效率至上原则。改革开放以来中国走出一条中国特色社会主义发展道路，而社会主义的取向应是为每个人提供自由存在和发展真实个性所必需的基本条件。随着中国特色社会主义进入新时代，涌现出的新发展理念立足“美好生活”的价值逻辑，实质追求的是经济社会发展与人的全面发展的内在有机统一。所以，绿色发展应该是对资本主义市场经济发展到当前阶段出现的各种问题的根本解决，应该是人类文明更高阶段的产物，是人们对市场经济从绝对“追求效率”到绝对“追求公平”两个极端平衡后采取的革命性方案。

因此，绿色发展要追求美好生活逻辑，在价值认同上要超越资本逻辑带来的个人与集团利益争夺。首先，对与当代生产力发展最为密切的，特别是科技进步的资本导向，必须限制在社会主义的范围之内，同时也不能为了追求人与自然关系的和谐而使科技发展完全避开资本的作用，因为这是一个“不能跳过也不能用法令取消自然的发展阶段”①。其次，绿色发展追求美好生活逻辑，前提应该是人们对发展价值有了重新认识，关键仍在生态领域与环境治理过程中，必须学会驯服与驾驭资本，把资本作为生态环境治理与实现美好生活环境的工具性手段，而不是价值实现的目的。只有如此，才能真正限制住资本逻辑本身所具有的巨大渗透力和扩张性。最后，对资本在生态领域的无序扩张，从容量和数量上进行一定的规制和管控。这种规制和管控的力度便体现在对发展价值的要求上，改变过去依赖经济增长速度和科技规模的单一模式，突破资本“不是人驾驭分工，而是分工驾驭人”的逻辑，重新在分工与科技发展上找到人的理性和价值上的整合，这个整合的方向即是人们对美好生活环境的需要。这一需要是每个处于现实生活中的人的共同需要，无论他们在社会中的分工是什么。只有如此，才能促使资本从谋求个人与部分利益向谋求共同福祉的转向。

在新时代中国特色社会主义的范畴中，绿色发展追求的美好生活逻辑充分体现在了生态与发展领域，无论是从时间、空间还是价值维度上看，逐渐实现了对资本逻辑的转向，这就为超越资本逻辑提供了可能。

---

① 《马克思恩格斯文集》第5卷，人民出版社2009年版，第10页。

三、以美好生活逻辑引领绿色发展的实践路径

在新发展理念之中，创新、协调、开放与共享发展的重点在于实现什么样的发展与怎样发展的问题，绿色发展除了回答这些问题，同时也阐明了人类发展的基础与前景是什么，即习近平总书记所倡导的构筑尊崇自然、绿色发展的生态体系，最终推动构建人类命运共同体。这一理念与自然的联系最为密切，是中国为世界发展道路提供的中国方案和中国智慧。“中国的未来不是西化，而是中国特色社会主义现代化，这不是发展阶段的差异，其重要原因在文化基因不同。”①构建绿色发展实现机制可以倒逼社会变革和生产关系的改进，进一步促进人的思维方式的变革，对发展的认识是一个质的提高。马克思认为劳动资料的改变必然引起生产方式的改变，从而引起生产关系和社会关系的改变，最终必然引起工人生活方式的改变。马克思进一步强调必须克服资本主义生产方式，“只有在这种生产方式下，才产生了只有用科学方法才能解决的实际问题”，而“现在，科学，人类理论的进步，得到了利用。资本不创造科学，但是它为了生产过程的需要，利用科学，占有科学”②。马克思对未来共产主义社会的展望，尤其是对人在生产方式与生活方式中的能动性给予了关切。

生产方式与生活方式中的绿色化，能够超越物质生产和非物质生产的分野，更多回归人的本质，将其作为发展的目的与手段，归根到底也是社会历史发展的产物，是社会生产力达到一定程度的结果，发展最终是为了人。在坚持马克思主义生产与发展理论的前提下，以美好生活逻辑引领绿色发展，努力探究并形成生产方式、生活方式绿色化的新理论与新模式，为中国特色社会主义生态文明的建设与发展作出重要贡献，也是区别西方经济理论与模式的显著特征。西方经济理论与模式将自然视为一种物化的商品，资本主义社会支持各种环保哲学的“自然观”，与资本为了自身的再生产而必须加诸世界的“自然力”，根本是互相矛盾的。恩格斯为《英国工人阶级状况》写的德文第二版序言中称：“霍乱、伤寒、天花以及其他流行病的一再发

---

① 《中国共产党第十九次全国代表大会文件汇编》，人民出版社 2017 年版，第 148 页。

② 《马克思恩格斯全集》第 37 卷，人民出版社 2019 年版，第 203 页。

生，使英国资产者懂得了，如果他想使自己以及自己的家人不致成为这些流行病的牺牲品，就必须立即着手改善自己城市的卫生状况"①。资本主义的环保措施或许能够威胁到资本逻辑的生存，但是因为各种原因，迄今在这方面未有重大发展。它们往往选择忽略资本逻辑正在建造的生态体系，而在资本逻辑追求的消费主义盛行的社会，铺张浪费几乎成为生活习惯，残害动物的现象不断发生，同类相互伤害的事情一再出现，所以超越资本逻辑的重点，不能只停留在宣传环境保护的意识和行为上，还要从整个社会保护自然力的角度重塑我们健康、正确的生态理性。人类必须向大自然索取纯粹的自然力才能生存，而索取又必须取之有度、取之有时、取之有法；同时，人类自身劳动的存续也是需要重视的，这种保护自然的态度才是理性的。对自然的价值需要有一个明确完整的认识，建立符合自然生态原则而不是以资本逻辑为原则的价值需求、价值规范和价值目标，真正理解和深化马克思主义人化自然观，使破坏自然会有"自然的报复"成为社会的共识。在生产方式上，注重人的劳动在自然力保护中的存续，转变不顾社会和生态效益只看经济效益的生产方式，以绿色生产方式为基础实现社会物质生产的绿色化，成为保护自然力进而实现生态文明的主要源泉。在生活方式上，人们追求的不再只是物质财富的享受，而是一种既满足自身需要又不损害自然力存续的生活，个体的生活既不损害群体生存的自然环境，也不伤害其他物种的繁衍生存。在社会结构中，将生态理性纳入原本被资本逻辑掌控的社会结构中，诸如在社会政策上考虑如何组织好经济政策，以便协调人类与自然之间的关系，使有关经济政策的制定充分渗透生态理性。

人作为创造性的主体，始终应追求超越资本逻辑的发展束缚，并在此过程中改善社会的发展环境。资本逻辑在某种程度上也必须顺应这种过程。然而，人倘若被看作一个在本质上由资本统治的对象，就无非是可变资本，即成为资本本身的一个方面。"用暴力消灭资本——不是通过资本的外部关系，而是被当作资本自我保存的条件——这是忠告资本退位并让位于更高级的社会生产状态的最令人信服的形式。"②这种更高级的形式，使人不再

① 恩格斯的这一论述同样出现在其为《英国工人阶级状况》写的美国版附录中。参见《马克思恩格斯全集》第 28 卷，人民出版社 2018 年版，第 370 页。

② 《马克思恩格斯全集》第 31 卷，人民出版社 1998 年版，第 149 页。

只作为资本的对象，地理上的机动性对他们来说具有相当不同的意义，而生态环境的变化彻底影响了这种意义。一般资本要依靠人对美好生活的这种无休止的追求——这种生活是从物质的和货币的角度来界定的——并把它作为手段，以便按照自己的需要来布置劳动的机动性，这成为绿色发展追求美好生活逻辑的实践路径，其充分体现在了绿色生活方式、绿色生产方式与绿色消费模式追求的美好生活逻辑上。

(一)绿色生活方式追求美好生活逻辑

从实践层面来说，绿色生活方式是构建绿色发展引领机制的重要组成部分，也是绿色发展依靠美好生活逻辑引领整个发展方向的重要体现。从整体角度来看，绿色产业是绿色发展的动力，绿色生活方式是绿色发展的推动力，绿色生活方式是推动社会不断提升发展质量的内生力量。绿色生活方式从狭义上说，是人们日常生活的绿色化，是人们在衣、食、住、行、用等经常性的维持生命活动中坚持践行的绿色发展的理念。从广义上说，它是指在劳动形式、精神文化娱乐活动、社会交往关系和家庭生活状态等方面都要坚持绿色发展、生态友好的意识和行为。需要注意的是，绿色生活方式绝不是要牺牲公众的生活质量来降低社会对资源的消耗，这样的理解是对生活方式绿色化的曲解，也不符合我们国家发展经济、满足人们美好生活的需要的现实。绿色生活方式是适应生态文明建设和绿色发展的新的生活方式，既要求居民生活水平持续提升、生活质量继续改善，也要求资源节约利用和生态环境保护，让人们能在一个更好的环境中健康生活、富足生活与可持续地生活，最终旨向是美好幸福的生活。

绿色生活方式追求美好生活逻辑应该具备三个特征：第一，绿色生活是高质量的富足生活。追求绿色发展并非通过抑制人类社会的进步和发展来维护和增强自然生态系统活力，而是追求人类社会的文明进步和自然生态活力的提升的统一，以人的自由全面发展和资源环境的永续发展为目标。第二，绿色生活方式体现的是发展型的需求。在整个生活支出结构中，满足生存型需求的支出比重应较低，在物质性生活资料上的消费支出比重应较低，在精神文化类、服务类产品上的消费支出比重较高，即用于发展型需求的支出比重较高。第三，绿色生活方式的价值导向应遵循美好生活逻辑，即对优质的、美好的生活质量的追求，而非单纯占有更多物质；以推进人的个性的全面自由发展、人的创造性潜力的发挥、人的身心健康的和谐为目标，而非鼓励追求资本逻辑所追捧的那种物欲的膨胀。一般而言，资源消耗的高效合理，污染物排放的减量都容易与绿色生活方式直接关联，而生活的富足高质却容易被忽略，这成为绿色生活方式追求美好生活逻辑的出场必要。如果不强调绿色生活方式的第一方面特征，就会把消费增长与绿色生活方式对立起来，这本身也背离了实现绿色发展的初衷。

绿色生活方式追求美好生活逻辑可以有三个途径：其一，构建绿色生活方式的引导机制。政府是社会发展的宏观调控组织，是社会发展的中枢，指挥着社会的有序发展。绿色生活方式在全社会的推行，政府承担着不可替代的作用，行政方面体现在对下属部门及其工作人员发挥表率作用，在社会治理过程中营造倡导绿色生活方式的氛围，保证社会公众对绿色环保政策等信息的知情权，同时要继续完善法律，构建相应的绿色行为制约机制。绿色生活方式的构建同样需要法律机制的保障，只有生态环境机制运行实现法治化、规范化，形成良好的生态环境法治氛围，绿色生活方式才可以系统化、制度化地发展。[①] 其二，绿色生活方式对相关物质资料的直接占用应是高效合理的。资源消耗在支撑消费结构升级，满足人们更高层次、更多样化发展需求的同时，有两个基本导向：一方面是日常生活资源的占用方式，应集约高效，扩大绿色产品的供应渠道，提高绿色产品在物质性消费中的比例，减少资源占用，提高能源效率；另一方面是生活能源的消费结构也应优质合理，通过政策引导、扶持，采用财政、税收等手段，推广新能源产品、节能环保型产品，推动生活能源消费结构优化。其三，生活污染物排放造成的环境压力应是适度的，不应影响生态系统的平衡稳定。从长期来看，生活污染物在排放强度和排放总量上也应与生活水平的提升相对挂钩，将人均生活污染物排放强度控制在较低水平，才能在排放总量上减轻环境压力，排放总量与环境容量相适应。要全面节约利用资源，实施有效的污染防治措施，包括在家庭及生活服务场所安装节约用水及循环利用设施，倡导购买节水节电家用电器与家居用品，培育全社会的绿色生活意识，使绿色生活方式成为时尚，使民众自觉调整各类生活行为，系统化地规范和转变传统生活方式。

---

① 参见刘江宜：《绿色发展道路探索》，中国环境出版社2017年版，第135页。

(二)绿色生产方式追求美好生活逻辑

绿色生活方式的实现实际上取决于绿色生产方式和消费模式。关于生产方式的概念,前文已有论述。马克思对世界的认知立足于一个观点:人类必须占有自然,才能满足自己的欲求和需要。这种"占有"是一种体现在生产行为和消费行为中的物质过程。在商品生产的前提下,交换把生产行为与消费行为分离开来,但对自然的占有始终是根本。所以,构建绿色生活方式需要正确处理绿色生产方式和绿色消费方式的关系。在《资本论》第1卷中,马克思就首次确立了"为积累而积累、为生产而生产"的社会必要性,前提是这里的社会关系是在资本主义之下的具有主导地位的社会关系。在资本主义生产方式中,由于所谓的"对抗性的"分配关系,生产与消费的平衡只有通过无休止的资本积累才能达到。由此可见,即使是追求美好生活逻辑的绿色发展,也始终不能忽略马克思所说的商品、资本的"物质方面"。否则,我们就从人与自然的关系中去掉了人的欲求和需要的满足,这也是从根本上脱离了美好生活逻辑。美好生活逻辑不是运用在乌托邦中,而是能够确切指导实际生产与消费的思想理论。

马克思认为生产方式体现了在生产过程中人与人之间的连接,这种连接构成了人们影响自然、改造自然的主观能动性,因而成为社会发展的主要推动力。人们在一定的生产方式中从事生产,是经济社会发展运行的根本。依靠资本的生产是人类社会发展不可逾越的一个阶段,而资本不仅普遍存在于资本主义社会,也可以表现在社会主义市场经济时代。在历史发展的现实中会看到几种不同的生产方式同时存在,相互交织,但是至少有一种生产方式会明显处于支配地位。过往生产方式的残留要素、未来生产方式的萌芽以及从同时代某种生产方式中引进的要素都有可能在一个特定的社会形态中被发现。绿色生产方式致力于节约能源,低消耗,减少污染,实现生产过程的生态环保,并最大限度地减少污染物的产生,也是构建绿色发展引领机制在资本生产环节的主要体现。

1. 绿色发展转型的现实要求实现绿色生产方式

对待绿色发展首先需要认识的是,如果从传统发展到绿色发展的转型仅仅只是停留在观念上,或者只是转变社会发展过程中的一些外在表现形式,那么,现代社会发展最为核心的层面即生产方式的层面还远未被触及。

绿色发展不仅仅是一种理念,也是一种新的发展的方法与模式,更加聚焦发展的自然基础与对未来可持续性的考量,强调共同享有发展的条件,即人类的生活环境和发展环境,这也是人类社会生产方式赖以存在的基础。绿色发展实现机制需要在关于发展的问题上跳出传统发展模式追求“单纯经济增长”的范畴。绿色发展实现机制就是形成绿色化的生产方式,而生产方式绿色化则成为一种特定社会条件下生产力与生产关系的统一体,是在当前人与自然关系紧张的时代迫切需要形成的一种社会生产形式。所以,绿色生产方式实现的是对传统生产方式的扬弃,尤其是对资本逻辑占主导地位的生产方式的扬弃。资本逻辑的运动没有尽头,作为自我增殖的逻辑,它呈现为纯粹的过程。因此,在处理资本的范畴时,人们是在处理这样一个社会的核心范畴:这一社会的特征在于一种持续的方向性运动,它没有决定性的外在目标,这个社会的动力在于为生产而生产,在于为持续而持续的过程。社会主义能够采取一种新的政治治理与经济控制的方式,重建公有制,其社会分配方式不仅更为公正绿色,而且更适用于现代社会生活。[①] 社会主义制度下的绿色生产方式需要消除人在资本逻辑占支配地位和束缚下的异化,从而实现人在生产中的自身的自由而不是被资本所束缚的自由。生产方式绿色化既是作为社会主义市场经济发展的一种生产模式,同样也是绿色发展能否真正实现的主要判断标准。绿色发展要求实现绿色生产方式,通过发展自然生产力来处理生态环境保护和生产力发展之间的矛盾,从实现发展的历史唯物主义的角度和马克思对未来共产主义社会人的生活状态的分析也可以追溯其最初的目的。

相比人类之前的一切传统生产方式,绿色生产方式仍是由生产力发展水平决定的,以物质生产为核心,生态生产为追求,同时整合了精神生产、人自身的生产,既考虑人与人的关系,又将人与自然的关系纳入进来,实现传统生产方式在创造财富价值层面上的拓展;而资本在绿色生产方式中已无发展上的“神秘性”可言,最终形成一种新的重构全面生产理论的研究范式。正因如此,对原有生产方式理论的研究与解释不再仅仅局限于数量上的扩大和形式上的增多,而是有了一种在内容上的实质性变革。

---

① 参见刘长明:《生态文明何以可能——一种基于所有制维度的研究》,《马克思主义文化研究》2018 年第 2 期。

2.绿色发展的实质要求实现绿色生产方式

绿色发展强调人与自然的和谐共处，实质仍然在于人在发展中自身本质的实现。马克思在考察生产方式如何体现人的本质时强调："个人怎样表现自己的生命，他们自己就是怎样。因此，他们是什么样的，这同他们的生产是一致的——既和他们生产什么一致，又和他们怎样生产一致。因而，个人是什么样的，这取决于他们进行生产的物质条件。"[①]在对生产方式理论中包含的具体生产方式的理解中，不仅要了解不同具体的生产方式，还需要了解"全面"中占统治地位的生产方式之间的连接方式。例如，在马克思所描绘的殖民地社会中，原始公社的生产关系可以与资本主义生产关系同时并存，但资本主义生产关系将支配原始公社的关系。换言之，两种生产方式的结构关系不会是一种双方对等的关系。占据支配地位的生产方式有着更大的力量，需要深入该生产方式内各种不同结构的矛盾之中。马克思对资本主义生产关系从封建社会内部生长、成熟、最后取而代之的过程分析为我们提供了这方面的启示。在当代中国同样存在着不同的生产方式和所有制形式，需要把绿色生产方式提高到矛盾的中间地位，成为一种发展主流。而考察生产方式的首要原则，是以一定社会形式中占支配地位的生产方式为依据，同时也要注意与其他从属的生产方式的结合方式以及从这种结合方式中生成的其他各种情况。在探讨绿色生产方式的实践路径时，不仅应从生产方式与生产力的作用方式、不同的生产关系中把握内涵与特点，还需要兼顾社会生产性质的各种关系维度。

以生产方式概念为核心的历史唯物主义理论本身，也是在方法论变革和范式转型的意义上实现了对马克思之前和同时代资产阶级意识形态的彻底替代。马克思对作为一种生产方式的工业生产表达了肯定的态度，它造就了批判资本主义、建构社会主义的基础条件。绿色发展体现人的本质需求，这对绿色生产方式来说，也成为一种回归人本质内容的机遇。因为在这种方式下，人不再是固定分工束缚下的人。需要关注的是，传统对生产方式的研究存在一种"见物不见人"的视角，认为仅仅需要从生产性使用的意义上看待人类，这是忽略了人的本质，把异化当作常态。我们需要以一种更广阔的视角看待人类生产方式发展的历史，在生产方式绿色化问题上超越"人

---

① 《马克思恩格斯文集》第1卷，人民出版社2009年版，第520页。

力资本"的概念,不仅仅把人当作生产的手段。应结合马克思主义哲学和政治经济学的工具,在很多现实环境问题的分析上重建其伦理层面即人的真实需要层面。

3.绿色发展根本目的要求实现绿色生产方式

绿色发展的根本目的是克服资本逻辑占主导地位的发展模式。从特定意义上说,绿色生产方式在马克思主义的理论话语中,能够作为分析的工具而非简单的对象出场。马克思对资本主义生产方式的批判不仅包含了要求资本主义生产关系与分配方式的转变,同时包含了生产方式的转变。他提到夏尔·傅立叶(Charles Fourier)关于生产方式思想的重要性:"劳动不可能像傅立叶所希望的那样成为游戏,——不过,他能宣布最终目的不是把分配,而是把生产方式本身提到更高的形式,这依然是他的一大功绩。"①资本主义生产方式不单单是一个技术过程,相反,它被客体化的社会生产关系形式模铸,也正因生产方式进步并非单纯的技术进步过程,它不可避免地体现着相关社会的基本社会关系,并为后者所塑造——这就无法仅仅依据一个试图涵盖全面的具体生产方式的研究范式来加以理解。绿色发展就是要克服资本逻辑占主导地位的传统发展的弊端,而绿色生产方式的要求,也为批判资本逻辑占主导地位的特有生产方式提供了基础,不再只是简单地质疑是生产方式本身造成了当代社会的一系列生态问题。资本逻辑所勾勒的发展特质,是一种抽象的统治形式,它与社会特有的劳动之本质相关。在这一统治形式中,人与自然关系失控下的"发展"、社会生活方式的日益碎片化乃至整体发展环境的威胁,都需要从最终的社会基础——绿色生产方式上寻求突破。

改革开放以来,中国采用的粗放型生产方式长时间占据了主导地位,必然要随着时代发展的要求作出改变,而绿色生产方式在于优化传统生产方式,能够解决传统生产方式带来的诸多生态问题,协调经济发展与生态环境的关系,这就成为绿色生产方式追求美好生活逻辑的必然。绿色生产方式追求美好生活逻辑,首先应有对绿色生产方式的价值认同,这是使绿色发展能够真正实现美好生活逻辑的前提保证。绿色生产方式应该成为当代除物质生产发展以外,生态生产和人精神生产的一个核心追求。而相比于传统

① 《马克思恩格斯文集》第8卷,人民出版社2009年版,第203~204页。

资本主义市场经济的发展，中国社会主义市场经济的优势便在于拥有国家力量的保证。因此，中国需要也完全有能力建立一个绿色生产方式的价值规范体系，以此规范和节制全球资本的无限扩张带来的生态问题。在传统发展到绿色发展的转变过程中，人性也是一个动态发展的过程，并非一成不变，而生产方式的转变同样如此。只有建立一个有尺度的价值规范体，在基本的法律和道德框架的约束下，保障人人拥有更好的生活的机会，在这个前提下的生态生产和人的精神生产才会更为恰当和富有成效。

绿色生产方式追求美好生活逻辑还必须有绿色生产方式的市场实践，这也是绿色的物质生产和人自身生产的保证。市场在调节资源配置中具有决定性作用，而在绿色生产方式的实现过程中其仍然有重要贡献，是当代人参与物质生产实践的主要形式。绿色生产方式遵循美好生活逻辑是超越单纯经济学上的效率至上来考虑问题，中国改革开放以来实行的社会主义市场经济，其基本主张便是平等与正义。将这种精神融入法律制度和政策导向之中，绿色生产方式在一定阶段就可以成为生态环境问题的一种解决与完善之法，也是市场经济发展到更高阶段的产物。

(三)绿色消费模式追求美好生活逻辑

绿色消费模式是指消费者购买、消费绿色产品的行为，是一种自觉抵制给生态环境带来负荷、加重污染的消费品的行为，是具有生态意识的、高层次的理性消费行为。国务院在 2016 年年底发布的《国家人口发展规划(2016～2030 年)》显示，中国预计将在 2030 年达到人口峰值，总人口数将达 14.5 亿，消费市场仍有巨大的增长空间。有人错误地认为，绿色发展会限制消费，其实，绿色发展是引导理性消费，或者说是回归人真正的消费，而不是回到原始社会那种维持基本生存的消费。绿色消费模式注重的是人享受美好生活与实现自我发展、社会全面进步的消费，即追求“美好生活逻辑”。

从宏观角度来看，绿色消费模式能够遵循美好生活逻辑，需要政府规划的力量。对于绿色产品的认证，政府部门要有一个标准，并且要进行一定的规范，尤其是政府资本在绿色消费中还要起表率作用，在政府的商品采购中采用绿色环保用品，在生活、工作方式中遵循节能环保。同时政府还可以从税收角度引导绿色消费，对绿色产品给予一定的补贴，尤其是针对使用价值高、真正服务于人日常生活的产品。而从微观的消费者主体的角度来看，消费结构的绿色化的障碍在于消费者的绿色消费认知度偏低，消费者一般偏向购买价格更低的产品，生态效益往往在购买行为中让步于价格因素。很多研究表明，中国绿色产品市场供应价格偏高，而消费者的普遍收入水平较低，绿色消费能力不强，使得绿色产品缺乏有利的市场竞争条件，所以对绿色产品的推广应是一个循序渐进的过程。所谓绿色消费者，是根据自己生活需要和可能需要进行消费，在进行消费时，思考的是"为什么消费、根据什么消费、如何消费"等一系列问题，意识到消费只是一种手段，而不是目的，不是为了消费而消费，而是为了人的生存、发展和需求进行消费品的选择。因此，应培养消费者的四个消费倾向：对绿色产品有发自内心的需求；对绿色产品有自己认可的价值追求，理解并且承认企业所做的事情非常具有价值；对绿色产品有更高的需求，满足的是自己对生活品质的追求；对别人对于绿色产品的看法也能够有积极的影响。值得注意的是，消费者并不是绿色消费结构转型的唯一责任者，甚至也不是当前最主要的责任者。就中国整体发展水平仍然不充分、区域发展水平不均衡的现状来看，很多人仍处于被动消费而非主动消费状态。消费的绿色需求呼唤供给侧的绿色改革，以提供更多更优质的绿色产品满足绿色发展时代的市场需求，当市场的绿色供需实现良性互动互促，这样的市场经济本身就是绿色的市场经济。企业应该为绿色消费提供更多具有良好生态效益的产品，提升绿色产品的市场占有率，再加上政府不断完善政策环境，才能共同推动绿色消费模式的真正普及。

总之，需要把美好生活逻辑贯穿到绿色生产方式与绿色消费模式构建的每个环节中，倡导绿色生产方式与绿色消费模式应该摒弃对物欲的过分追求，更注重生活的品质，在人的生理健康的基础之上探求人与自然、人与人、人与自身之间的和谐，最终使绿色发展能够超越资本逻辑的影响，真正实现美好生活逻辑。

结 语

在全球化时代，占主导地位的力量仍然是国际资本力量，在发展思想上起根本作用的依然是资本的逻辑，离开了对资本逻辑分析的理路很难真正理解现代社会发展的实质。资本逻辑已经成为我们时代的真正问题，正因如此，马克思的资本逻辑批判理论对于当今社会发展才有不可替代的指导作用。资本逻辑的逆生态所造成的人与自然之间、人与人之间、人与自身之间关系的全面紧张，成为当今社会发展必须直面的痼疾之一。受到资本逻辑逆生态持续影响的生态与发展问题已经不仅仅局限在生态环境领域，而是对社会生产生活实施了全面渗透。应充分认清这些现象的实质，采取标本兼治之策，在绿色发展扬弃资本逻辑的过程中，用社会主义力量来利用、驾驭与超越资本逻辑，以构建绿色发展的推动机制实现绿色发展的"发展"一环，在利用资本逻辑的过程中使人民能够充分共享现代社会的发展成果；以保障机制实现绿色发展的"绿色"属性，在驾驭资本逻辑的过程中使发展不至于偏离生态文明的轨道，保障人民享有一个山清水秀的发展环境；以引领机制使绿色发展能够全面超越传统发展对资本逻辑的遵循，共同为人民向往的美好生活而奋斗。在发展实践中三者实现良性互动，成为构建绿色发展实现机制的主要归宿。

归根到底，研究中国绿色发展实现机制是重现马克思对资本逻辑批判的当代价值，以充满生态智慧的马克思主义中国化研究的最新成果为绿色发展实现机制奠定坚实的思想基础，而绿色发展的目标又彰显于新时代中国特色社会主义的发展实践中，成为中国和世界马克思主义思想在生态与发展领域的新突破，马克思主义生态与发展思维的结合也为生态文明和绿色发展道路指出了方向。当代中国在习近平新时代中国特色社会主义思想的指导下，寻求一种在环境与发展现实问题上的“以人民为中心”，使中国共产党立足绿色发展的新发展理念，利用、驾驭、超越资本逻辑从而为人民服务，成为中国绿色发展道路的“特色”所在。在未来共产主义社会，资本逻辑将成为历史的插曲，“以人民为中心”的“人道”将成为绿色发展的最终归宿。当绿色发展超越资本逻辑得以实现之时，也就完成了资本的“否定之否定”，资本也就结束了其历史使命。此时，人类进入社会化程度极高的共产主义社会，人与自然界、人与人、人与自身之间的矛盾得到了彻底解决。而共产主义最终是实现了的“人道”主义，一以贯之的是摆脱“物”的束缚，真正实现了人的解放的价值诉求。

参考文献

一、专著类

[1]《马克思恩格斯文集》第 1 卷，人民出版社 2009 年版。

[2]《马克思恩格斯文集》第 2 卷，人民出版社 2009 年版。

[3]《马克思恩格斯文集》第 3 卷，人民出版社 2009 年版。

[4]《马克思恩格斯文集》第 4 卷，人民出版社 2009 年版。

[5]《马克思恩格斯文集》第 5 卷，人民出版社 2009 年版。

[6]《马克思恩格斯文集》第 6 卷，人民出版社 2009 年版。

[7]《马克思恩格斯文集》第 7 卷，人民出版社 2009 年版。

[8]《马克思恩格斯文集》第 8 卷，人民出版社 2009 年版。

[9]《马克思恩格斯文集》第 9 卷，人民出版社 2009 年版。

[10]《马克思恩格斯文集》第 10 卷，人民出版社 2009 年版。

[11]《马克思恩格斯全集》第 2 卷，人民出版社 2005 年版。

[12]《马克思恩格斯全集》第 30 卷，人民出版社 1995 年版。

[13]《马克思恩格斯全集》第 31 卷，人民出版社 1998 年版。

[14]《马克思恩格斯全集》第 35 卷，人民出版社 1971 年版。

[15]《马克思恩格斯全集》第 37 卷，人民出版社 2019 年版。

[16]《马克思恩格斯全集》第 44 卷,人民出版社 2001 年版。

[17]《马克思恩格斯全集》第 47 卷,人民出版社 2004 年版。

[18]《毛泽东选集》第 4 卷,人民出版社 1991 年版。

[19]《毛泽东文集》第 7 卷,人民出版社 1999 年版。

[20]《邓小平文选》第 2 卷,人民出版社 1994 年版。

[21]《邓小平文选》第 3 卷,人民出版社 1993 年版。

[22]习近平:《干在实处　走在前列——推进浙江新发展的思考与实践》,中共中央党校出版社 2006 年版。

[23]《习近平谈治国理政》第 1 卷,外文出版社 2018 年版。

[24]《习近平谈治国理政》第 2 卷,外文出版社 2017 年版。

[25]习近平:《决胜全面建成小康社会　夺取新时代中国特色社会主义伟大胜利——在中国共产党第十九次全国代表大会上的报告》,人民出版社 2017 年版。

[26]习近平:《在纪念马克思诞辰 200 周年大会上的讲话》,人民出版社 2018 年版。

[27]阿里研究院:《互联网+:从 IT 到 DT》,机械工业出版社 2015 年版。

[28]鲍宗豪:《社会现代化模式比较研究》,学林出版社 2014 年版。

[29]陈先达:《马克思主义十五讲》,人民出版社 2017 年版。

[30]陈培永:《〈共产党宣言〉的新时代阐释:重解核心关键词》,中国社会科学出版社 2018 年版。

[31]陈颖、王亚男:《环境影响评价与低碳绿色发展》,中国环境出版社 2016 年版。

[32]成思危:《未来五十年:绿色革命与绿色时代》,中国言实出版社 2015 年版。

[33]方时娇:《生态文明创新经济》,中国环境出版社 2015 年版。

[34]冯友兰:《中国哲学简史》,赵复三译,世界图书出版公司 2011 年版。

[35]傅晓华:《可持续发展之人文生态——兼论马克思主义绿色发展观》,湖南人民出版社 2013 年版。

[36]高红贵:《绿色经济发展模式论》,中国环境出版社 2015 年版。

[37]谷树忠、谢美娥、张新华:《绿色转型发展》,浙江大学出版社 2016 年版。

[38]郝栋:《绿色发展的思想轨迹——从浅绿色到深绿色》,北京科学技术出版社 2013 年版。

[39]胡鞍钢:《中国:创新绿色发展》,中国人民大学出版社 2012 年版。

[40]胡鞍钢、鄢一龙:《中国新理念:五大发展》,浙江人民出版社 2016 年版。

[41]胡光宇:《能源体制革命:中国能源政策发展概论》,清华大学出版社 2016 年版。

[42]黄建欢:《区域异质性、生态效率与绿色发展》,中国社会科学出版社 2017 年版。

[43]黄娟:《生态文明与中国特色社会主义现代化》,中国地质大学出版社 2014 年版。

[44]解振华、潘家华:《中国的绿色发展之路》,外文出版社 2018 年版。

[45]金耀基:《中国文明的现代转型》,广东人民出版社 2016 年版。

[46]孔德新:《绿色发展与生态文明——绿色视野中的可持续发展》,合肥工业大学出版社 2007 年版。

[47]李宏伟:《马克思主义生态观与当代中国实践》,人民出版社 2015 年版。

[48]李娟:《绿色发展与国家竞争力》,经济科学出版社 2018 年版。

[49]李军等:《走向生态文明新时代的科学指南——学习习近平同志生态文明建设重要论述》,中国人民大学出版社 2015 年版。

[50]李志青:《中国经济新平衡:重建绿色发展》,中信出版社 2016 年版。

[51]李佐军:《中国绿色转型发展报告》,中共中央党校出版社 2012 年版。

[52]刘本矩:《论实践生态主义》,中国社会科学出版社 2007 年版。

[53]刘德海:《绿色发展》,江苏人民出版社 2016 年版。

[54]刘海霞:《马克思恩格斯生态思想及其当代价值研究》,中国社会科学出版社 2016 年版。

[55]刘思华:《生态马克思主义经济学原理》,人民出版社 2014 年版。

[56]刘希刚:《马克思恩格斯生态文明思想及其中国实践研究》,中国社会科学出版社2014年版。

[57]刘珍英:《辩证逻辑:资本批判的利器》,上海人民出版社2016年版。

[58]柳泽民:《资本逻辑与科学发展——破除“中等收入陷阱”符咒》,上海人民出版社2017年版。

[59]卢双喜:《马克思主义的精髓与现实》,中国社会科学出版社2016年版。

[60]鲁品越:《资本逻辑与当代现实:经济发展观的哲学深思》,上海财经大学出版社2006年版。

[61]鲁品越:《鲜活的资本论:从深层本质到表层现象》,上海人民出版社2015年版。

[62]纳麒、谢青松:《中国共产党的战略选择与哲学转换》,中国社会科学出版社2011年版。

[63]瞿铁鹏:《马克思主义社会理论》,上海人民出版社2017年版。

[64]沈斐:《资本内在否定性:新方法与新典型》,天津人民出版社2016年版。

[65]孙承叔:《资本与历史唯物主义——〈资本论〉及其手稿当代解读》,上海人民出版社2017年版。

[66]陶火生:《生态实践论》,人民出版社2012年版。

[67]王芳:《环境与社会——跨学科视域下的当代中国环境问题》,华东理工大学出版社2013年版。

[68]王巍:《马克思视域下的资本逻辑批判》,人民出版社2016年版。

[69]王正平:《环境哲学——环境伦理学的跨学科研究》,上海教育出版社2014年版。

[70]王让新、李弦:《马克思资本研究的逻辑演进与哲学透视》,人民出版社2020年版。

[71]熊敏:《资本全球化的逻辑与历史——罗莎·卢森堡资本积累理论研究》,人民出版社2011年版。

[72]徐光春主编:《马克思主义大辞典》,武汉崇文书局2017年版。

[73]徐焕主编:《当代资本主义生态理论与绿色发展战略》,中央编译出

版社 2015 年版。

[74]严耕、吴明红、樊阳程、陈佳、金灿灿:《中国省域生态文明建设评价报告(ECI2016)》,社会科学文献出版社 2017 年版。

[75]杨朝飞、[瑞典]里杰兰德主编:《中国绿色经济发展机制和政策创新研究》,中国环境科学出版社 2012 年版。

[76]易昌良主编:《2015 中国发展指数报告:"创新协调绿色开放共享"新理念、新发展》,经济科学出版社 2016 年版。

[77]张进蒙:《马克思恩格斯生态哲学思想论纲》,中国社会科学出版社 2014 年版。

[78]张乐:《资本逻辑论域下生态危机消解理路探究》,中国社会科学出版社 2016 年版。

[79]张有奎:《资本逻辑与虚无主义》,中国社会科学出版社 2017 年版。

[80]张云飞:《唯物史观视野中的生态文明》,中国人民大学出版社 2014 年版。

[81]郑永年:《技术赋权:中国的互联网、国家与社会》,东方出版社 2014 年版。

[82]《中国共产党第十九次全国代表大会文件汇编》,人民出版社 2017 年版。

[83]中共中央文献研究室编:《习近平关于社会主义生态文明建设论述摘编》,中央文献出版社 2017 年版。

[84]周光迅、武群堂等:《马克思主义生态哲学综论》,浙江大学出版社 2015 年版。

[85]周嘉昕:《马克思的生产方式概念》,江苏人民出版社 2020 年版。

[86]诸大建:《走向美丽中国生态文明与绿色发展》,上海人民出版社 2015 年版。

[87][德]克劳斯·施瓦布:《第四次工业革命:转型的力量》,李菁译,中信出版社 2016 年版。

[88][德]马尔库塞:《单向度的人》,刘继译,上海译文出版社 1989 年版。

[89][德]马克斯·韦伯:《经济与社会》第 1 卷,阎克文译,上海世纪出版集团 2010 年版。

[90][德]马克斯·韦伯:《新教伦理与资本主义精神》,康乐、简惠美译,广西师范大学出版社2010年版。

[91][德]卡尔·洛维特:《韦伯与马克思以及黑格尔与哲学的扬弃》,刘心舟译,南京大学出版社2019年版。

[92][法]托马斯·皮凯蒂:《21世纪资本论》,巴曙松等译,中信出版社2014年版。

[93][加]M. C. 霍华德、[澳]J. E. 金:《马克思主义经济学史(1883～1929)》,顾海良等译,中央编译出版社2014年版。

[94][加]埃伦·米克辛斯·伍德:《资本主义的起源:学术史视域下的长篇综述》,夏璐译,中国人民大学出版社2016年版。

[95][加]莫伊舍·普殊同:《时间、劳动与社会统治:马克思的批判理论再阐释》,康凌译,北京大学出版社2019年版。

[96][美]奥尔曼:《异化:马克思论资本主义社会中人的概念》,王贵贤译,北京师范大学出版社2011年版。

[97][美]德内拉·梅多斯、乔根·兰德斯、丹尼斯·梅多斯:《增长的极限》,李涛、王智勇译,机械工业出版社2013年版。

[98][美]菲利普·克莱顿、贾斯廷·海因泽克:《有机马克思主义——生态灾难与资本主义的替代选择》,孟献丽等译,人民出版社2015年版。

[99][美]费正清、赖肖尔主编:《中国:传统与变革》,陈仲丹等译,江苏人民出版社2012年版。

[100][美]罗伯特·L. 海尔布隆纳:《资本主义的本质与逻辑》,马林梅译,东方出版社2013年版。

[101][美]罗伯特·L. 海尔布隆纳:《马克思主义:赞成与反对》,马林梅译,东方出版社2016年版。

[102][美]罗伯特·布伦纳:《马克思社会发展理论新解》,张秀琴译,中国人民大学出版社2016年版。

[103][美]马修·卡恩、郑思齐:《中国绿色城市的崛起:经济增长与环境如何共赢》,中信出版社2016年版。

[104][美]迈克尔·贝尔:《环境社会学的邀请》,昌敦虎译,北京大学出版社2010年版。

[105][美]迈克尔·哈特、[意]安东尼奥·奈格里:《大同世界》,王行坤

译，中国人民大学出版社 2016 年版。

[106][美]约翰·凯克斯：《反对自由主义》，应奇译，江苏人民出版社 2003 年版。

[107][美]约瑟夫·熊彼特：《资本主义、社会主义和民主主义》，吴良健译，商务印书馆 1999 年版。

[108][美]威尔·杜兰特、阿里尔·杜兰特：《历史的教训》，倪玉平、张阅译，四川人民出版社 2015 版。

[109][挪]乔根·兰德斯：《2050：未来四十年的中国与世界》，秦雪征等译，译林出版社 2013 年版。

[110][日]内田树、石川康宏、池田香代子：《倾听马克思》，鲍忆涵译，东方出版社 2018 年版。

[111][日]岩佐茂：《环境的思想：环境保护与马克思主义的结合处》，韩立新等译，中央编译出版社 2006 年版。

[112][意]马塞罗·默斯托：《马克思的〈大纲〉——〈政治经济学批判大纲〉150 年》，闫月梅等译，中国人民大学出版社 2011 年版。

[113][印]阿马蒂亚·森：《以自由看待发展》，任赜、于真译，中国人民大学出版社 2013 年版。

[114][英]大卫·哈维：《资本之谜：人人需要知道的资本主义真相》，陈静译，电子工业出版社 2011 年版。

[115][英]大卫·哈维：《资本社会的 17 个矛盾》，许瑞宋译，中信出版社 2016 年版。

[116][英]大卫·哈维：《资本的城市化：资本主义城市化的历史与理论研究》，董慧译，苏州大学出版社 2017 年版。

[117][英]大卫·哈维：《资本的限度》，张寅译，中信出版社 2017 年版。

[118][英]戴维·麦克莱伦：《马克思思想导论》，郑一明、陈喜贵译，中国人民大学出版社 2008 年版。

[119][英]乔纳森·休斯：《生态与历史唯物主义》，张晓琼、侯晓滨译，江苏人民出版社 2011 年版。

[120][英]特里·伊格尔顿：《马克思为什么是对的》，李杨等译，新星出版社 2011 年版。

[121][英]维克托·迈尔-舍恩伯格、肯尼斯·库克耶：《大数据时代》，盛

杨燕、周涛译，浙江人民出版社2013年版。

[122][英]亚当·斯密：《国富论》，郭大力、王亚南译，译林出版社2011年版。

[123]P. Dasgupta, *Economics: A Very Short Introduction*, London: Oxford University Press, 2007.

[124]Edward B. Barbier, *Low Carbon Revolution*, Shanghai: Shanghai University of Finance and Economics Press, 2011.

[125]Hagendorf, *Klaus: Labour Values and the Theory of the Firm*, Paris: Eurodos, 2009.

[126]Lenny Flank, *Contradictions of Capitalism: An Introduction to Marxist Economics*, Florida: Red and Black Publishers, 2007.

[127]Whyte and Martin, *The Myth of Social Volcano: Perceptions in Inequality and Distributive Justice in Contemporary China*, California: Stanford University Press, 2010.

二、期刊论文类

[1]安海彦、姚慧琴：《习近平绿色发展思想探析——〈资本论〉生态经济思想的意蕴》，《经济学家》2018年第3期。

[2]曾杰：《深刻理解坚持以人民为中心的发展思想》，《人民论坛》2016年第4期。

[3]曾晓东：《绿色发展是经济社会转型发展的必然选择》，《环境保护》2013年第5期。

[4]常红利：《马克思"资本"范畴的生态本质和职能》，《内蒙古师范大学学报》(哲学社会科学版)2012年第2期。

[5]陈慧：《习近平绿色发展观的发生逻辑及内在旨趣》，《广西社会科学》2016年第11期。

[6]陈学明：《论奥康纳对马克思主义与生态理论内在联系的揭示》，《马克思主义与现实》2011年第3期。

[7]陈学明：《福斯特：消除生态危机必须丢掉幻想》，《哲学研究》2011年第11期。

[8]陈学明：《应当彻底反思我们究竟如何对待自然界》，《毛泽东邓小平

理论研究》2020 年第 1 期。

[9]崔友平:《资本理论述评及启示》,《当代经济研究》2000 年第 8 期。

[10]邓晓旭:《试论建设网络强国的价值路径》,《陕西师范大学学报》(哲学社会科学版)2015 年第 3 期。

[11]邓远建、张陈蕊、袁浩:《生态资本运营机制:基于绿色发展的分析》,《中国人口·资源与环境》2012 年第 4 期。

[12]董彪、张茂钰:《生态危机的人学反思——兼论“绿色发展观”》,《求实》2017 年第 4 期。

[13]方世南:《论绿色发展理念对马克思主义发展观的继承和发展》,《思想理论教育》2016 年第 5 期。

[14]方文、杨勇兵:《习近平绿色发展思想探析》,《社会主义研究》2018 年第 4 期。

[15]丰超、王苗、黄健柏:《绿色发展究竟会带来怎样的环境经济影响?——基于非参数方法的解答》,《科学学与科学技术管理》2017 年第 2 期。

[16]冯之浚:《依靠自主创新　促进绿色发展》,《科学学研究》2011 年第 1 期。

[17]付文忠、马莲:《埃里克·赖特对当代资本主义的批判及其社会主义新规划》,《马克思主义文化研究》2018 年第 1 期。

[18]郭兆晖、马玉琪、范超:《“一带一路”沿线区域绿色发展水平评价》,《福建论坛》(人文社会科学版)2017 年第 9 期。

[19]何思红、高静雅:《“五大理念”是对马克思主义社会发展理论的丰富和发展》,《理论与当代》2016 年第 4 期。

[20]胡鞍钢、周绍杰:《绿色发展:功能界定、机制分析与发展战略》,《中国人口·资源与环境》2014 年第 1 期。

[21]胡建:《立足于资本逻辑的社会主义——对中国初级阶段的社会主义之再认识》,《浙江社会科学》2010 年第 7 期。

[22]胡梅叶:《论马克思学说的绿色生态思想》,《江淮论坛》2015 年第 6 期。

[23]黄茂兴、叶琪:《马克思主义绿色发展观与当代中国的绿色发展——兼评环境与发展不相容论》,《经济研究》2017 年第 6 期。

[24]黄少琴、孙鹏:《习近平绿色发展新理念研究》,《改革与战略》2017年第12期。

[25]蒋南平、向仁康:《中国经济绿色发展的若干问题》,《当代经济研究》2013年第2期。

[26]康沛竹、段蕾:《论习近平的绿色发展观》,《新疆师范大学学报》(哲学社会科学版)2016年第4期。

[27]兰洋:《绿色发展理念的哲学基础与多维审视》,《学习与实践》2016年第5期。

[28]雷德雨:《习近平绿色发展思想论析》,《经济研究参考》2017年第10期。

[29]雷尚君、夏杰长:《以习近平新时代绿色发展思想推动服务业绿色转型》,《黑龙江社会科学》2018年第3期。

[30]李陈、李家祥:《用发展新理念引领经济发展方式加快转变》,《改革与战略》2016年第8期。

[31]李春敏:《大卫·哈维的空间正义思想》,《哲学动态》2012年第4期。

[32]李国俊、陈梦曦:《习近平绿色发展理念:马克思主义生态文明观的理论创新》,《学术交流》2017年第12期。

[33]李娟:《国家竞争力视角下中国绿色发展研究》,《当代世界与社会主义》2012年第1期。

[34]李娟、王家玉:《十八大以来党中央绿色发展理念的基本逻辑》,《思想理论教育导刊》2017年第4期。

[35]李双套:《论面向"现实问题"的马克思主义》,《中南民族大学学报》(人文社会科学版)2017年第5期。

[36]梁芷铭:《大数据治理:国家治理能力现代化的应有之义》,《吉首大学学报》(社会科学版)2015年第2期。

[37]林昆勇、任春晓:《论以人为目的包容性发展战略的生态伦理意蕴》,《改革与战略》2014年第6期。

[38]蔺雪春:《通往生态文明之路:中国生态城市建设与绿色发展》,《当代世界与社会主义》2013年第2期。

[39]刘恩云、常明明:《国内绿色发展研究前沿述评》,《贵州财经大学学

报》2016 年第 3 期。

[40]刘纪远、邓祥征、刘卫东、李海英:《中国西部绿色发展概念框架》,《中国人口·资源与环境》2013 年第 10 期。

[41]刘尚明:《论习近平关于绿色发展要义的思想》,《社科纵横》2017 年第 11 期。

[42]刘顺、胡涵锦:《自然资本化:福斯特生态学马克思主义批判的关键命题》,《中国地质大学学报》(社会科学版)2014 年第 1 期。

[43]刘思华:《坚持和加强生态文明的马克思主义研究——我是如何构建社会主义生态文明创新理论的》,《毛泽东邓小平理论研究》2014 年第 5 期。

[44]刘志雄:《中国绿色发展的条件与面临的挑战》,《新视野》2013 年第 4 期。

[45]刘长明:《生态文明何以可能——一种基于所有制维度的研究》,《马克思主义文化研究》2018 年第 2 期。

[46]鲁品越:《〈资本论〉的真谛及对其曲解——兼论〈资本论〉与西方经济学的关系》,《马克思主义研究》2015 年第 7 期。

[47]罗文东、张曼:《绿色发展:开创社会主义生态文明新时代》,《当代世界与社会主义》2016 年第 2 期。

[48]乔连军:《马克思生态学思想的当代价值》,《湖北经济学院学报》(人文社会科学版)2012 年第 3 期。

[49]秦国伟、李铁铮:《绿色化引领“五化协同”的哲学基础和价值意蕴》,《甘肃社会科学》2016 年第 4 期。

[50]秦书生、杨硕:《习近平的绿色发展思想探析》,《理论学刊》2015 年第 6 期。

[51]秦书生、晋晓晓:《政府、市场和公众协同促进绿色发展机制构建》,《中国特色社会主义研究》2017 年第 3 期。

[52]任保平、张蓓:《马克思主义政治经济学绿色发展思想的理论基础》,《学习与探索》2017 年第 12 期。

[53]任洲鸿:《试论马克思的资本历史使命理论及其当代意义》,《当代经济研究》2011 年第 10 期。

[54]荣开明:《全面理解绿色发展思想的科学内涵》,《学习月刊》2016 年

第19期。

[55]沈斐:《价值观革命:绿色发展何以超越资本逻辑》,《毛泽东邓小平理论研究》2016年第9期。

[56]石敏俊:《中国经济绿色发展理论研究的若干问题》,《环境经济研究》2017年第4期。

[57]孙兰欣:《生态马克思主义理论思维下绿色发展理念的省思》,《广西社会科学》2018年第8期。

[58]谭劲松、姚菲菲、吴霁乐:《马克思主义政治经济学视角下的习近平绿色发展思想研究》,《观察与思考》2018年第5期。

[59]童岩冰、黄贤金:《区域人类社会财富估算初步研究——以江苏省为例》,《农林经济管理学报》2015年第5期。

[60]王芳、于少青:《〈共产党宣言〉中资本历史使命思想及其当代启示》,《社会主义研究》2018年第3期。

[61]王芳、于少青:《马克思自然力思想中的资本逻辑逆生态批判》,《内蒙古社会科学》(汉文版)2018年第5期。

[62]王凤珍:《有机马克思主义:问题、进路及意义》,《哲学研究》2015年第8期。

[63]王鸿生:《中国传统政治的王道和霸道》,《武汉大学学报》(哲学社会科学版)2009年第1期。

[64]王辉龙、洪银兴:《创新发展与绿色发展的融合:内在逻辑及动力机制》,《江苏行政学院学报》2017年第6期。

[65]王晶晶:《从发展过程看我国绿色发展的基本范式》,《石河子大学学报》(哲学社会科学版)2016年第6期。

[66]王玲玲、张艳国:《"绿色发展"内涵探微》,《社会主义研究》2012年第5期。

[67]王荣:《论资本逻辑的双重内涵》,《西南大学学报》(社会科学版)2016年第5期。

[68]温权:《资本逻辑的三重向度与人类解放的现实依据——政治经济学语境下的哲学批判》,《南京政治学院学报》2016年第2期。

[69]邬晓燕:《绿色发展及其实践路径》,《北京交通大学学报》(社会科学版)2014年第3期。

[70]郗戈:《资本逻辑的当代批判与反思——〈资本论〉哲学研究的关键课题》,《南京社会科学》2013年第6期。

[71]薛丁辉:《习近平绿色发展思想及其当代价值研究》,《理论学刊》2017年第1期。

[72]薛稷:《空间批判与正义发掘——大卫·哈维空间正义思想的生成逻辑》,《马克思主义与现实》2018年第4期。

[73]杨信礼:《马克思主义价值论与当代中国价值观的建构》,《山东社会科学》2008年第2期。

[74]仰海峰:《实践唯物主义:反思与超越》,《马克思主义与现实》2015年第4期。

[75]叶海涛、田挺:《绿色发展理念的生态马克思主义解析》,《思想理论教育》2016年第6期。

[76]叶险明:《驾驭"资本逻辑"的中国特色社会主义初论》,《天津社会科学》2014年第3期。

[77]晔枫、谷亚光:《马克思的生态学思想及当代价值》,《马克思主义研究》2009年第8期。

[78]于法稳:《习近平绿色发展新思想与农业的绿色转型发展》,《中国农村观察》2016年第5期。

[79]俞吾金:《资本诠释学——马克思考察、批判现代社会的独特路径》,《哲学研究》2007年第1期。

[80]元晋秋:《生产力的三大自然力来源及其人学内涵》,《广西社会科学》2015年第12期。

[81]袁祖社:《"五大发展理念"的理论品质与实践新境界》,《学术研究》2017年第1期。

[82]原祖杰:《东方与西方,还是传统与现代?——论"东西方"两分法的历史渊源和现实误区》,《文史哲》2015年第6期。

[83]张定鑫:《资本的神秘性——重思马克思辩证法思想》,《江汉论坛》2016年第1期。

[84]张富文:《马克思恩格斯的人本思想及当代意义》,《理论探索》2017年第4期。

[85]张劲松:《生态危机:西方工业文明外在性的理论审视与化解途

径》,《国外社会科学》2013 年第 3 期。

[86]张永红、陈向阳:《习近平绿色发展思想的四维审视》,《观察与思考》2018 年第 6 期。

[87]张云飞:《试论社会建设的生态方向》,《北京行政学院学报》2010 年第 4 期。

[88]张智:《论"为政以德"与"王霸之辨"》,《道德与文明》2020 年第 1 期。

[89]赵建军:《人与自然的和解:"绿色发展"的价值观审视》,《哲学研究》2012 年第 9 期。

[90]赵领娣、张磊、徐乐、胡明照:《人力资本、产业结构调整与绿色发展效率的作用机制》,《中国人口·资源与环境》2016 年第 11 期。

[91]赵振华:《走向社会主义生态文明新时代——学习习近平总书记关于生态文明建设的重要论述》,《学习论坛》2015 年第 2 期。

[92]郑海友、蒋锦洪:《论实现"绿色发展"的四大支撑》,《求实》2016 年第 10 期。

[93]郑又贤:《关于绿色发展的内在逻辑透视》,《东南学术》2016 年第 4 期。

[94]周德海:《论"经济人"的道德——兼评目前学术界对"经济人"的研究》,《管理学刊》2013 年第 2 期。

[95]周德海:《评学术界对马克思资本二重性的研究》,《重庆工商大学学报》(社会科学版)2015 年第 4 期。

[96]周志山:《马克思生态哲学的社会视域与科学发展观》,《马克思主义研究》2011 年第 5 期。

[97]诸大建:《中国发展 3.0:生态文明下的绿色发展——深化中国生态文明研究的十思考》,《当代经济》2011 年第 11 期。

[98]邹巅、廖小平:《绿色发展概念认知的再认知——兼谈习近平的绿色发展思想》,《湖南社会科学》2017 年第 2 期。

[99]邹广文、宋珊珊:《马克思人化自然观的系谱学考察及其当代意义》,《河北学刊》2017 年第 2 期。

[100][法]米夏埃尔·洛维、孙海洋:《资本逻辑与生态斗争——评福斯特新著〈生态革命:与地球言归于好〉》,《国外社会科学》2012 年第 5 期。

[101][美]J. 克拉克、黄炎平:《马克思关于"自然是人的无机的身体"之命题》,《哲学译丛》1998 年第 4 期。

[102][美]P. 伯克特、B. 坎贝尔、万冬冬:《资本与自然》,《马克思主义与现实》2014 年第 3 期。

[103][美]R. 冈德森、肖小芳:《环境思想中的哈贝马斯》,《马克思主义与现实》2018 年第 4 期。

[104][美]柯布、刘昀献:《中国是当今世界最有可能实现生态文明的地方——著名建设性后现代思想家柯布教授访谈录》,《中国浦东干部学院学报》2010 年第 3 期。

[105][美]克利福德·科布、王韬洋:《迈向生态文明的实践步骤》,《马克思主义与现实》2007 年第 6 期。

[106][美]约翰·贝拉米·福斯特、布莱特·克拉克、陆雪飞:《马克思主义生态学与绿色左翼》,《国外社会科学》2017 年第 4 期。

[107][美]约翰·贝拉米·福斯特、范国华:《垄断资本主义理论:论马克思主义政治经济学》,《国外理论动态》2014 年第 11 期。

[108][美]约翰·贝拉米·福斯特、何山青:《人类世时代生态马克思主义的演进》,《国外理论动态》2017 年第 7 期。

[109][美]约翰·贝拉米·福斯特、刘仁胜:《历史视野中的马克思的生态学》,《国外理论动态》2004 年第 2 期。

[110][英]G. K. 勃朗宁、孙大鹏:《黑格尔和马克思的无限:从无限概念到资本概念》,《世界哲学》2005 年第 6 期。

[111]J. B. Foster and Clark, "The Paradox of Wealth: Capitalism and Ecological Destruction", *Monthly Review*, No. 6, 2009.

[112]J. B. Foster and Magdoff, "What Every Environmentalist Needs to Know About Capitalism", *Monthly Review*, No. 3, 2010.

[113]Nataraj and Gujjab, "Green Economy: Policy Framework for Sustainable Development", *Current Science*, No. 7, 2011.

三、学位论文类

[1]陈亚:《马克思资本批判思想视角下的企业社会责任研究》,安徽农业大学硕士学位论文,2016 年。

[2]范思贤:《生态学马克思主义的绿色发展思想研究》,合肥工业大学硕士学位论文,2017 年。

[3]江可可:《马克思主义生态思想在当代中国的理论价值和实践意义》,中国科学技术大学硕士学位论文,2017 年。

[4]刘康华:《福斯特的生态危机理论——〈生态危机与资本主义〉研究》,首都师范大学硕士学位论文,2011 年。

[5]刘明明:《马克思恩格斯生态批判思想研究》,广西大学硕士学位论文,2016 年。

[6]刘严宁:《马克思的资本逻辑批判理论及其当代回响》,上海师范大学博士学位论文,2016 年。

[7]马朝霞:《当代中国资本逻辑观之反思》,哈尔滨工业大学硕士学位论文,2015 年。

[8]马立志:《〈资本论〉中的生态思想及其现实价值研究》,兰州理工大学硕士学位论文,2018 年。

[9]王宝亮:《生态危机的全球治理问题研究》,中共中央党校硕士学位论文,2017 年。

[10]王传玲:《马克思关于资本与生态相互关系的理论研究》,吉林大学博士学位论文,2014 年。

[11]王圣祯:《"资本逻辑"批判与"生活逻辑"构建:岩佐茂生态马克思主义研究》,吉林大学博士学位论文,2015 年。

[12]王肖:《马克思资本批判的生态维度研究》,武汉理工大学硕士学位论文,2014 年。

[13]温晓春:《资本、生态与自由:安德烈·高兹生态马克思主义思想研究》,复旦大学博士学位论文,2010 年。

[14]赵亮:《当代生态危机的资本逻辑解读》,河南师范大学硕士学位论文,2017 年。

[15]赵银:《绿色发展的基本内涵及实现途径研究》,合肥工业大学硕士学位论文,2017 年。

后记

本书是在我的博士学位论文的基础上，结合近一年在山东大学马克思主义理论博士后流动站的相关研究成果扩充完善而成的。最初选择这一研究主题，主要是基于自己在博士研究生阶段的研究兴趣。包括生态问题在内的当代各种社会发展问题，无不有背后的资本逻辑存在，这也是马克思、恩格斯致力于研究的问题，是他们一生的“对手”。2020年，一场突如其来的新冠肺炎疫情在全球肆虐，使我们对人与自然关系的思考、对绿色发展的追求又有了新的现实意义。我将资本逻辑与绿色发展结合起来，希望能为相关研究提供自己的绵薄之力。生态文明与绿色发展的全面实现，将是一个长期的历史过程，“功成不必在我”，我至少可以做到“为往圣继绝学”。

2019年博士毕业后，我进入山东大学马克思主义学院（威海）任教，回想之前10年的在外求学经历，“应似飞鸿踏雪泥”。如今，我终于能够如愿以偿回到家乡工作和生活，在这里也得到了学院很多领导、老师的关心和帮助，使我能够继续在科学研究的康庄大道上踏歌长行，我心怀感激之情，同时也要感谢家人对我工作的理解与支持。

本书的出版，受益于山东大学马克思主义学院“庆祝中国共产党百年华诞研究丛书”的出版计划。在本书的撰写、修改过程中，得到了山东大学马克思主义学院专家评审的认可、指导与帮助，得到了山东大学出版社编辑的鼎力支持，在此表示衷心的感谢。由于本人学识有限，书中错漏、浅薄与不足之处在所难免，还请读者批评指正。

于少青

2021 年春 · 威海